U0372400

民法总论

——基于制度规范的跨学科研究

傅静坤 著

中山大學出版社
SUN YAT-SEN UNIVERSITY PRESS
·广州·

图书在版编目（CIP）数据

民法总论：基于制度规范的跨学科研究/傅静坤著. —广州：中山大学出版社，2015.12
ISBN 978-7-306-05561-3

Ⅰ.①民…　Ⅱ.①傅…　Ⅲ.①民法—研究—中国　Ⅳ.①D923.04

中国版本图书馆CIP数据核字（2015）第304315号

出 版 人：徐　劲
策划编辑：王　润
责任编辑：王　润
封面设计：曾　斌
责任校对：周　玢
责任技编：黄少伟
出版发行：中山大学出版社
电　　话：编辑部 020-84111996，84113349，84111997，84110779
　　　　　发行部 020-84111998，84111981，84111160
地　　址：广州市新港西路135号
邮　　编：510275　　　　传　真：020-84036565
网　　址：http://www.zsup.com.cn　　E-mail:zdcbs@mail.sysu.edu.cn
印 刷 者：广州中大印刷有限公司
规　　格：787mm×1092mm　1/16　17.5印张　518千字
版次印次：2015年12月第1版　2015年12月第1次印刷
定　　价：69.00元

风行水上

傅静坤　女，汉族，1966 年 3 月出生，深圳大学法学院教授，法学博士，主要研究方向为民法。1988 年获北京大学（国际法）学士学位，同年进入西北大学法律系任教；1993 年获中国政法大学法学（民法）硕士学位；1996 年获中国社会科学院法学（民法）博士学位，同年进入武汉大学法学院进行博士后研究（国际私法）；1998 年博士后出站并进入深圳大学法学院任教至今。

给月颜

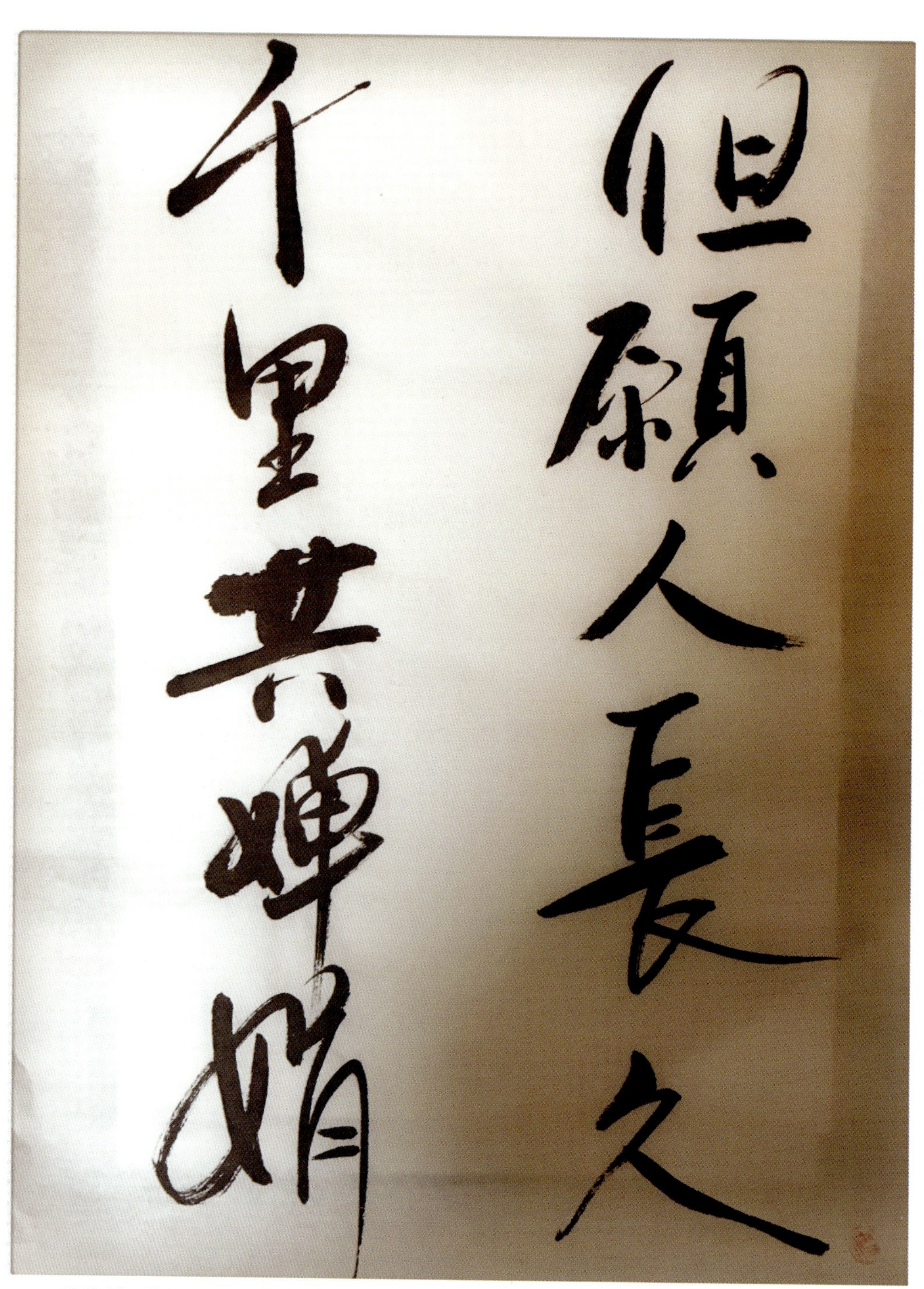

录苏轼词题赠我的女儿月颜

前　言

本书是我上一本书《民法总则》的继续和延展。在上一本书中，我将民法总则作为一种制度和方法进行了详细的阐述，其内容偏重于民法作为一种制度规范体系的概念、原理和结构的解读，而对于该制度的形成历史及其对世界文明进程的影响没有更多地涉及。为此，在本书中，我从一个更加开放和深入的视野对民法理论进行专题式的研究，包括民法的历史发展、哲学基础和法律渊源，以及民法总则在方法论及本体论上的深层次的意义。通过这样的延展性研究，我期望传达这样一种理念，即，民法的观念植根于人自身发展的需要，渊源于最古老的法典文明，在人类历史的各个阶段不断发展变化，并在现代社会的进程中起着至关重要的作用。

本书的前四章初成于2012年末，但由于出版时间和内容安排的关系没有编进《民法总则》一书中，仅在小范围内进行了传阅。这四章内容分别对民法的历史、中华文明与民法传统的关系、民法的哲学基础和民法的渊源等进行了阐述，目的在于建立民法与整个人类文明的广义联系。在本书预备出版时，我对这四章内容分别进行了修改：将第一章改为九节，增加了日本民法和俄罗斯民法的发展历史；在第二章增加了一节，专门论述了民法典和民法的关系，指出了民法典作为形式民法的重要意义，并结合我国自清末以来制定民法典所做的工作和成果，比较各国民法，对我国民法典的制定方法和路径进行了深入探索。

本书的第五章和第六章是民法方法论和解释论的精解，为《民法总则》一书第一章第一节和第三节的进一步延伸。通过这两章的内容，我希望进一步加深对民法总则作为一种方法论和解释论的理论解析和应用性阐释，强调规范结构和规范语言对于作为规范法学的民法的重要性，以及民法解释学对于规范认识和司法过程实现的重要性。书中指出，民法方法论的作用在于提供建构民事法律关系和法律行为的两个基本理论模型，以分析提炼实际的社会关系；而民法解释论的作用则着重于通过文义解释、体系解释、目的解释及漏洞补充等解释方法，具体实现民法的认识和应用的连续过程。但是，民法解释论不应仅停留在方法论层面，而应作为一种本体论来认识，因为，法律的功能和目的最终就是通过法律解释来实现的。

本书的第七章题为“民法中的人”。本章从自然科学、社会科学和人文科学的多重角度出发，对民法中最重要的主体——自然人进行了全面解析，对自然人的一般人格、具体人格、特殊人格、宗教人格和虚拟人格等进行了广泛讨论，对规范法学于自然人格的规范不足问题进行了专门探究。笔者结合多种学科范畴和方法，指出人的生物学意义、法律意义、历史意义和哲学意义，并希望通过这样的一种阐释将民法上的人与自然的人，以及社会的人有机地结合起来，而不仅仅是停留在规范中、表象上。归根结底，民法是人法，民法的全部作用就在于为人类生活提供合乎人性的规范关怀，从而使人们能够在现实社会秩序中实现自由的、诗意的栖居。

傅静坤

乙未立夏　于深圳

2015 年 5 月 6 日

▲卢浮宫藏汉穆拉比法典石柱（图片来自网络公开资源）

▲殷商甲骨（作者摄于殷墟博物馆）

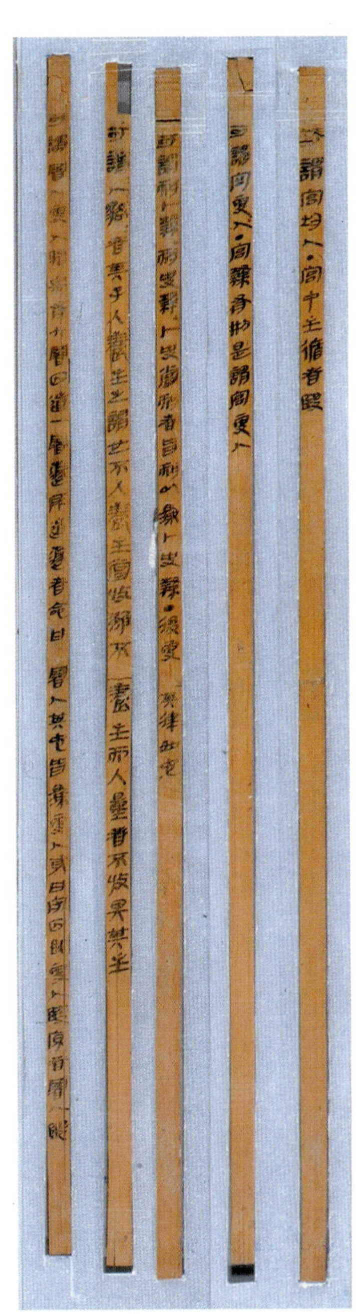

▲秦律十八种（竹简）（湖北省博物馆提供）

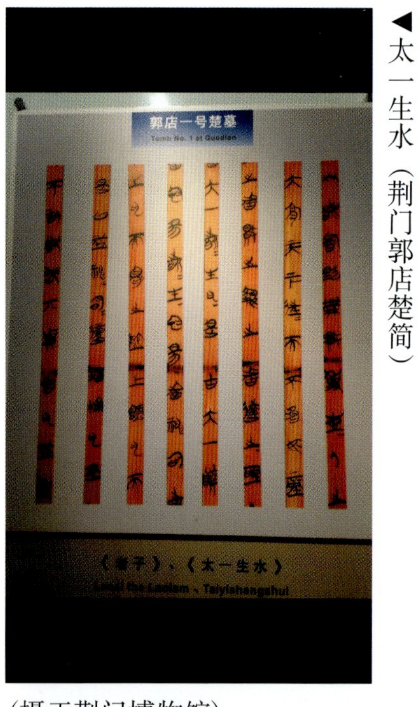

◀太一生水（荆门郭店楚简）

（摄于荆门博物馆）

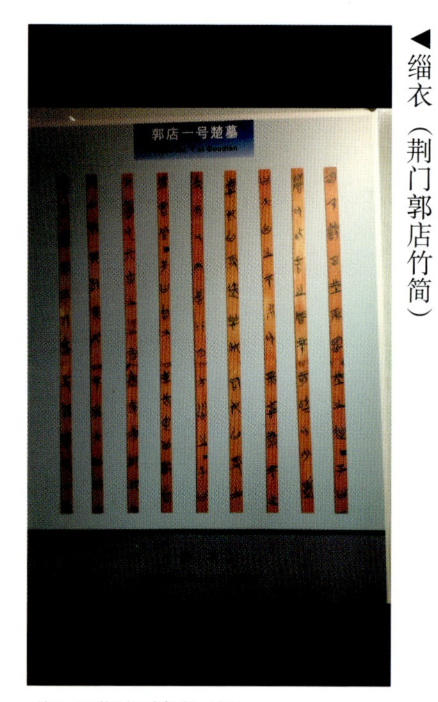

◀缁衣（荆门郭店竹简）

（摄于荆门博物馆）

▲大宪章（1215年）（摄于英国驻北京大使馆）

▲1407年以拉丁文抄写的马姆斯伯里圣经

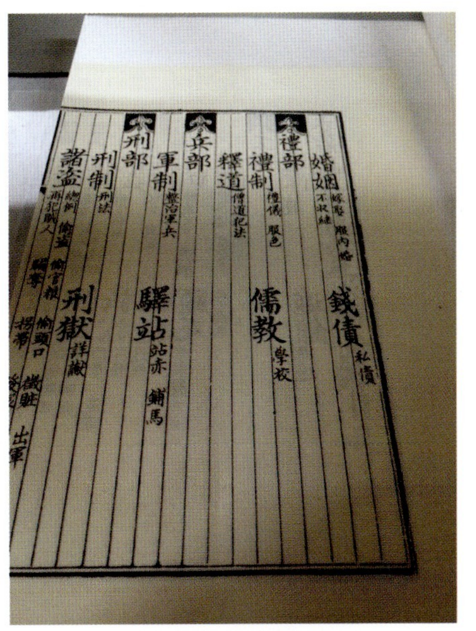
禮部 婚姻 錢債 私債
禮制 儒教 學校
釋道
兵部 軍制 驛站 站赤 鋪馬
刑部 刑制 刑法 刑獄 詳讞
諸盜

▲元典章之礼部

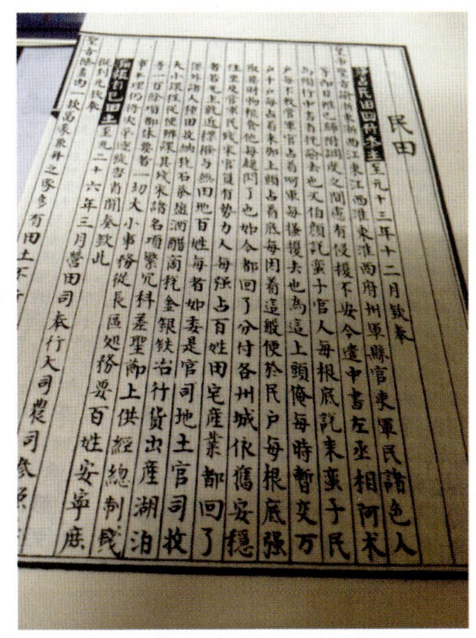
民田

▲元典章之民田（户部）

DIGESTORVM
SEV
PANDECTA-
RVM LIBRI
quinquaginta,
Ex Florentinis ... manuali
...
Cum locorum aliquot in archetypo Pisano, mancorum & vacuorum repletione, multisque aliis ab antè in lucem nûquam editis, quæ præfatione ad Lectorem huic Tomo præfixa enumerantur.

LVGDVNI,
Apud Gulielmû Rouill...
1581.

▲16 世纪的《学说汇纂》（潘德克顿）封面

CODE CIVIL
DES FRANÇAIS.

TITRE PRÉLIMINAIRE.

Décrété le 14 Ventôse an XI.
Promulgué le 24 du même mois.

DE LA PUBLICATION, DES EFFETS ET DE L'APPLICATION DES LOIS EN GÉNÉRAL.

ARTICLE 1.er

Les lois sont exécutoires dans tout le territoire français, en vertu de la promulgation qui en est faite par le PREMIER CONSUL.

Elles seront exécutées dans chaque partie de la République, du moment où la promulgation en pourra être connue.

La promulgation faite par le PREMIER CONSUL sera réputée connue dans le département où siégera le Gouvernement, un jour après celui de la promulgation; et dans chacun des autres départemens, après l'expiration du même délai, augmenté d'autant de jours qu'il y aura de fois dix myriamètres [environ vingt lieues anciennes] entre la ville où la

A

▲《法国民法典》初版首页

▲美众议院梭伦图徽（网络公开资源）

— 195 —

Reichs=Gesetzblatt.

№ 21.

Inhalt: Bürgerliches Gesetzbuch. S. 195. — Einführungsgesetz zum Bürgerlichen Gesetzbuche. S. 604.

(Nr. 2321.) Bürgerliches Gesetzbuch. Vom 18. August 1896.

Wir Wilhelm, von Gottes Gnaden Deutscher Kaiser, König von Preußen rc.

verordnen im Namen des Reichs, nach erfolgter Zustimmung des Bundesraths und des Reichstags, was folgt:

Erstes Buch.

Allgemeiner Theil.

Erster Abschnitt.
Personen.

Erster Titel.
Natürliche Personen.

§. 1.
Die Rechtsfähigkeit des Menschen beginnt mit der Vollendung der Geburt.

§. 2.
Die Volljährigkeit tritt mit der Vollendung des einundzwanzigsten Lebensjahrs ein.

§. 3.
Ein Minderjähriger, der das achtzehnte Lebensjahr vollendet hat, kann durch Beschluß des Vormundschaftsgerichts für volljährig erklärt werden.
Durch die Volljährigkeitserklärung erlangt der Minderjährige die rechtliche Stellung eines Volljährigen.

Reichs-Gesetzbl. 1896.

Ausgegeben zu Berlin den 24. August 1896.

▲《德国民法典》初版首页（网络公开资源）

第 2183 号 物価号外

▲《日本民法》1890 初版官报（来自日本司法部官网）

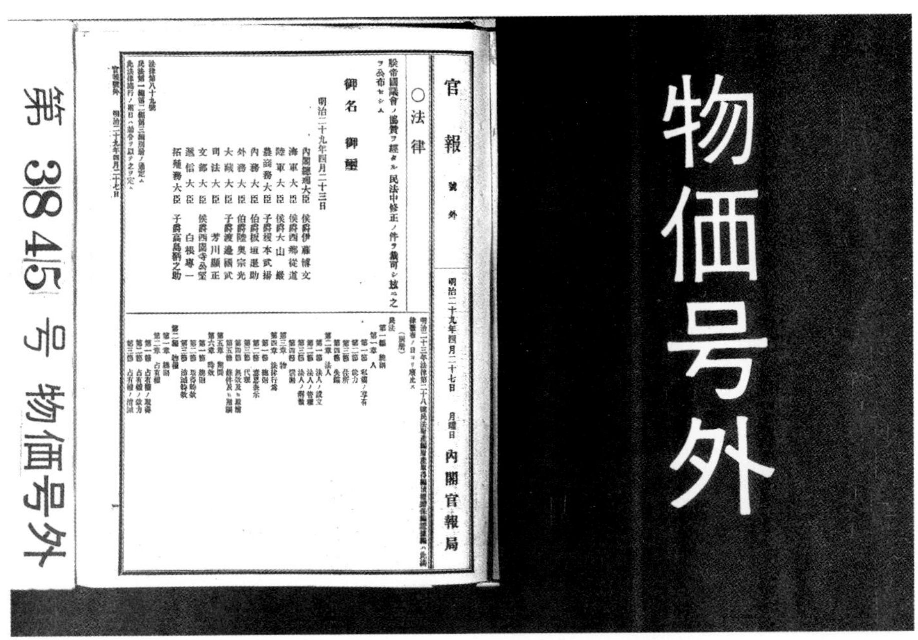

官報 號外

明治二十九年四月二十七日 月曜日 內閣官報局

○法律

朕帝國議會ノ協賛ヲ經タル民法中修正ノ件ヲ裁可シ茲ニ之ヲ公布セシム

御名 御璽

明治二十九年四月二十三日

內閣總理大臣 侯爵伊藤博文
海軍大臣 侯爵西鄉從道
陸軍大臣 侯爵大山巖
農商務大臣 子爵榎本武揚
內務大臣 伯爵板垣退助
外務大臣 伯爵陸奥宗光
大藏大臣 子爵渡邊國武
司法大臣 芳川顯正
文部大臣 侯爵西園寺公望
遞信大臣 白根專一
拓殖務大臣 子爵高島鞆之助

▲1896 民法官报（来自日本司法部官网）

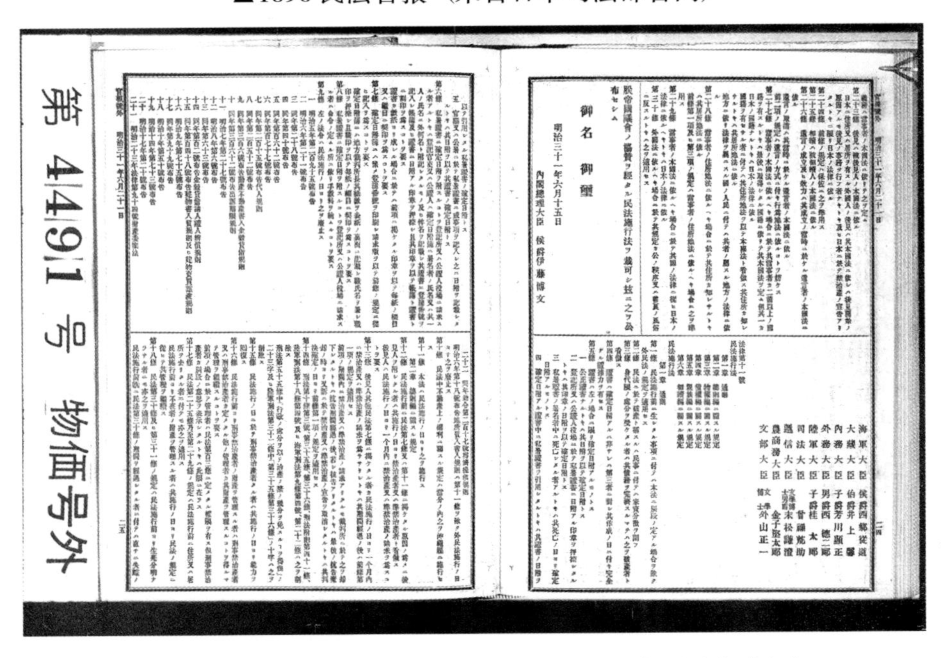

朕帝國議會ノ協贊ヲ經タル民法施行法ヲ裁可シ茲ニ之ヲ公布セシム

御名 御璽

明治三十一年六月十五日

內閣總理大臣 侯爵伊藤博文

▲日本民法施行法官报（1898）（来自日本司法部官网）

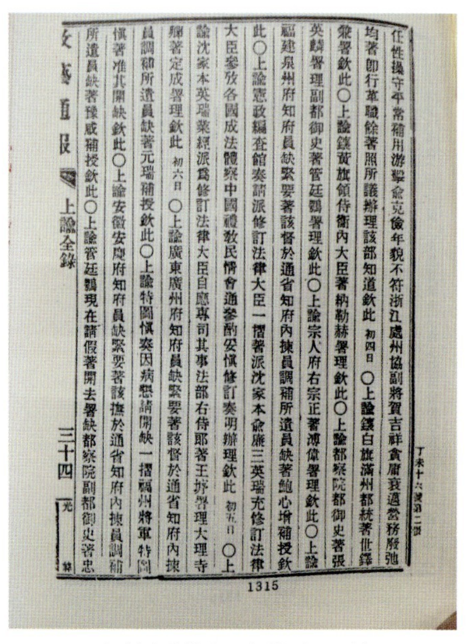

丁未十六號第二張

任性操守平常藉用游擊俞克儉年貌不符浙江處州協副將賀吉祥貪庸衰邁營務廢弛均著即行革職餘著照所議辦理該部知道欽此 初四日 ○上諭鑲白旗滿州都統著世鐸兼署欽此○上諭鑲黃旗領侍衛內大臣著納勒赫署理欽此○上諭都察院都御史著張英麟署理副都御史著管廷鶚署理欽此○上諭宗人府右宗正著溥偉署理欽此○上諭福建泉州府知府員缺緊要著該督於通省知府內揀員調補所遺員缺著鮑心增補授欽此○上諭憲政編查館奏請派修訂法律大臣一摺著派沈家本俞廉三英瑞充修訂法律大臣參考各國成法體察中國禮教民情會通參酌妥慎修訂奏明辦理欽此 初五日 ○上諭沈家本英瑞業經派為修訂法律大臣自應專司其事法部右侍郎著王垿署理大理寺卿著定成署理欽此 初六日 ○上諭廣東廣州府知府員缺緊要著該督於通省知府內揀員調補所遺員缺著元瑞補授欽此○上諭特圖慎奏因病懇請開缺一摺福州將軍特圖慎著准其開缺欽此○上諭安徽安慶府知府員缺緊要著該撫於通省知府內揀員調補所遺員缺著豫咸補授欽此○上諭管廷鶚現在請假著開去署缺都察院副都御史著忠

上諭全錄 三十四 光緒

1315

▲光绪派修订法律大臣谕

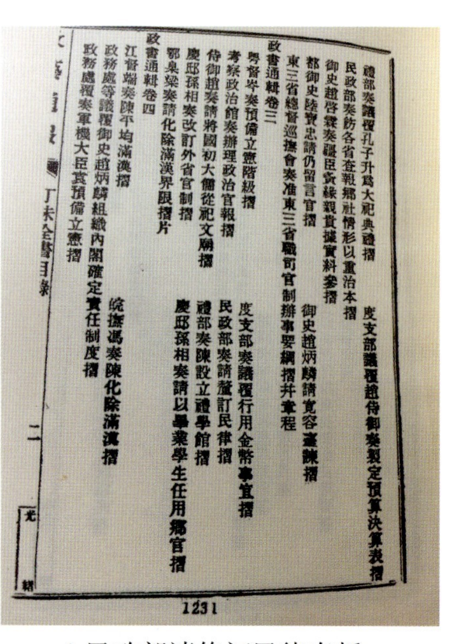

禮部奏議覆孔子升爲大祀典禮摺　度支部議覆趙侍御奏釐定預算決算表摺
民政部奏飭各省查報鄉社情形以重治本摺
御史趙啓霖奏疆臣貪祿親貴據實糾參摺
都御史陸寶忠請仍留言官摺　御史趙炳麟請寬容臺諫摺
東三省總督巡撫會奏准東三省職司官制辦事要綱摺并章程
政書通輯卷三
粵督岑奏預備立憲階級摺　度支部奏議覆行用金幣事宜摺
考察政治館奏辦理政治官報摺　民政部奏請釐訂民律摺
侍御趙奏請將國初大儒從祀文廟摺　禮部奏陳設立禮學館摺
慶邸孫相奏改訂外省官制摺　慶邸孫相奏請以畢業學生任用鄉官摺
鄂臬梁奏請化除滿漢界限摺片
政書通輯卷四
江督端奏陳平均滿漢摺　皖撫馮奏陳化除滿漢摺
政務處等議覆御史趙炳麟組織內閣確定責任制度摺
政務處覆奏軍機大臣責預備立憲摺

丁未全書目錄 二 光緒

1231

▲民政部请修订民律奏折

變法經緯公例論

譚延闓題

▲谭嗣同题变法经纬公例论

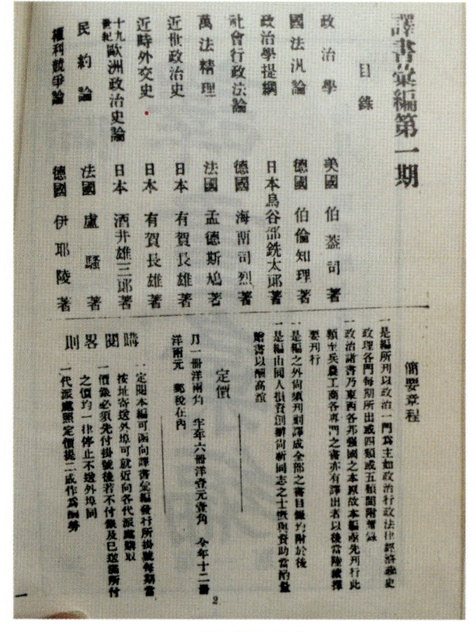

譯書彙編第一期

目錄

政治學　美國 伯盎司 著
國法汎論　德國 伯倫知理 著
政治學提綱　日本鳥谷部銑太郎 著
社會行政法論　德國 海留司烈 著
萬法精理　法國 孟德斯鳩 著
近世政治史　日本 有賀長雄 著
近時外交史　日本 有賀長雄 著
十九世紀歐洲政治史論　日本 酒井雄三郎 著
民約論　法國 盧騷 著
權利競爭論　德國 伊耶陵 著

簡要章程

一是編所刊以政治一門爲主如政治行政法律經濟外交歷史政理各門每期所出或四類或五類間附雜錄
一政治諸書乃東西各邦強國之本原故本編亟先刊行此類至兵農工商各專門之書亦有譯出者以後當陸續擇要刊行
一是編之外尚續刊翻譯成全部之書目錄均附於後
一是編由同人捐資創辦尚祈同志之士慨與資助當酌量贈書以酬高誼

定價

一月一冊洋兩角　半年六冊洋壹元壹角　全年十二冊洋兩元　郵稅在內

購閱略則

一定閱本編可函向譯書彙編發行所掛號每期當按址寄送外埠可就近向各代派處購取
一價銀必須先付掛號後若不付銀及已逾期所付之價均一律停止不送外埠同
一代派處照定價提二成作爲酬勞

2

▲译书汇编

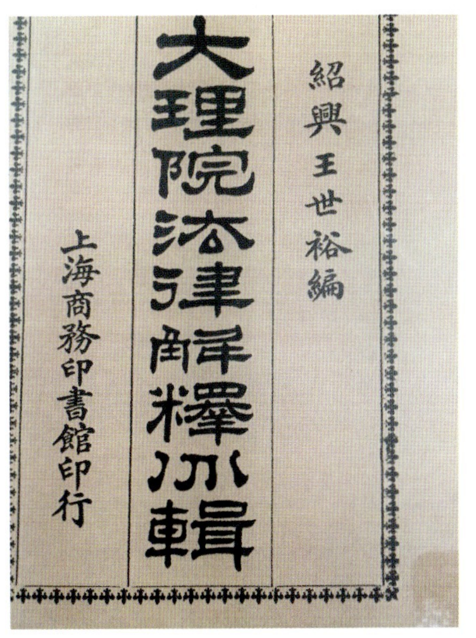

紹興王世裕編

大理院法律解釋分輯

上海商務印書館印行

▲大理院法律解释分辑

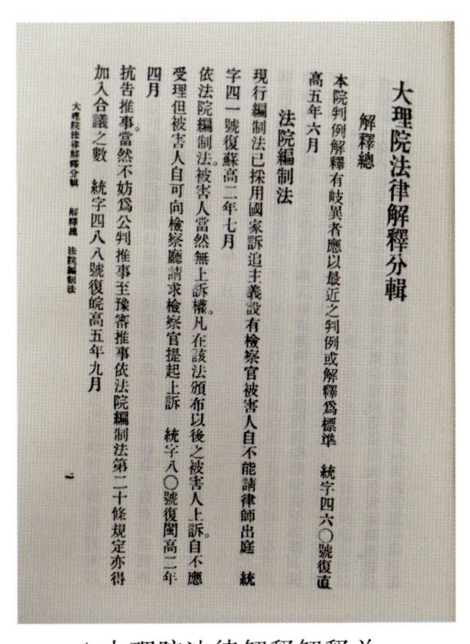

大理院法律解釋分輯

解釋總

本院判例解釋有歧異者應以最近之判例或解釋爲標準　統字四六〇號復直高五年六月

法院編制法

現行編制法已採用國家訴追主義設有檢察官被害人自不能請律師出庭　統字四一號復蘇高二年七月

依法院編制法被害人當然無上訴權。凡在該法頒布以後之被害人上訴。自不應受理但被害人自可向檢察廳請求檢察官提起上訴　統字八〇號復閩高二年四月

抗告推事。當然不妨爲公判推事至豫審推事依法院編制法第二十條規定亦得加入合議之數　統字四八八號復皖高五年九月

大理院法律解釋分輯　解釋總　法院編制法

▲大理院法律解释解释总

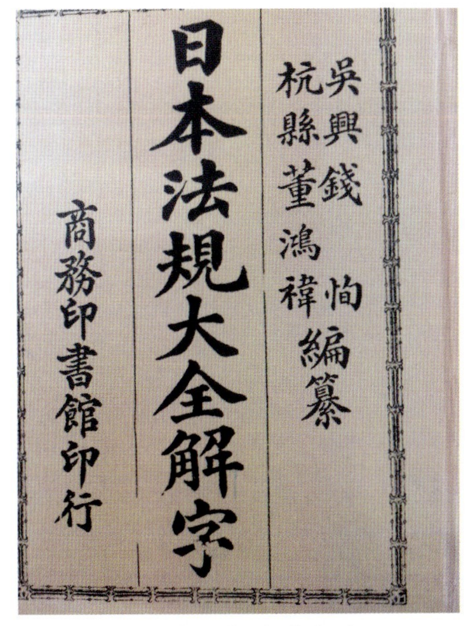

吳興錢恂　杭縣董鴻禕　編纂

日本法規大全解字

商務印書館印行

▲日本法规大全解字

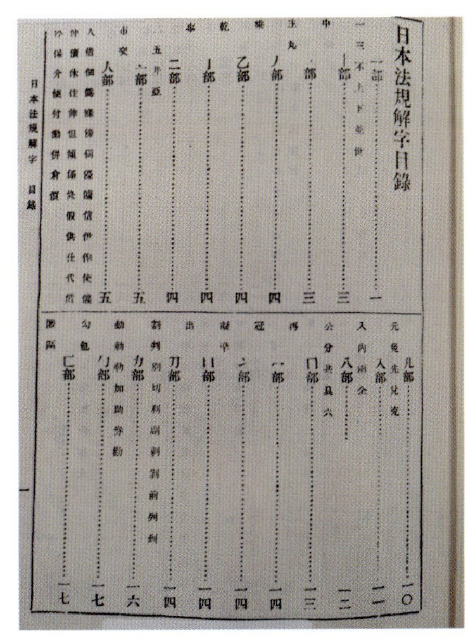

日本法規解字目錄

日本法規解字　目錄

▲日本法规解字目录

變法自強
奏議彙編

▲变法自强奏议汇编

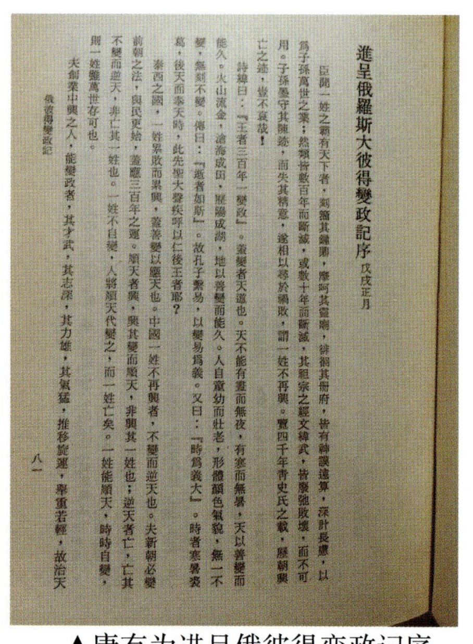

進呈俄羅斯大彼得變政記序 戊戌正月

臣聞一姓之霸有天下者，剏籌其鑄鼎，摩呵其靈囿，詳稽其冊府，皆有神謨遠算，深計長慮，以爲子孫萬世之業；然類皆數百年而斬滅，或數十年而斬滅，其祖宗之經文緯武，皆廢弛敗壞，而不可用。子孫墨守其陳跡，而失其精意，遂相以尋於禍敗，謂一姓不再興。覽四千年青史氏之載，歷朝興亡之迹，豈不哀哉！

詩緯曰：「王者三百年一變政」。蓋變者天道也。天不能有晝而無夜，有寒而無暑，天以善變而能久。火山流金，滄海成田，歷陽成湖，地以善變而能久。人自童幼而壯老，形體顏色氣貌，無一不變，無刻不變。傳曰：「蓋者加新」。故孔子繫易，以變易爲義。又曰：「時爲義大」。時者寒暑奏易，後天而奉天時，此先聖大聲疾呼以仁後王者耶？

秦西之國，一姓累敗而累興，蓋善變以應天也。中國一姓不再興者，不變而逆天也。夫新朝必變前朝之法，與民更始，蓋應三百年之運。順天者興，與其變而順天，非興其一姓也；逆天者亡，亡其不變而逆天，非亡其一姓也。一姓不自變，人將順天代變之，而一姓亡矣。一姓能順天，時時自變，則一姓雖萬世存可也。

夫創業中興之人，能變政者，其才武，其志深，其力雄，其氣猛，推移旋運，舉重若輕，故治天

俄彼得變政記　八一

▲康有为进呈俄彼得变政记序

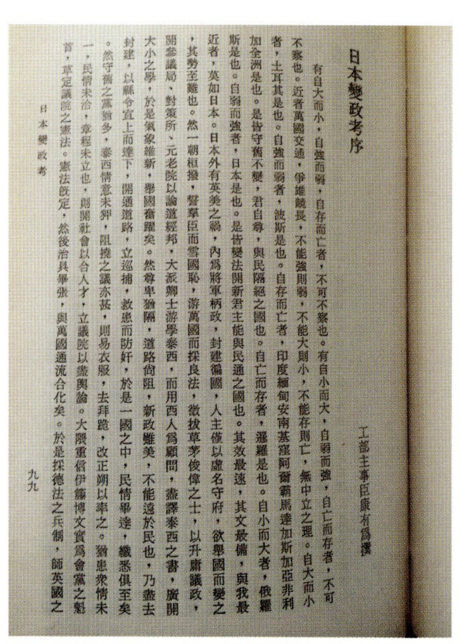

日本變政考序

工部主事臣康有爲撰

有自大而小，自強而弱，自存而亡者，不可不察也。有自小而大，自弱而強，自亡而存者，不可不察也。近者萬國交通，爭雄競長，不能強則弱，不能大則小，不能存則亡，無中立之理。自大而小者，土耳其是也。自強而弱者，波斯是也。自存而亡者，印度緬甸安南基窪阿薾霸馬達加斯加亞非利加全洲是也。是皆守舊不變，君自尊，與民隔絕之國也。自亡而存者，暹羅是也。自小而大者，俄羅斯是也。自弱而強者，日本是也。是皆變法開新君主能與民通之國也。其效最速，其文最備，與我最近者，莫如日本。日本外有英美之禍，內爲將軍柄政，封建偏國，人主僅以虛名守府，欲舉國而變之，其勢至難也。然一朝桓撥，督羣臣而雪國恥，游萬國而採良法，徵拔草茅俊偉之士，以升廟議政，開參議局、對策所、元老院以論道經邦，大派卿士游學泰西，而用西人爲顧問，盡譯泰西之書，廣開大小之學，於是氣象維新，舉國奮躍矣。然尊卑猶隔，道路尚阻，新政雖美，不能遠於民也，乃盡去封建，以縣令宜上而達下，開通道路，立巡捕，救患而防奸，於是一國之中，民情畢達，纖悉俱至矣。然守舊之黨猶多，泰西情意未孚，阻撓之議亦甚，則易衣服，去拜跪，改正朔以牽之。猶患衆情未一，民情未洽，章程未立也，則開社會以合人才，立議院以盡輿論。大隈重信伊藤博文實爲會黨之魁首，草定議院之憲法。憲法既定，然後治具畢張，與萬國通流合化矣。於是採德法之兵制，師英國之

日本變政考　九九

▲康有为进呈日本变政考序

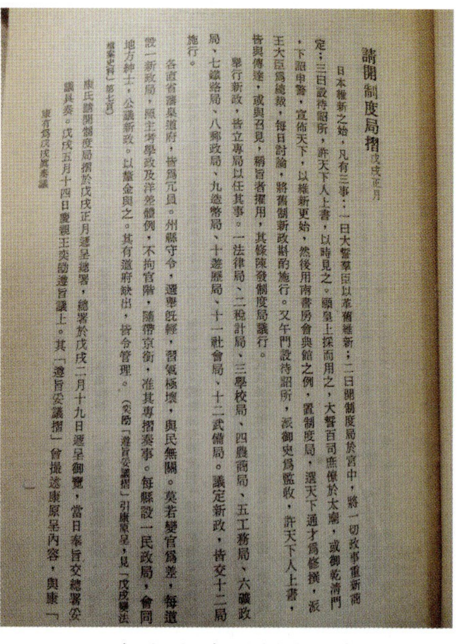

請開制度局摺 戊戌正月

日本維新之始，凡有三事：一曰大誓羣臣以革舊維新；二曰開制度局於宮中，將一切政事重新商定；三曰設待詔所，許天下人上書，以時見之。願皇上採而用之，大誓百司庶僚於太廟，或御乾清門，下詔申警，宣佈天下，以維新更始，然後用南書房會典館之例，置制度局，選天下通才爲修撰，派王大臣爲總裁，每日討論，將舊制新政斟酌施行。又午門設待詔所，派御史爲監收，許天下人上書，皆與傳達，或與召見，稱旨者擢用，其條陳發制度局議行。

舉行新政，皆立專局以任其事。一法律局、二稅計局、三學校局、四農商局、五工務局、六礦政局、七鐵路局、八郵政局、九造幣局、十遊歷局、十一社會局、十二武備局。議定新政，皆交十二局施行。

各直省藩臬道府，皆爲冗員。州縣守令，選舉既輕，習氣極壞，與民無關。莫若變官爲差，每道設一新政局，照主考學政及洋差體例，不拘官階，隨帶京銜，准其專摺奏事。每縣設一民政局，會同地方紳士，公議新政。以籌金與之。其有道府缺出，皆令管理。（奕劻「遵旨妥議摺」引康原呈，見「戊戌變法檔案史料」第七頁）

康氏請開制度局摺於戊戌正月遞呈總署，總署於戊戌二月十九日遞呈御覽，當日奉旨交總署妥議具奏。戊戌五月十四日慶親王奕劻遵旨議上。其「遵旨妥議摺」曾撮述康原呈內容，與康「

康有爲戊戌奏議

▲康有为请开制度局摺

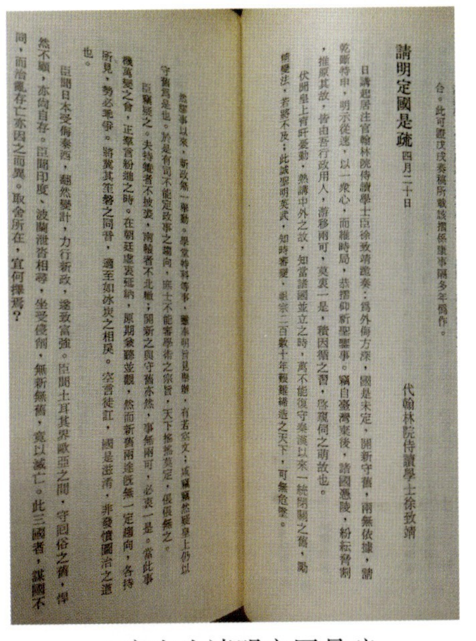
合。此可證戊戌奏稿所載該摺係康事隔多年僞作。

請明定國是疏 四月二十日

代翰林院侍讀學士徐致靖

日講起居注官翰林院侍讀學士臣徐致靖跪奏：爲外侮方深，國是未定，開新守舊，兩無依據，請乾斷特申，明示從違，以一衆心，而維時局，恭摺仰祈聖鑒事。竊自臺灣棄後，諸國憑陵，紛紜脅割，推原其故，皆由吾行政用人，游移兩可，莫衷一是，積因循之習，啓窺伺之萌故也。

伏聞皇上宵旰憂勤，熟講中外之故，知當諸國並立之時，萬不能復守秦漢以來一統閉關之舊，勵精變法，若將不及，此誠聖明英武，知時審變，祖宗二百數十年艱難締造之天下，可無危墜。

然舉事以來，新政第一舉動，學堂特科等事，雖奉明旨見舉辦，有若空文；或竊竊然疑皇上仍以守舊爲是也。於是有司不能定政事之趨向，庶士不能審學術之宗旨，天下搖搖莫定，倀倀無之。

臣竊疑之。夫持雙者不拔婆，兩鞍者不北轍；開新之與守舊亦然，事無兩可，必衷一是。當此事機萬變之會，正羣言紛進之時。在朝廷虛衷延納，原期兼聽並觀，然而新舊兩途既無一定趨向，各持所見，勢必爭爭。將冀其笙磬之同音，適至如冰炭之相反。空言徒訌，國是滋淆，非發憤圖治之道也。

臣聞日本受侮泰西，翻然變計，力行新政，遂致富強。臣聞土耳其界歐亞之間，守回俗之舊，悍然不顧，亦尚自存。臣聞印度、波蘭泄沓相尋，坐受侵侮，無新無舊，竟以滅亡。此三國者，謀國不同，而治亂存亡亦因之而異。取舍所在，宜何擇焉？

▲康有为请明定国是疏

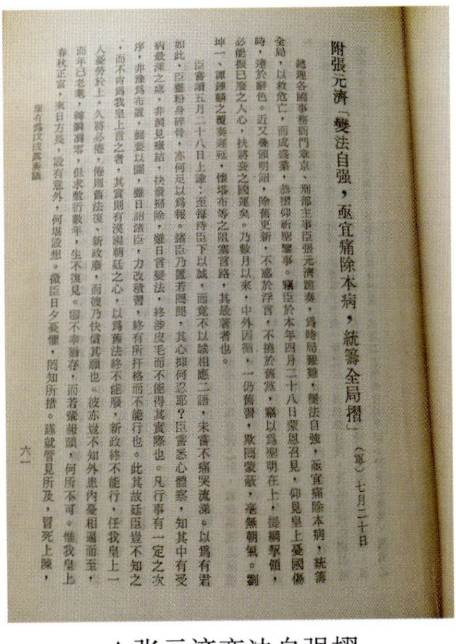
附張元濟「變法自強，亟宜痛除本病，統籌全局摺」（節）七月二十日

總理各國事務衙門章京、刑部主事臣張元濟跪奏，爲時局艱難，變法自強，亟宜痛除本病，統籌全局，以救危亡，而成盛業，恭摺仰祈聖鑒事。竊臣於本年四月二十八日蒙恩召見，仰見皇上憂國傷時，達於辭色。近又疊頒明詔，除舊更新，不惑於浮言，不拘於舊審，竊以爲聖明在上，提綱挈領，必能振已渙之人心，扶將衰之國運矣。乃數月以來，中外因循，一仍舊習，欺罔蒙蔽，毫無朝氣。劉坤一、譚鍾麟之覆奏遲延，懷塔布等之阻塞言路，其最著者也。

臣嘗讀五月二十八日上諭：至再詔臣下以誠，而竟不以誠相應二語，未嘗不痛哭流涕。以爲有君如此，臣雖粉身碎骨，亦何足以爲報。諸臣乃置若罔聞，其心抑何忍耶？臣嘗悉心體察，知其中有受病最深之處，非洞見癥結，扶發掃除，雖日言變法，終涉皮毛而不能得其實際也。凡行事有一定之次序，非豫爲布置，握要以圖，雖日詔諸臣，力改積習，終有所扞格而不能行也。此其故廷臣豈不知之，而不肯爲我皇上言之者，其實則有淺窺朝廷之心，以爲舊法終不能廢，新政終不能行，任我皇上一人憂勞於上，久將必倦，倦則舊法復、新政廢，而彼乃快償其願也。彼亦豈不知外患內憂相逼而至，而年已老耄，轉瞬凋零，但求敷衍數年，生不復見。卽不幸猶存，而若蒙[illegible]，何所不可。惟我皇上春秋正富，來日方長，設有意外，何堪設想。微臣日夕憂懼，罔知所措。謹就管見所及，冒死上陳，

康有爲戊戌真奏議 六一

▲张元济变法自强摺

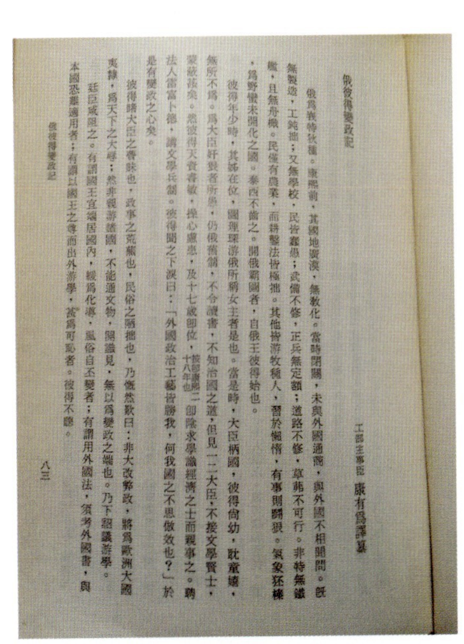
俄彼得變政記

工部主事臣 康有爲譯纂

俄爲寒帶狄種。康熙前，其國地廣漠，無教化。當時閉關，未與外國通商，與外國不相聞問。既無製造，工純拙；又無學校，民皆蠢愚；武備不修，正兵無定額；道路不修，草萊不可行。非特無鐵艦，且無舟楫。民僅有農業，而耕鑿法皆極拙。其他皆游牧稀人，習於慵惰，有事則鬭狠。氣象狉榛，爲野蠻未開化之國。泰西不齒之。開俄霸圖者，自俄王彼得始也。

彼得年少時，其姊在位，國理璦游俄所稱女主者是也。當是時，大臣柄國，彼得尚幼，耽童嬉，無所不爲。爲大臣奸貪者所愚，仍俄舊制，不令讀書，不知治國之道，但見一二大臣，不接文學賢士，蒙蔽甚矣。然彼得天資睿敏，操心慮患，及十七歲卽位，（按卽康熙二十八年也）卽陰求學識經濟之士而親事之。聘法人雷富卜德，講文學兵制。彼得聞之下淚曰：「外國政治工藝皆勝我，何我國之不思倣效也？」於是有變政之心矣。

彼得睹大臣之昏昧也，政事之荒蕪也，民俗之陋拙也，乃慨然歎曰：非大改弊政，將爲歐洲大國夷隸，爲天下之大辱；然非親游諸國，不能通文物，開識見，無以爲變政之端也。乃下詔議游學。

廷臣咸阻之。有謂國王宜端居國內，緩爲化導，風俗自丕變者；有謂用外國法，須考外國書，與本國恐難適用者；有謂以國王之尊而出外游學，甚爲可恥者。彼得不聽。

俄彼得變政記 八三

▲康有为译纂俄彼得变政记

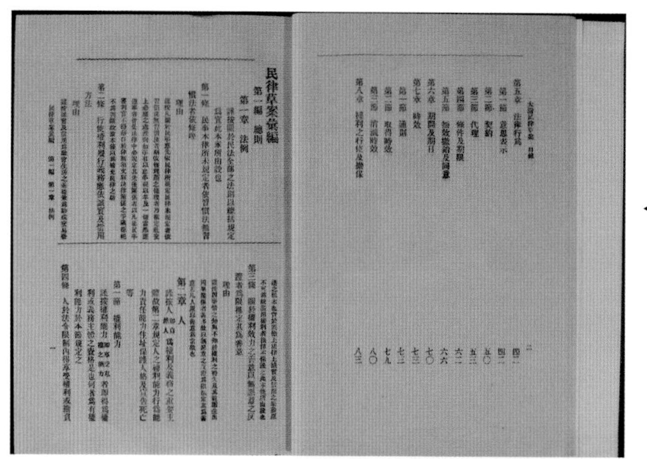

◀大清民律草案总则法例（国家图书馆提供）

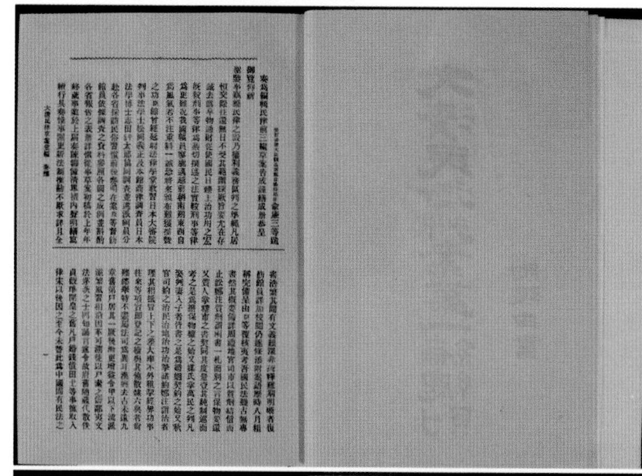

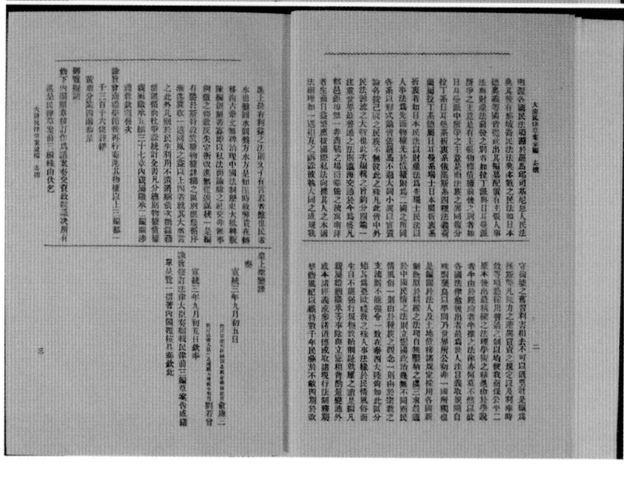

▶俞廉三关于民律前三编成之奏折（国家图书馆提供）

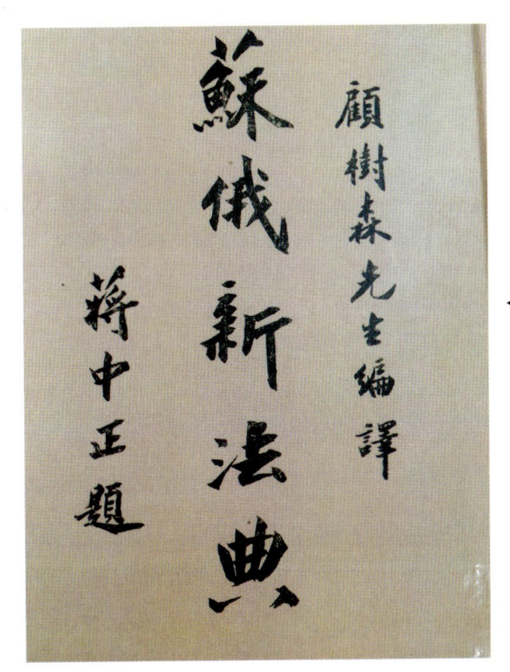

◀蒋中正题苏俄新法典

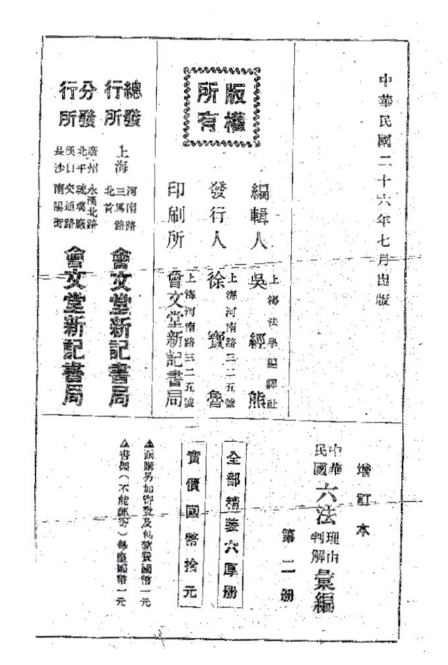

中華民國二十六年七月出版

版權所有

編輯人 吳經熊 上海法學編譯社

發行人 徐寶魯 上海河南路三二五號

印刷所 會文堂新記書局 上海河南路三二五號

總發行所 上海 河南路 三馬路北首 會文堂新記書局

分發行所 廣州永漢北路 北平琉璃廠 漢口交通路 長沙南陽街 會文堂新記書局

增訂本

中華民國六法理由判解彙編

第二冊

全部精裝六厚冊

實價國幣拾元

△郵購另加寄費及包紮費國幣一元

△書架（不能郵寄）每座國幣一元

▲吴经熊主编 1937 年六法全书

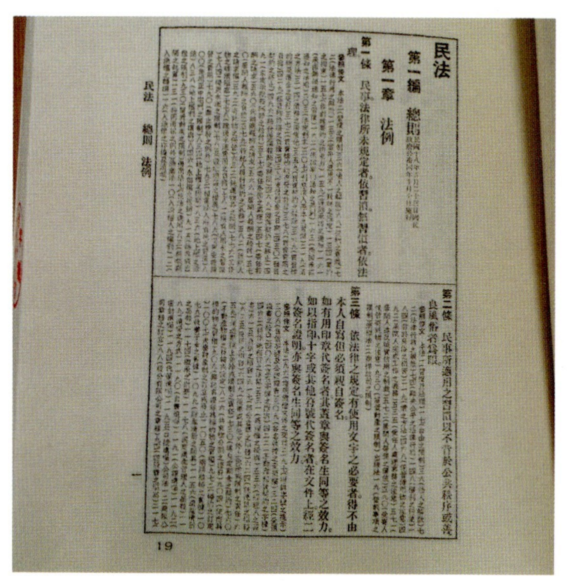

民法

第一編 總則

第一章 法例

第一條 民事法律所未規定者依習慣無習慣者依法理

第二條 民事所適用之習慣以不背於公共秩序或善良風俗者為限

第三條 依法律之規定有使用文字之必要者得不由本人自寫但必須親自簽名

如有用印章代簽名者其蓋章與簽名生同等之效力

如以指印十字或其他符號代簽名者在文件上經二人簽名證明亦與簽名生同等之效力

民法 總則 法例

19

▲民国民法总则编（1929年）首页

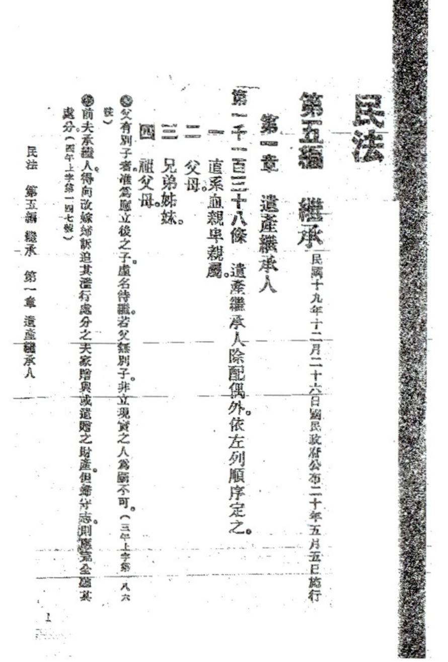

民法

第五編 繼承（民國十九年十二月二十六日國民政府公布二十年五月五日施行）

第一章 遺產繼承人

第一千一百三十八條 遺產繼承人除配偶外。依左列順序定之。

一 直系血親卑親屬。

二 父母。

三 兄弟姊妹。

四 祖父母。

父有別子者准為應立後之子虛名待繼。若父無別子。并立現實之人為嗣不可。（三年上字第一八六號）

前夫承繼人得向改嫁婦訴追其濫行處分之夫家贈與或遺贈之財產。但婦守志則應完全歸其處分。（四年上字第一四七號）

民法 第五編 繼承 第一章 遺產繼承人

▲民国民法第五编法例 1930年

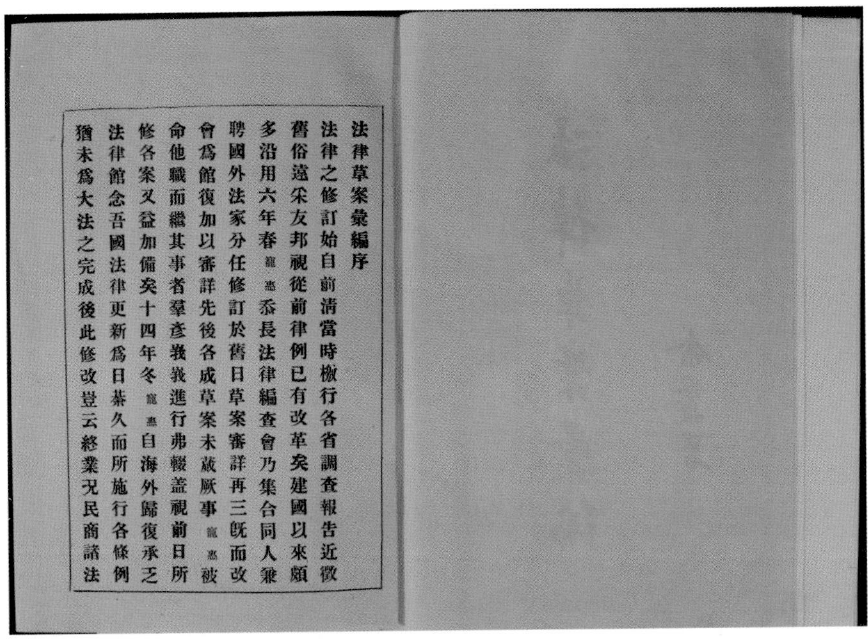

法律草案彙編序

法律之修訂始自前清當時檄行各省調查報告近徵舊俗遠采友邦視從前律例已有改革矣建國以來頗多沿用六年春寵惠忝長法律編查會乃集合同人兼聘國外法家分任修訂於舊日草案審詳再三既而改會爲館復加以審詳先後各成草案未蕆厥事寵惠被命他職而繼其事者羣彥義義進行弗輟盖視前日所修各案又益加備矣十四年冬寵惠自海外歸復承乏法律館念吾國法律更新爲日綦久而所施行各條例猶未爲大法之完成後此修改豈云終業況民商諸法

▲王宠惠序民律草案汇编（国家图书馆提供）

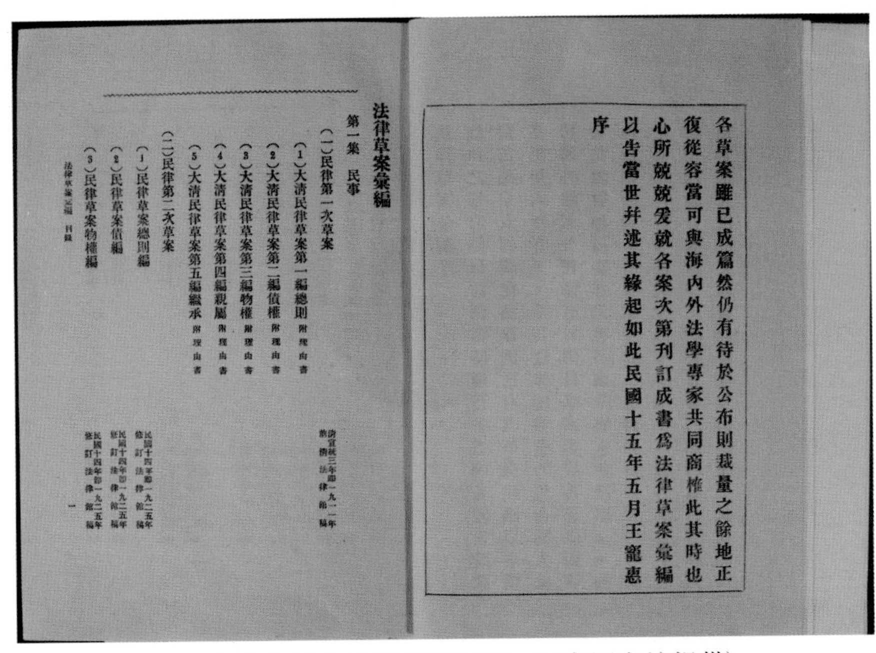

各草案雖已成篇然仍有待於公布則裁量之餘地正復從容當可與海內外法學專家共同商榷此其時也心所兢兢爰就各案次第刊訂成書爲法律草案彙編以告當世幷述其緣起如此民國十五年五月王寵惠

序

法律草案彙編

第一集 民事

（一）民律第一次草案 清宣統三年即一九一一年 修訂法律館編

（1）大清民律草案第一編總則 附理由書

（2）大清民律草案第二編債權 附理由書

（3）大清民律草案第三編物權 附理由書

（4）大清民律草案第四編親屬 附理由書

（5）大清民律草案第五編繼承 附理由書

（二）民律第二次草案

（1）民律草案總則編 民國十四年即一九二五年 修訂法律館編

（2）民律草案債編 民國十四年即一九二五年 修訂法律館編

（3）民律草案物權編 民國十四年即一九二五年 修訂法律館編

法律草案彙編 目錄 一

▲王宠惠主编之民律草案汇编（国家图书馆提供）

一切都准备好了，只等你登临。

目　录

第一章　民法简史

“历史是重要的。其重要性不仅在于我们可以从历史中获取知识，还在于种种社会制度的连续性把现在、未来与过去连结在了一起。现在和未来的选择是由过去所型塑的，并且只有在制度演化的历史话语中，才能理解过去。”

——［美］道格拉斯·C. 诺斯，《制度、制度变迁与经济绩效》前言

民法是有着悠久历史的法律部门，它的萌芽在《汉穆拉比法典》（*The Code of Hammurabi*）[1] 中就已经出现，而后在古罗马时期兴盛起来，并最终形成了包括《法学阶梯》（又译为《法学总论》，*Institutiones*，*the Institutes of Justinian*）、《国法汇编》（*Codex Justinianus*，*Code of Justinian*，后来又增加了《新律》，*Novellae Constitutiones*，*New Laws*）和《学说汇纂》（又译为《学说汇编》，*Digesta and Pandectae*，*Digest or Pandects*）在内的《罗马民法大全》（又译为《国法大全》，*Corpus Iuris Civilis*，*Corpus Juris Civilis*）。[2]

《罗马民法大全》是罗马长期法律实践的结晶，其中包括法律条文、法学教科书和学者学说汇编，其中后者是以盖尤斯的《法学阶梯》和《日常事件法律实践》为蓝本于533年底编写而成的，十分注重法学的应用性。随着罗马帝国对西方世界的征服，罗马法也传播到了欧洲各地，成为最早在大学教授的课程之一，并在经历了中世纪的蛰伏期后，由《法国民法典》继承

---

① *The Oldest Code of Laws in the World*, by Hammurabi, King of Babylon, Translated by C. H. W. Johns, Edinburgh, T. & T. Clark, 1903; Leonard William King（译），The Code of Hammurabi, Createspace, 2014.

② 《罗马民法大全》（*Corpus Juris Civilis*）一语第一次出现是在1583年，即由迪奥尼索斯（Dionysius Godofredus）首次编辑出版《查士丁尼法典》（*Justinianic code*）时使用。Kunkel, W., *An Introduction to Roman Legal and Constitutional History*, Oxford, 1966（translated into English by J. M. Kelly），p. 157，n. 2。

并发扬，最终影响了全世界的法律进程。

今天，包括中国、印度和英美等国在内的世界各国都以不同的形式发扬着自罗马法甚至更早的古代法制传统，并在不同程度上吸收了源自法国、德国的法律内容，从而使民法以基本私法的形式成为国家制度体系中最重要的组成部分。回顾世界民法的发展历史，并对其中的不同制度渊源和所蕴含的丰富的哲学思想进行考察，不仅对了解民法与世界文明的关系有所裨益，同时也对当前和今后如何规定社会的行为规范并塑造新的历史轨迹和民族特征有着极其重要的启发意义。

第一节　古巴比伦文明与《汉穆拉比法典》

“汉穆拉比，发扬正义于世。”

——《汉穆拉比法典》序言[①]

我们常会想象人类社会早期的生活状况，比如，他们是否一开始就有一部完整的法律？答案是否定的。人类有文字记载的历史开始于距今约五千多年前，最早的文字是楔形文字。而人类早在五千年前就已经存在了，那时的人类社会被称为原始社会。在原始社会中，人们共同分享自然界的一切，氏族生活依靠简单的习惯即可维持。这样的生活方式至今在世界上的某些偏远地区中也零星地存在，如在美洲丛林中居住的印第安部落、在大洋洲和非洲荒野居住的部落等。

但是，当人类逐渐脱离了原始社会，拥有了较为高级的生产方式，开始农耕和聚居，并拥有了自己的文字系统之后，生活便发生了变化。人们开始制定较为复杂的生活规则，并将其诉诸于文字，从而形成了法典（法律）。事实上，从那些早期的法律开始，很多法律的制定者通常便会将自己的社会理想寄托在法律中，以表达自己在制定这部法律时所要达成的愿望。这样的社会和人生理想几乎无一例外地表现为对公平正义和自由平等的追求。

古巴比伦王国（Ancient Babylon）是两河流域文明的产物，据史料上记载，在其最辉煌的日子里，巴比伦国家富庶，人们安居乐业，还修建了著名的巴比伦空中花园，是世界历史上的七大奇迹之一。也正是在该王国，诞生

---

① 江平主编，《汉穆拉比法典》，北京：法律出版社，2000年3月版，《序言》，第3页。

了人类社会第一部法典，即《汉穆拉比法典》。

《汉穆拉比法典》是二十世纪的一个重大的考古发现。关于它发现的过程及其整理和对照、翻译，在西方有诸多的文字记载。而关于其在法律史上的意义，也有相当多的正面评价。①

《汉穆拉比法典》制定于公元前18世纪，共计282条，其中有将近一半的条款是关于合同法的，另有三分之一涉及婚姻家庭，其他则较为凌乱。由于当时还没有发明纸张，因而“法典”的正式内容以楔形文字刻于一个石柱上。在法典的序言中，汉穆拉比王（约公元前1792—1750年在位）信誓旦旦地说：“（我将）发扬正义于世，灭除不法邪恶之人，使强不凌弱，使我有如沙马什，昭临黔首，光耀大地。”

查阅《汉穆拉比法典》会发现，多数的法律规定是笼统的，并且充满了粗暴和野蛮的条款。比如，社会由自由民和奴隶两部分构成，自由民拥有相对充分的法律上的权利，奴隶被作为物来对待，可以成为买卖的对象；法律上的救济以死刑为主，以货币补偿为补充；如果买卖不能提供契约，即为盗窃；等等。② 这样的一些法律规则所反映出的是当时社会文明程度的不足，即人类社会用以判断是非善恶的知识较为匮乏，正义观简单片面，采用“以眼还眼，以牙还牙”的“同态复仇”原则（lex talionis）。所以，这样的一部古老法典，虽然其中内容涉及社会生活的各个方面，但由于认识所限，有不少具体的条款内容在今天看来是违反人性的。比如，第229-232条规定，如果一个建筑商建造的房子倒塌导致房主死亡，则建筑商应予以处死；如果该房屋倒塌导致房主的儿子死亡，则该建筑商的儿子亦应予以处死。

古巴比伦王国存在的时间不超过一百年，于1595年为赫梯人所灭亡。但是，这样一个古代国家，发明了楔形文字，一度拥有了繁荣的社会生活，也树立起了自己的法典柱石，为世界文明和法律史作出了重大贡献。

第二节 古希腊文明与法

“我渴望拥有财产，但我不想以不公平的方式来取得，因为正义随后就

① J. Dyneley Prince, Review: *The Code of Hammurabi*, *The American Journal of Theology*, Vol. 8, No. 3 (Jul., 1904), pp. 601-609.

② 江平主编，《汉穆拉比法典》，北京：法律出版社，2000年3月版，第七条、第八条、第九条。

会到来。”

——［古希腊］梭伦

（“And I long to have property, but I do not want to get it unjustly, for Justice always comes after.” ——Solon）①

古希腊文明发源于爱琴海地区，后来产生了世界上所有现存的文明萌芽，包括学校教育、体育运动、几何、历史、修辞学、物理学、医药卫生、诗词、音乐、哲学等等。而在其漫长的文明史中，古希腊人在立法上也取得了引人瞩目的成就。

由于古希腊文明呈现出一种岛国文化的流动性特征，文明总是从一个岛屿转移到另一个岛屿，因此，人们的行为模式也较为接近自然，并不自觉地将自然视为人类社会的必然组成部分。② 一直到公元前九世纪以前，整个希腊文明都是建立在神话传说的基础之上的，后世称之为荷马时期，也被称为“英雄时代”（*heroic times*）。这一时期的主要历史事件均记载于一部民间神话性质的《荷马史诗》（*The Odyssey*），整个希腊社会基本上处于人神不分、神法即人法的状态，所有的法律都是以宙斯的名义形成的习惯法。③

通过《荷马史诗》，人们得知了那个历史阶段中的某些重要史实。比如，《荷马史诗》中所出现的“地美士”（themis）即是万神之王宙斯的陪审官，这个人物后来进一步发展为“司法女神”（goddess of justice）。④ 同时也得知，那个时期的所有事情都是个别解决的，即通过某种集会有针对性地假神之名做出决议，然后执行。但是，史诗的主要人物奥德修斯的儿子在一个会议上请求去寻找父亲并驱散霸占他家的人的要求却并没有得到多数人的认可，这是个人的愿望与神授法的最初冲突。⑤

公元前九世纪后，希腊逐渐进入了贵族时代。此时的希腊文明仍以雅典

---

① Michael Gagarin, Paul Woodruff,《早期希腊政治思想：从荷马到智者》（英文影印本），中国政法大学出版社 2003 年版，第 29 页（梭伦诗论）。

② ［美］威尔·杜兰特，《世界文明史——希腊的生活》，华夏出版社 2010 年版，第 3－19 页。

③ ［古希腊］柏拉图，《法律篇》，张智仁、何勤华译，上海人民出版社 2001 年版，第 1 页，第 9 页。

④ ［英］亨利·梅因，沈景一译，《古代法》，商务印书馆 1984 年版，第 2 页。

⑤ ［古希腊］荷马，王焕生译，《荷马史诗·奥德赛》，人民文学出版社 1997 年版，第 28 页。另，关于早期希腊社会处于人神不分、神法不分的状态，柏拉图在论及克里特人的习惯法时即有定论。

城邦文明为中心，但更加注重贵族阶层对社会活动的实际控制。由于贵族掌握了文字和立法权，因而，贵族的命令便形成了法律，普通的人民必须按照这些法律命令活动。这样的情况后来被英国法史学家梅因（Sir Henry James Sumner Maine，1822—1888）称为“法典时代”① 的开端。

在贵族时期，古希腊出现了一些著名的人物，如西方第一位立法改革家梭伦（Solon，前638—前559），西方哲学的奠基人苏格拉底（Socrates，前469—前399）、柏拉图（Plato，前427—前347）和亚里士多德（Aristotle，前384—前322）等。他们都对法律进行了探讨，对法律应如何制约人的行为以及如何反映社会公平正义的需要进行了研究。其中，梭伦对希腊贵族时期的政治和法律的影响最大，他倡导改革（史称“梭伦改革”），进行立法，并最终完成了《梭伦法典》这样的系列成文法的制定。

梭伦是古希腊七智者之一，是个诗人，同时也是立法者，是雅典城邦第一任执政官。在公元前590年，他发起了经济和宪法改革，废除了残暴的《德拉古法》（*Draco's Laws*）重制定了《解负令》（*Seisachtheia*），建立了初期民主。他的改革矛头直指没落贵族，免除了大量债务，解放了欠债奴隶，奖励移居到希腊的手工业者以公民权。他还首创了陪审制度，成立陪审法庭作为雅典最高的审判机关，每个公民都可以出任陪审员。可以说，梭伦的这些改革措施奠定了西方民主和法制最初的雏形。梭伦执政官期限任满后，便辞去一切权力，开始四处漫游，其间形成的言论广为流传。

《梭伦法典》包括《解负令》在内的一系列法律总称，文字简单优美，内容丰富。由于当时古希腊的社会生产和生活得到了大幅度的发展，因而其中有关私有财产、家庭、继承和商业贸易等方面的法律规定都已经大量出现。这样的一些规定对后世私法产生了深远的影响。不过，作为一部早期法，该法最大的缺陷是只适用于不足人口总数1/7的自由人，妇女和儿童均被排除在法律的适用范围之外。②

梭伦强调了正义与法律的关系。他没有抽象地标榜正义，而是将正义具体表述为分配的正义，他说：“我渴望拥有财产，但我不想以不公平的方式来取得，因为正义随后就会到来。”这句话成为古希腊正义观和法律观的最佳体现，也为后来亚里士多德的分配正义理论提供了最初的蓝本。

在梭伦之后，古希腊的三位最伟大的哲人苏格拉底、柏拉图和亚里士多

---

① ［英］亨利·梅因，沈景一译，《古代法》，商务印书馆1984年版，第9页。

② ［美］威尔·杜兰特，《世界文明史——希腊的生活》，华夏出版社2010年版，第257页。

德也都对希腊法律进行了研究，柏拉图的《理想国》《法律篇》，亚里士多德的《伦理学》《政治学》，分别对法律在人类社会中的作用以及立法者应如何立法进行了论述和阐释，对后世法学理论产生了深远影响。

第三节　罗马法：影响人类历史和世界文明版图的私法

“法学是关于神和人的事物的知识；是关于正义和非正义的科学。法律的基本原则是：

为人诚实，不损害别人，给予每个人他应得的部分。法律学习分为两部分，即公法和私法。公法涉及罗马帝国的政体，私法则涉及个人利益。这里所谈的是私法，包括三部分，由自然法、万民法和市民法的基本原则所构成。”

——［古罗马］查士丁尼：《法学总论——法学阶梯》第1卷第1篇《正义与法律》①

在古巴比伦王国灭亡一千多年后，古罗马城邦国家在亚平宁半岛诞生了。这个国家在农业和商业方面都取得了令人瞩目的成果，并继而吞并了逐渐式微的古希腊，成为欧洲乃至亚欧最大的帝国，在世界立法史上创造了奇迹。

古罗马最早的法律是《十二表法》（*Lex Duodecim Tabularum*），它因镌刻在十二块牌子上而得名，成于公元前449年。这部法律与当时的罗马社会相适应，对如何进行法律诉讼以及判决的基本依据等进行了规定，它注重程序，在救济上注重财产补偿，适用于所有平民与贵族，是一部世俗意义上的法。后世因此将其称为“所有公法和私法的渊源”。②

在这部法律之后，罗马国家在文明的历程上又前进了许多年，并扩展了疆域。此一时期也产生了一些哲学家，如西塞罗（Marcus Tullius Cicero，公元前106—前43）。他的《论共和国·论法律》对罗马共和国时期的政治和

① ［罗马］查士丁尼，《法学总论——法学阶梯》，张企泰译，商务印书馆1993年版，第5-6页。

② 江平主编，《十二铜表法》，法律出版社2000年版，序言。

法律都进行了论述，并对后世产生了重大影响。

不过，古罗马对世界民法的最大贡献在于产生了世界上第一部系统的民法典籍。

公元529年，定都在君士坦丁堡的东罗马皇帝查士丁尼（Flavius Petrus Sabbatius Justinianus，约483—565）重新编纂了一部法典，叫作《查士丁尼法典》（*Codex Justinianus*，又译为《优士丁尼法典》）。这部法典一开始并没有多么重要的意义，因为它并非一部新的法典，而是罗马国家在此之前曾经行之有效的所有旧法的汇编，只是略加修订增删而已。但是，这部法典的地位由于查士丁尼多年不断地进行一系列立法活动而被彻底改变。

首先，查士丁尼主持编写了一部法学著作，即《学说汇纂》（*Digesta Justinianus* 或 *Pandectae*）。迄今为止，《学说汇纂》是人类历史上第一部被赋予法律上的效力的学术著作。其后，查士丁尼又指示罗马法学家再接再励，继续以皇帝的口吻编纂了一部法学教材，叫作《法学阶梯》（*Institutiones Justinianus*，*Iustiniani Institutiones*），由皇帝敕令全国颁行。最后，查士丁尼重新主持修订了公元529年颁布的法典，并于公元534年重新颁布。而到了公元565年，查士丁尼又颁布了《查士丁尼新律》（*Novellae Constitutiones Justinianus*，简称《新律》）。以上四个部分被后世合称为《查士丁尼国法大全》（*Corpus Iuris Civilis*）。

《查士丁尼国法大全》一直在罗马帝国全境适用，直至最后东罗马帝国于公元1453年灭亡，总共适用了将近一千年，适用的地理范围覆盖了欧洲、亚洲和非洲等多个地区。由于这些法律和理论的内容均以市民法（jus civil）为中心，因而后世又将其称为《民法大全》，是迄今为止最经典的古代民法文本。

应当说，古罗马国家之所以能够在世界史上占据如此长的时间（存在的历史远超巴比伦王国和古希腊），的确是因其武力征服的力量特别强大。但与此同时，法律的作用也不可忽视。从共和国时期开始，罗马就采用了市民法，对涉及到物权、契约、侵权（私犯）的种种社会关系进行规范，其详细的程度是此前从未有过的。到了西罗马帝国时期，由于版图的扩大，罗马市民籍的普遍赋予，罗马也把它的市民法传播得越来越远，罗马市民法实际上成为整个西欧共同的民事法律制度。

在西罗马帝国灭亡后，蛮族的入侵使欧洲的图景发生了变化。但是，罗马法的影响在从前罗马帝国统治的地区一直延续，只不过换成了一种隐蔽的形式，即与蛮族习惯法融合在一起。[①] 到十二世纪时，罗马法的原始文本在意大利的阿玛尔菲（Amalfi）被再次发现，于是又开始发挥其传奇的影响，史称“罗马法的再发现”。[②] 由此，西欧开始重新研究罗马法，并引出了一个著名的法学学派，即注释法学派。该学派的产生和活动对法学和欧洲各国的法律史都产生了重大的影响。[③] 特别值得指出的是，正是在该学派对罗马法研究和注释的基础上，启发了近代《法国民法典》和《德国民法典》的制定；而后来的众多法学流派，特别是德国的历史法学派，也完全是在罗马私法的基础上形成的。[④]

纵观罗马法的历史发展过程，不能忽略这样一个明显的事实，即罗马法不是一部单纯的法律，而是一个法律体系，其中既包括行之有效的法律条文，也包括具备法律效力的法学理论和教科书。围绕着这样的一个法律体系，有很多法学家在工作，甚至连皇帝本人都可以称为一名法学家。因此，称罗马法为法学家的法绝不为过。但是，罗马法并不因其体系的庞大而失去了实用性。从罗马法的法律规定来看，其中的法律条款无不是具体的、细致的；同时，由于罗马法适用范围的广泛，称其为一部世界性的法律也恰如其分。在民法大全中，现代民法的基本概念和制度都已形成，如“人格”（persona）的概念、契约的概念、侵权（私犯）的概念等，从而使所有民法的内容得以围绕着这些概念和制度而展开。

当然，罗马国家也是允许奴隶制存在的。但是，在平民（或自由民，城市国家的市民）生活的层面上，古代罗马是有史以来法律最为健全的一个城市国家。这个国家以城市为主体，以市民法为统治工具，当罗马帝国扩张到欧洲全境的时候，它的法律也随之输出到各地。“在今天，当你在巴黎、布达佩斯、马德里、威特雷沃参观时，如果你注意观察，就可以看到，在那里的居民中有一些外表和观点都十分相似的人。你可能还会惊奇地发现，无论

---

① 布莱克斯通（Sir William Blackstone，1723—1780）说过，“在我们岛屿的北部，民法也经常和当地的习惯法共同使用”。见［英］威廉·布莱克斯通，《英国法释义》（第一卷），游云庭、缪苗译，上海人民出版社2006年版，4页。另见，［德］K. 茨威格特，H. 克茨著，潘汉典等译，《比较法总论》，法律出版社2003年版，第364－368页。

② ［英］布莱克斯通，前揭书，第13、19页。关于罗马法的发现地点，有学者也有不同的见解。

③ 梁慧星，《民法解释学》（第三版），法律出版社2009年版，第19－23页。

④ ［德］弗里德里希·卡尔·冯·萨维尼，《历史法学派的基本思想》，法律出版社2009年版，第25－35页。

商店牌子上写的是法语、西班牙语、罗马尼亚语或是葡萄牙语你都可读懂。这时你就会意识到：‘我现在正处在一块古罗马的殖民地上，这片土地曾属于意大利，是意大利建筑师建造的最早的房子，是意大利将军规划的最早的街区，是意大利官员口授制定的第一部交通和商业法规。’”① 因此，罗马市民法的意义绝不仅仅限于亚平宁半岛，它的影响广泛遍及于今天的法国、德国、西班牙等欧洲国家，以及英国、亚洲、非洲、美洲等地。就这一点来看，罗马法无疑为西方私法文明提供了一个历史的、同时也是现实的注解。

第四节　《摩奴法典》、印度文明，以及其他宗教法

“尊者啊，请如实依次将关于一切原始种姓和杂种种姓的法律，惠予宣示给我们。”

——《摩奴法典》第一卷2②

《摩奴法典》是印度史上第一部也是唯一的一部宗教法典，成于公元前二世纪到公元二世纪之间，是婆罗门教祭司根据吠陀经典｛含《四吠陀》和《奥义书》（*Upaniṣad*），《四吠陀》包括《梨俱吠陀》（*Ṛgveda*）［即“赞诵明论”］、《娑摩吠陀》（*Sāmaveda*）［即“歌咏明论”］、《夜柔吠陀》（*Yajurveda*）［即“祭祀明论”］、《阿达婆吠陀》（*Atharvaveda*）［即“禳灾明论”］）｝等印度经典和习惯编撰而成的，对延续至今的印度种姓制度作了详尽的规定，是印度种姓法的经典。

所谓种姓制度，就是按照人的出身将所有的印度人从高到低分为四个种姓，即婆罗门、刹帝利、吠舍和首陀罗。按照教义，每个种姓都有相应的权利和义务，整个世界就按照这样的一个秩序来维持。这样一种按照种姓高低排列的社会秩序当然是不公平的，并且，其中的不公平表现在所有权、债权、婚姻继承等各个方面。然而，就是这样的一种不平等的法律制度，在印度一直延续到二十世纪上半叶，成为印度文明的主要标志。

《摩奴法典》虽被冠以法典的名称，但这个“法”其实是更广泛意义上的法，即哲学或宗教意义上的法。而整部法典更以诗化的文字写成。从法典

---

① ［美］房龙著，马晗、治梅译，《房龙地理》，北京理工大学出版社2009年版，第53页。

② 《世界著名法典汉译丛书》编委会编，《摩奴法典》，法律出版社2000年版，第1页。

的全部内容来看，其中仅有四分之一是纯粹的法律规定，即第八卷《法官的任务，民法与刑法》、第九卷《民法与刑法，商人种姓和奴隶种姓的义务》，而所有规定基本上是围绕着种姓制度展开的。

法典的主要部分都是关于印度教徒应如何按照教义规范自己行为的规定，其中甚至不乏“林栖和苦行的义务”这样的篇章（第六卷）。而在该法典的最后一卷《轮回，最后解脱》中，起草者反复强调了遵守四种姓义务的方法及福报，即“一切义务中主要的义务是通过学习奥义书来认识最高我，这是一切学识中首要的学识；因为，人由于它而取得永生”（85 条）；“在自我中认识到表现在一切物类中的最高我的人，对万物一视同仁，而取得最大的幸运，即最后冥合于梵。”（125 条）[①] 也就是说，归根结底，《摩奴法典》乃是一部以印度教教义（特别是《奥义书》）为基础的法典，它在道德上的说教远胜于讲求实际的权利义务的法律规则，是从道德——特别是宗教义务上规范人们行为的典籍。

在了解了古代希腊、罗马的民事法律制度之后，对于《摩奴法典》这样一部强调等级制度并适用于印度世世代代人民的法典不免怀有这样一种疑问，即，这是一部（民）法典吗？

的确，由于该法典特殊的教义背景，它无法像罗马法那样遗留给后世丰富的法学资料。但是，该法典却在印度教义规范化方面起到了重要作用。作为一部与印度教紧密联系的法典，《摩奴法典》不仅在印度有着深远的影响，而且随着印度教的传播在整个印度次大陆都产生了重大影响，并成为印度次大陆其他国家立法的依据。

在英国对印度实施殖民统治的时期，印度的财产法完全转向了普通法，只是在家庭法（包括婚姻和继承法）方面继续实施旧有的印度教法，并剔除了为英国法所不容的部分。而在长期的殖民统治中，英国殖民者在印度形成了一套新的判例法体系，并称之为“英印法系”（Anglo-Hindu-Law）。这套英印法一直沿用到 1947 年印度获得独立。那以后，印度致力于法典化，先后颁布了《婚姻法》《继承法》等四部家庭法方面的法律。这样，现代印度民事法实际上已经完全改观了，即全部成文化、现代化，只是在立法没有涉及的很少一些领域及印度以外的地方，英印法和教义法还在发挥着作用。[②]

---

① ［法］迭朗善译，《摩奴法典》，马香雪转译，商务印书馆 1996 年版，第 298、302 页。

② ［德］K. 茨威格特，H. 克茨，《比较法总论》，潘汉典等译，法律出版社 2003 年版，第 656 – 662页。

总之，印度文明是一种独特的文明，它在相当长的历史时期内始终不能接纳西方意义上的法制，而更强调建立在宗教教义基础上的道德义务对人的约束，并由此来建立社会秩序。今天，《摩奴法典》的大部分已经不再适用于印度社会，但是，种姓制度及建立在种姓基础之上的权利义务关系依然在某种程度上引导着印度教人民的生活，成为人类文明中一种独特的形态。

除了印度教法以外，世界上还有其他两大宗教法系，即伊斯兰教法（沙里阿，Šarī'a）和天主教教会法（canon law）。其中，天主教教会法已经退出世俗社会，而伊斯兰教法则仍被作为重要的社会行为规范在伊斯兰教世界起着重要的作用。

天主教教会法起源于罗马天主教教会法，是以《圣经》［*The Bible*，含《旧约》（*Old Testament*）和《新约》（*New Testament*）］为基础形成的。在西方历史上，天主教教会法在相当长的一段时期影响着世俗生活，于中世纪后期开始衰落。由于十六世纪的宗教改革运动造成的基督教会分裂，导致了天主教地位的下降和政教分离的开始，从而影响了教法在规范世俗生活中的地位。今天，基督教的主要教派包括天主教（Catholicism）、新教（Protestantism）和东正教（The Othodox）三个分支，而天主教会法是与世俗法相对的教会规约，仅对信徒有约束力。①

伊斯兰教法是以《古兰经》（*Quran*）为基础形成的。伊斯兰教否定基督教的基本信仰，即否认耶稣是神，而将穆罕默德（Muhammad）奉为唯一的真主安拉（Allah）的最后一位先知，将《古兰经》作为神的启示而教给伊斯兰信徒。与佛教的出世哲学不同，伊斯兰教是一门入世宗教，对穆斯林的行为、家庭和社会规范都有直接的指示，因而成为伊斯兰国家政教合一的基础，至今在信奉伊斯兰教的国家仍然作为基本的法律制度存在。②

不论是印度教法还是伊斯兰教法，其特点都是以宗教教义作为法律规则的基础，甚至在大部分地方以宗教教义代替了世俗法律规则，要求信众时刻遵守教义，遵循造物主摩奴或真主安拉的教诲，谨慎修行，遵守戒律，以便达成善果或幸福。宗教法也注重惩戒，但其意义与法律上的责任概念大不相同，重神性而轻理性，重来生而轻今生。

宗教法在人类文明中的存在表明了世界历史发展的曲折和多元性。在西

---

① 彭小瑜、何勤华，《教会法研究：历史与理论》，商务印书馆2003年版，第1章。另参见，Oswald Joseph Reichel, *A Complete Manual of Canon Law*, Volume Ⅱ, BiblioLife 2009.

② 吴云贵，《当代伊斯兰教法》，中国社会科学出版社2003年版，第1－3章。

方以罗马法为源头的私法文明中，成文的世俗法无疑是确定人们之间权利义务关系的主要可行的规则，并且还会随着时代的变迁而不断发展变化。但是，教会法在西欧也曾长时期存在过。而在实行印度教或伊斯兰教法的国家，由于印度教义或伊斯兰教义是始终不变的，是永恒的法宝，因此，在这样的国家中，法律原则被认为是应当永远保持不变的。从这个意义上讲，无论是印度教法还是伊斯兰教法，都强调一种永恒的正义，而不是不断变化的正义。

今天，随着国家自身的发展以及国际交往和跨文化交流日益增多，来自种种不同的世俗文化的影响渐渐给遵循教法生活的国家和国民带来了压力，变与不变的选择显然也摆在了这些国家及其人民面前。

第五节 《法国民法典》与近现代西方文明

“有一样东西是不会被人们忘记的，它将永垂不朽——那就是我的民法典。”

——［法］拿破仑①

在西罗马帝国衰落后，东罗马帝国偏安于欧亚交界处的君士坦丁堡，而欧洲的绝大部分则陷入了动荡的封建时期，并造成了以成文法典为特征的法制史的中断。② 这一中断长达十四个世纪，其间经历了法兰西和英格兰的兴起、法德意三分欧洲、十字军东征、东罗马帝国灭亡、英法百年战争、文艺复兴、工业革命乃至法国大革命。最终，1789 年的法国大革命标志着近代资本主义的正式登场，同时也是人类社会法典史的新起点。

作为法国大革命的成果，法兰西帝国皇帝拿破仑签署命令，于 1804 年颁布了《法国民法典》，这部法典将人类立法史引入了一个前所未有的新的阶段。拿破仑甚至这样说：“我真正的光荣并非打了 40 次胜仗，滑铁卢之战抹去了关于这一切的记忆，但有一样东西是不会被人们忘记的，它将永垂不朽——那就是我的《法典》。”③

---

① 《拿破仑法典》（法国民法典），李浩培等译，商务印书馆 1979 年版，译者序，第ⅲ页。

② ［英］亨利·梅因，《古代法》，沈景一译，商务印书管 1984 年版，第 10 页。

③ 同①。

《法国民法典》有什么样的特殊意义，能够使拿破仑认为比占领一座城池或征服一个国家更为重要呢？

“共和十二年风月二十八日，波塔利斯（Jean-Étienne-Marie Portalis，1746—1807）向‘立法会议’（corps législatif）提交了一份包括36项已经表决过的法律草案，定名为《法国人之民法典》（*Code Civil de Français*）。他在回顾法典的起草工作时写道：‘我们在抛开一切激情与利益的冷静思考之中迎来了《民法典》草案的诞生，也就是说，迎来了人们可以“给予”和“受领”的“最伟大的财产”的诞生。’”①

以上的评价是在两百年以前由《法国民法典》的主要起草者波塔利斯所说的，从这样的文字中不难读出，起草者是怀着无法按捺的自豪发出如上的声音的。那么，《法国民法典》真如立法者和拿破仑所预期的那样，成为了一部人民的民法典并与世长存吗？

不妨来看看《法国民法典》在诞生之后走过的二百年历程。从1804年颁布后，法典虽然经历了多次的修改，它的结构始终未变，它的语言风格始终未变，这就使法典成为法国社会上真正长久存在并不断发挥实际作用的一部法律。法国现代民法学家卡波尼耶（Jean Carbonnier，1908—2003）甚至将民法典称为“法国的真正宪法”，② 因为在二百年间，法国的宪法历经了十次变更，但民法典始终没有发生实质性（也就是结构性）的变化。也许我们可以试着这样说，二百年前的法国，除了有拿破仑之外，生活中的内容没有什么与二百年后的法国有本质的差别。

不仅如此，《法国民法典》在诞生之后，还像罗马法那样，随着拿破仑的征服活动而被带到了世界各地。比如，《法国民法典》在美国的路易斯安那州、加拿大的魁北克省、亚洲的越南，还有拉丁美洲和非洲的法属殖民地等国，都被当地略加调整即变为自己的民法典。而还有一些国家，他们虽然没有直接翻译使用这部法典，却曾以这部法典为重要的参照，制定自己的民法典，如日本最早的民法典草案即是。今天，包括亚洲、非洲、美洲、欧洲在内的多个国家，实际上都在使用《法国民法典》或以该法典为蓝本，而制定的自己国家的法国式的民法典。由此可以得出这样一个结论，那就是，《法国民法典》不仅是法国人民的法，也是世界许多地方的人民的法。

---

① ［法］罗贝尔·巴丹戴尔，《最伟大的财产》（中译本代序），载于罗结珍译《法国民法典》（上），法律出版社2005年版。

② 同上，第2页。

一部《法国民法典》，何以在颁布后在现代世界引起了如此重大的影响呢？答案应当从历史中去找。

如上所述，西方文明的第一个高峰是在古罗马时期，包括西罗马和东罗马在内，它持续了两千年，罗马法在这期间一直或公开（西罗马、东罗马）或隐晦地（西罗马灭亡之后的中世纪黑暗时期①）发挥着效力。但是，在西罗马灭亡后，欧洲实际上进入了中世纪时期，由于封建割据，造成了生产力低下、人民生活困苦、战乱纷扰，过去的文明秩序几乎全被破坏了。也就是说，在西罗马灭亡后，罗马法在欧洲许多地区已经失去了正式的效力。加上罗马法文本的遗失，原有的罗马法制度转而以民间习惯的方式存在，直至文艺复兴时期才开始重新兴盛起来。

在文艺复兴时期，人们重新开始了罗马法的研究，并创立了各种学派，对罗马法这门几乎失传的“艺术”进行修复，从而陆续在欧洲各地重建了罗马法传统。而在法国，洛瓦塞尔（Antoine Loysel，1536—1617）于17世纪发表了他的研究成果《习惯法大全》（*Institute Coutumière*），从而形成了法国法的基础。②

到了法国大革命时期，“（古）罗马（的立法）乃是‘最高参照’。自制宪会议开始，编撰法典的意志就占据着人们的思想”③。可见，法国大革命时期的立法者彻底走出了习惯法的束缚，将罗马法特别是《查士丁尼法典》作为参照物，这就使中断已久的罗马法得到了延续。而在《法国民法典》颁布后，由于其语言简洁流畅④，在那些早已暗地里采纳罗马法作为自己的习惯法的国家取得了信任，同时也随着法国的殖民活动而作为一种文化财产被输送到了世界各地。

今天，从《法国民法典》的整体结构和内容来看，它基本上保留了罗马法关于“人法”和“物法”的传统结构，将整部民法典分为“人法”和“财产法”两部分，前者规定人格及与人身有关的各种制度，包括人格、身份、婚姻家庭；后者规定财产的分类、所有权和其他物权，以及取得财产的

---

① ［英］保罗·维诺格拉多夫，《中世纪欧洲的罗马法》，钟云龙译，中国政法大学出版社2010年版，第5－8页。

② ［法］罗贝尔·巴丹戴尔，《最伟大的财产》。（中译本代序），载于罗法珍译《法国民法典》（上），法律出版社20005年版。

③ 同②，第3页。

④ 法国作家司汤达在1840年写给巴尔扎克的信中说，他每当写作前都要读几页民法典，以便“把准音调”。同②，第22页。

各种方法，包括继承、时效和占有，还有各种债。应当说，经过立法者的整理，这种三段论式的法典成为了近代许多国家民法典的范本。

综上所述，虽然罗马法已经确立了民法上的大部分概念，如契约、私犯(侵权)、所有权等，但是,《法国民法典》第一次以清晰的语言整理和确定了近代民法的基本内容。为此，说《法国民法典》奠定了近代民法的基础，实在是恰如其分的。

第六节 《德国民法典》：罗马法的现代化与潘德克顿法学

“正义首次穿上了本土外衣。”

——［德］温德布鲁赫（Ernst Von Wildenbruch）

“一部为德国人民的德国法。”

——［德］温德夏特（Windsheid）[①]

自《法国民法典》颁布后，欧洲各国纷纷开始酝酿自己的民法典，而《德国民法典》（1896 年公布、1900 年生效）则为 19 世纪法典化运动画上了一个暂时的句号。总体来看，《德国民法典》是德国历史法学派在研究罗马法的基础上设计而成的，该学派进而演变为以阐释罗马法等法律文本为己任的法典编纂学派，即所谓潘德克顿法学派（Pandektenwissenschaft）,[②] 从而将德国民法锻造为独树一帜的体系化极强的私法体系。

事实上，作为一个现代统一国家，德国的形成时间较晚，具体来说是在 1871 年普法战争以后才成立的，称为德意志帝国。而德意志民族的正式语言文字迟至马丁·路德翻译《圣经》（1534 年出版）时才正式成型（当时的德国史称第一帝国)。因此，在人类文明史上，德国并不是一个发达较早的国家。但是，德意志帝国（史称第二帝国）在成立两年后即决定编纂民法典，说明德意志民族对于民法的重视及其民法文化并不是一朝一夕形成的，而是

---

① ［德］赖因哈德·齐默尔曼，《罗马法、当代法与欧洲法》，常鹏翱译，北京大学出版社 2009 年版，第 55 页。

② ［德］K. 茨威格特，H. 克茨，《比较法总论》，潘汉典译，法律出版社 2003 年版，第 260 页。

已经积累了很久，自普鲁士时代甚至更早的时期就已经开始了的。

1794年生效的《普鲁士普通邦法》拉开了德意志法典化的序幕。在这个法典的名下，宪法层面以下的所有法律部门都统一在一部法典中，其中就包括民法的核心内容。但是，真正对德意志民法产生影响的是《法国民法典》。正是在这一部法典中，现代民法的基本内容才得以最终确定。而在《普鲁士普通邦法》中，家庭关系还在受公法的调整。①

1811年，《奥地利（普通）民法典》（德意志神圣罗马帝国普通法典）颁布，并于次年施行。这部法典在性质上是德国第一部纯粹的民法典，并且在内容上大大受制于《法国民法典》。但是，从那以后，在德国产生了一个相反的运动，即以萨维尼（Friedrich Carl von Savigny，1779—1861）为代表的反自然法的运动。这个运动后来发展为历史法学派，并最终分裂为以萨维尼为代表的正统历史法学派和所有其他的非历史法学派。萨维尼与其他学派的区别是，他竭力维护罗马法的神圣性，同时反对自然理性；他主张法律的独立地位，却又反对进行德国自己的民事立法，强调法律主要是历史范畴内的事情。

黑格尔（Georg Wilhelm Friedrich Hegel，1770—1831）曾指责萨维尼的做法对德国的民事立法造成了很大的伤害，他说，“否认一个文明民族和它的法学界具有编纂法典的能力，这是对这一民族和它的法学界莫大的侮辱”，“最近有人否认各民族具有立法的使命，这不仅是侮辱，而且还含有荒谬的想法”。② 但是，萨维尼在形成德国的法学学术文化共同体上建立了功勋。他深深影响了他的两个学生，一个是当时统一了德国并任德国首相的俾斯麦（奥托·冯·俾斯麦，Otto Von Bismarck，1815—1898），另一个就是耶林，后者对德国乃至世界民法都作出了重大贡献。

实际上，《德国民法典》的制定不能说是哪一个人的功劳，也不能说是哪一个阶层或者学派的功劳。即便是在萨维尼与蒂堡（Anton Friedrich Justus Thibaut，1772—1840）发生激烈的争执后，③ 当国家统一，立法便成为必然。与《法国民法典》制定时的情况不同的是，在德国制定民法典时，德国社会较之法国大革命时期已经不同。尽管德国的资产阶级革命落后于法国，但

---

① ［德］罗尔夫·克尼佩尔，《法律与历史——论〈德国民法典〉的形成与变迁》，朱岩译，法律出版社2003年版，第17-18页。

② ［德］黑格尔，《法哲学原理》，范扬、张企泰译，商务印书馆1982年版，第220-221页。

③ 关于二人的争论，请参见穗积陈重著，吉田庆子等译，《法窗夜话》，中国法制出版社2015年版，第242-245页。

是，作为世界特别是欧洲的一员，德国不可能不受到周围国家的影响。当时，周围的国家有许多都因拿破仑的占领适用过《法国民法典》，也包括德国的一些地区在内，因而他们开始懂得法典的益处。1873 年 12 月 20 日，普鲁士国王威廉公布了宪法改革方案，确认“关于整个民法、刑法、法庭程序法的总的立法属于帝国权能范围”[①]。这时实际上已经不存在法国民事立法中的资产阶级热情，而是变成一部“免于历史偏见的”“纯粹理性”的法典。[②]无论如何，经过曲折的历程，一部不同于《法国民法典》的属于德国自己的民法典被“制造”了出来。

比较而言，《法国民法典》文字简洁优美、结构清楚；而《德国民法典》则结构复杂、语言专业化，是所谓“法学家的法”。这两部法典相差将近一个世纪，而《德国民法典》的起草所历经的时间和论争也远远超过《法国民法典》。因此，德国民法几乎是世界公认的一部专业化较强，并且比较全面、系统的现代民法典。但是，这不同的特点也使两部法律的传播有了很大的区别。《法国民法典》公布后，尽管拿破仑王朝很快就灭亡了，但该法典果然如拿破仑所愿，成为世界上很多国家和地区的实质意义上的民法典。而《德国民法典》虽然构思精密，但因其体系庞杂、用语专业化程度很强，特别是成法时间晚，妨碍了该法典的大规模传播，仅在日本民法、我国民国时期民法中得到了较为全面的吸收。

从体例上看，《德国民法典》创造了潘德克顿（Pandekten，pandecta）体系，采用五分法，将全部民法内容分为总则、债权、物权、亲属、继承五个部分。其中，总则部分是将民法各部门的东西抽象出来，形成了一些一般概念和制度。今天，民法学界有很多学者是专门研究民法总则的，也有学者将其称为民法总论，这一学术分科就是从这时开始的。接下来，《德国民法典》颠倒了《法国民法典》中物权和债权的顺序，将债权提到了前面，这是当时经济发展和国际贸易繁盛的表现，也是民法体例的重大改革。然后，立法者将《法国民法典》中作为人法的亲属和继承分开两编，成为《德国民法典》的最后两章。德国现代民法学家迪特尔·梅迪库斯（Dieter Medicus）曾指出，读《德国民法典》要倒过来读，[③] 就是因为德国民法典所采取

---

① ［德］罗尔夫·克尼佩尔，《法律与历史——论〈德国民法典〉的形成与变迁》，朱岩译，法律出版社 2003 年版，第 21 页。

② 同①。

③ 卢谌、杜景林，《德国民法典债法总则评注》，中国方正出版社，2007 年版，第 3－4 页。

的是从一般到特殊的潘德克顿（Pandekten，pandecta）体系，而人们认识事物的次序却是从具体到一般。

《德国民法典》在很大程度上改变了现代民法的走向，并使民法文化在朝着专业化的路径上前进了一大步。前文说过，《国法大全》中的两部著作都是有法律效力的，其中，《法学阶梯》（《民法总论》）是当时的法学教材，《学说汇纂》是当时的学者关于法学的论述。而德国民法学家继承了罗马法的这一传统，将法学家关于民法的学说整理成条理清晰的完整体系，称为“潘德克顿”，即“现代学说汇纂实用”（usus modernus pandectarum），[①] 并写进了法典。从而，古罗马的精神在德国民法中复活了，一种法学家的法代替了习惯法或普通法而成为适用于一个统一现代国家的一般法。这样的回归相对于同时期大多数国家的民法来说，无疑是非同凡响的。

《德国民法典》在新世纪的第一天付诸生效（1900 年 1 月 1 日），此后德国人最为自豪的就是有了自己的民法典，而不必依靠潘德克顿法学家们对罗马法文本的不断阐释才了解法律是什么。因此，《德国民法典》很重要的一个功能是实现了自罗马法以来的民法传统的现代化和本土化。

第七节　日本民法：明治维新的成果

“自小而大者，俄罗斯是也。自弱而强者，日本是也。”

——康有为：《日本变政考序》[②]

日本民法是在一百五十多年前的明治维新时期起飞的。自那时起到现在，日本民法的发展大体上有两个重要的历史转折点，第一次是明治维新，第二次是二战后修宪。[③] 这两次历史转折的意义在于日本社会的现代化及其进一步深入。

---

① ［德］K. 茨威格特，H. 克茨，《比较法总论》，潘汉典译，法律出版社 2003 年版，第 252－253 页。另见，［德］迪特尔·梅迪库斯，《德国债法总论》，杜景林、卢谌译，法律出版社 2004 年版，第 27 页。

② 黄彰健编，《康有为戊戌真奏议》，中央研究院历史语言研究所史料丛书，台湾中华书局，1974 年版，第 99 页。

③ 在我妻荣教授的《法学概论》中，这两个阶段也是他所论述的中心。见我妻荣，《法学概论》，有斐阁 1974 年版，第 1－3 页。

所谓现代化，就是指日本在明治维新以后进入了一个经济趋向开放、政治趋向民主的社会阶段，这一阶段在法制上的特征是以宪法、民法典为代表的立法活动。[①] 在明治维新时期，日本制订了第一部现代意义上的宪法，并颁布了民法典；在二战后，日本进一步加速了经济开放和政治民主化的进程，在美国主导下进行了修宪，并对民法典进行了修改。经过了这两个阶段的发展，日本现代民法从无到有、从浅陋到发达，在日本社会的历史进程中起到了不可或缺的作用。

首先看明治维新与日本民法典。

在明治政府以前，日本社会长期处于德川幕府的统治下，并曾经历了繁盛的江户时代。但此前的法律基本上是以中国的唐律为基础的，从而使日本的法制与封建时代的中国有着极大的相似之处，即注重身份法，礼法合一。[②]

1867 年，德川幕府向日本天皇归还政权，日本正式进入明治时代。此后，立宪主义盛行，经过一番斗争，日本明治宪法即《大日本帝国宪法》于 1889 年（明治 22 年）得以颁行，确立了君主立宪制。《大日本帝国宪法》的颁布使日本的政府和社会形态发生了重要改变，即从幕府政治过渡到民主政治，从而为近代日本市民社会的发展奠定了基础。

在国家统一于国君、政治实行议会制的背景下，民法典的编纂得以进行。然而，日本国内就源自于法国的个人主义本位的民法典究竟应否制定及如何制定产生了争议。随后，日本旧民法典于 1892 年被延期。导致该民法典延后颁布的直接原因有两方面，一方面是所谓“英美派”（英法派）与“法国派”（佛法派）之争，即学者间就民法是否应采取个人本位的法国式法典并立即推行所发生的争议；另一方面是个别学者如穗积八束所提出的所谓“民法出而忠孝亡”的论调，其主旨也在于认为民法典与注重身份的日本传统社会的道德观格格不入。[③]

但是，时代终究是变了。此时，日本的开放国策已不可更改，于是，立法者的目光转向了更加广阔的西方，从而对旧民法产生了修改的动议。接着，在穗积陈重、富井政章、梅谦次郎等的主导下，参考德国民法及各国民法，对旧民法进行修整，从而产生了现行民法，即明治 29 年法律第 89 号

---

① 中村菊男，《近代日本法的形成》（《近代日本の法的形成》），有信堂，1956 年版。

② 池田温编，《中国礼法与日本律令制》（《中国礼法と日本律令制》），1992 年 3 月东方书店出版，第 167 页。

③ 白羽右三著，《穗积陈重论》，中央大学出版部 1995 年版，第 59 - 67 页。

令，这就是后来所说的1896年《日本民法典》（也称为“新民法”）。[1] 由于新日本民法的颁布（1898年实施），日本在基本的市民社会生活法制上已经接近了法、德等近代西方国家，也由此开始进入了一个以市民社会为模式的近代社会发展阶段。

此后，从1912年到1926年的大正时期，日本的民主政治得到了长足的发展，社会经济和民生也取得了一系列的进步。可惜的是，从1927年以后，日本军国主义逐渐抬头，从而使日本的民主主义道路停滞不前甚至发生了倒退。[2] 直至二战结束后，日本才再次回到和平发展的道路上，并取得了民法现代化的更大的进步。

现在看战后修宪与日本民法。

二战结束后，日本开始了国家发展模式的第二次重大改变。这次改变仍是以修宪为契机的，但却是在美国的主导下，即废除了明治宪法，仿照美国宪法制定并颁布了1947年新宪法。这次修宪使日本的政体由集权式的军国主义政治转向了多党议会制的民主政治，从而彻底确立了现代民主制度，消除了作为封建社会残余的军人政府的影响，成为一个多党民主制的现代国家。[3] 应当说，日本新宪法的制定为日本民法的现代化奠定了基础。

日本新宪法即后世所谓“和平宪法”，其中最为重要的是“和平条款”，此亦为和平宪法名称的由来。但就其对民法的影响而言，应当说，第三章“国民权利及义务”的规定至为重要。

修订后的日本宪法规定了公民的自由与平等权利（12、14条）、健康权与保有文化生活的权利（25条），从而为日本国民提供了“基本的人权保障”。[4] 这一规定使日本国民彻底地从皇权和严苛的专制中摆脱出来，得以谋求更加自由、平等的社会生活。正是在这样的宪政前提下，日本民法才在个人权利必须得到尊重的法理基础上获得了进一步的发展。

在这一阶段，日本民法仍保留了大陆法系民法典的体例，但大量吸收了英美的私法内容，从而使担保法、合同法、侵权法等部门获得了长足的发展，这样的发展使一度受到战争影响的日本民法学研究取得了飞跃式的进步，获得了亚洲乃至世界的重视。

---

① 坂本太郎著，《日本史》，汪向荣、武寅、韩铁英译，中国社会科学出版社2008年6月版，第419页。

② 同①，第475－483页。

③ 同①，第486－489页。

④ 我妻荣，《法学概论》，有斐阁1974年版，第75页。

总之，日本的明治维新促成了明治宪法和民法典的产生，至二战后修宪完毕，日本民法在明治新民法的基础上不断发展，走向了更高级的阶段。

第八节 俄罗斯民法：从彼得一世到普京

“让国家的每一个地方都有自己的规范和法律，自觉遵守一切制度。”

——叶卡捷琳娜①

俄罗斯对于民法的认识是从彼得一世（1682—1725）开始的。彼得大帝曾经微服访问欧洲，回来后就开始谋求建立西欧式的法制国家。他在1700年2月设立了法律编纂局，② 开始仿照西欧各国制定法律。此后到1917年间，每位新沙皇都曾尝试编纂法典。但是，除了在1835年成功颁布了汇编式的法典《俄罗斯帝国法律汇编》和《俄罗斯帝国法律全集》之外，其他的编纂工作都毫无成果。在1882到1915年间，曾有一个对民法进行根本改革的方案，并受到了《德国民法典》的影响，但是由于第一次世界大战的爆发，该法虽经颁布但并未能够实施。③

历经二百年的尝试之后，真正称得上是俄罗斯第一部近代民法典的《苏俄民法典》于1922年颁布，该法典同时也是苏维埃历史上的第一部民法典。在这部法典中，由于没有婚姻法（另外进行了立法），全部法律规范分为总则、物权、债权和继承权等四个部分。其中，物权法的内容十分空虚，基于公有制的社会主义经济制度，权利客体受到严格限制；而在债法部分，国家可以干涉契约，契约自由也无法实现。因此，这部民法典与传统的资本主义民法典有相当大的区别。

在1922年法典颁布后，苏联根据社会的发展又不断地修订民法，先后于1940、1947、1948和1951年制定新的民法草案，并于1961年推出了《苏联民事立法纲要》，1964年重新颁布了《苏俄民法典》。1964年的《苏俄民法典》对1922年的民法典进行了批判性的继承，去除了新经济政策时期的

---

① 叶卡捷琳娜，《圣谕》。见陶惠芬，《俄罗斯近代改革史》，中国社会科学出版社2007年版，第101页。

② 张建文，《俄罗斯民法典编纂史研究》，中国政法大学出版社2012年版，第1页（自序）。

③ 同②，第2页（自序）。

规定，全面恢复了民法的私法性质，并增加了知识产权和国际私法的规定。整部法典共计七编 1 551 条。

1991 年，在苏联解体之前，曾经通过了一部《苏联民事立法纲要》，但没有来得及实施。之后从 1994 年到 2006 年底，历经 13 年的起草过程最终以俄罗斯总统普京签署了《俄罗斯民法典第四部分》为终结，从而使新的自 1994 年开始颁布实施的《俄罗斯联邦民法典》（1－4）于 2008 年开始正式全部生效。与此同时，以俄罗斯为首的独联体国家陆续通过了《独联体成员国示范民法典》，使独联体实现了私法统一化。①

由上所述，俄罗斯的民法编纂史历时漫长，并经过了社会的屡次动荡和变迁，最终在 2008 年才得以完成。那么，俄罗斯的民法理念究竟是什么，并且，是从什么时候开始形成的呢？

俄罗斯民法学家 E. A. 苏哈诺夫在其所著的《俄罗斯民法》一书中明确指出，直到叶卡捷琳娜大帝之前，俄罗斯并没有形成有效的民法观念。② 而叶卡捷琳娜大帝所提出的抽象的所有权概念在当时并没有被社会普遍接受，甚至十八世纪末，所有权仍然被作为贵族的特权来看待，普通人是不配拥有财产的。十九世纪后半叶，在亚历山大二世进行自由化改革以后，所有权才不再被作为特权看待。而这时俄罗斯已经有了第一次的民法编纂成果，即《俄罗斯帝国法律汇编》和《俄罗斯帝国法律全集》，并且颁布了一部没有来得及实施的仿照德国民法的民法典。

十月革命以后，社会主义公有制的实施再一次破除了所有权观念，尽管有 1922 年的《苏俄民法典》，但是民法理念并没有得到完全的体现。特别是，在共有制的影响下，公法与私法的划分荡然无存。民法上的个人所有仅限于公民取得消费品，而且是有限的消费品，生产资料排除在外。经济合同的概念产生了，即用以实现国家意志和国家经济计划的合同。此后，国家干预经济的政策导致更加荒谬的制度出现，并进而导致了苏联的国家解体，并在解体后仍然不能促使经济正常发展。③ 在这种情况下，1994 年通过的《俄罗斯私法的形成与发展纲要》对于恢复私法理念就起了非常重要的作用。④在这个纲要的指引下，俄罗斯起草了新的民法典，此即 1994 年 10 月 21 日

① 张建文，《俄罗斯民法典编纂史研究》，中国政法大学出版社 2012 年版，第 3 页（自序）。

② E. A. 苏哈诺夫，《俄罗斯民法》（第一册），黄道秀译，中国政法大学出版社 2011 年版，第 9 页。

③ 同②。

④ 同②，第 10 页。

《俄罗斯联邦民法典》（第一部分）。

在1994《俄罗斯联邦民法典》第一条第一款关于民法基本原则的规定中，源自罗马法的西方民法理念一一得到了体现，包括参与民事法律关系的主体平等、私有权利不受侵犯、合同自由、不允许国家随意干涉私人事务、无障碍地实现民事权利、为民事权利提供司法保护等等。这样的基本原则标志着俄罗斯民法最终的成熟。

对于俄罗斯民法在世界民法版图中的地位，基于其漫长的法典编纂历史以及横跨欧亚的地理特征，还是用苏哈诺夫的论断较为恰当。苏哈诺夫将世界民法典分为两大类型，一个类型是法学阶梯式的，另一个是学说汇纂式的，二者都源于罗马法。在前者，罗马法学家盖尤斯的《法学阶梯》主导了民法典的程式，即将法典内容分为三编，包括人法、物法和诉讼法。采用这一程式的法典化国家有法国、意大利、西班牙、葡萄牙和其他一些类似国家。在后者，是德国民法学家在十八、十九世纪精研查士丁尼国法大全之后创造的新的程式，即提取了民法总则，区分了债法和物权法，因此将民法典的全部内容分为五编，包括总则、债法、物权法、家庭法与继承法。采取这一程式的法典化国家有德国、瑞士、奥地利、希腊及其他一些类似国家。[①] 俄罗斯民法在谱系上属于德国分支，即学说汇纂派，但是也有着自己的特点。

第一，俄罗斯民法典采民商合一的理念，即不承认商法有独立存在的必要，强调民法的商化。而德国则在民法典之外另外编纂了商法典。

第二，俄罗斯民法典没有将婚姻法纳入，而家庭法在德国民法典中占据重要的地位。

第三，俄罗斯民法典对知识产权做了很大篇幅的规定，并作为第四部分单独通过。

第四，俄罗斯民法典包含了国际私法。

第五，除婚姻法外，劳动法、土地流转的法律和自然资源保护的法律也不包含在民法典中。

由此可见，俄罗斯民法一方面坚持了源自罗马法的私法理念，另一方面，作为制度的遗产，一些特殊的法律关系（劳动关系、婚姻家庭关系、土

---

① E. A. 苏哈诺夫，《俄罗斯民法》（第一册），黄道秀译，中国政法大学出版社2011年版，第39页。

地流转关系）虽然仍属于私法，但是在民法典以外予以调整。[①]

俄罗斯民法发展的另一个重要特征在于其与经济法之间的纠缠关系。随着社会主义革命对私有制的否认，经济法先是在二十世纪二十年代全面代替了私法，其后在二十世纪六十年代以经济组织法的面目出现，而后又以经济合同法的面目出现。到了九十年代新民法典开始实施以后，经济法逐渐失去了存在的根基，成为一个“人为臆造出来的、思辨的理论构建”。[②]

总之，俄罗斯民法漫长的发展过程表明，俄罗斯很早就认识到了民法的意义和价值，而其在历史上多次的民法典编纂尝试也颇为壮观。我国清末宪政改革时期就曾一度以彼得大帝的法律改革为参考。但是，随着社会主义制度的实行，俄罗斯民法偏离了私法理念，甚至追随第一次世界大战时期军事化的德国的经济法政策，在国内大兴经济法的理论，阻碍了民法理论和立法的发展。我国在改革开放初期的民事立法中显然受到了苏联经济法的影响，但值得欣慰的是，1999 年统一《合同法》的颁布实施，终于使民事立法回终于到了传统私法的道路上来。

第九节　英美法：不一样的私法传统

“法律的生命不是逻辑，而是经验。”

——［英］霍姆斯[③]

英美法作为与大陆法系相对的一个单独的法律体系，其民法的发展始终是处于隐性状态的。所谓隐性状态，即在英美法的法律语汇中，“民法”（civil law）这个词是极少单独出现的一个词，而像“合同法”（law of contract）、“侵权法”（law of tort）这样代表某一具体民法部门的概念则经常出现。这种法律语言现象反映了英美法的一个重要特点，即：远离罗马法，自成一体；重实用、轻理论；重具体、轻体系。但是，即便如此，也并不意味着英美法国家是没有民法的。恰恰相反，英美法在其发源伊始就受到了罗马

① E. A. 苏哈诺夫，《俄罗斯民法》（第一册），黄道秀译，中国政法大学出版社 2011 年版，第 15 页。

② 同①。

③ O. W. Holmes, Jr. , *The Common Law*, ed. M. Howe , Little Brown, [1881] 1963, p5.

法的重要影响，并在此基础上形成了人们所熟悉的普通法（common law）。而在今天属于英美法系的国家和地区中，有相当一些还直接适用罗马法或大陆法系国家民法典，比如苏格兰（长期沿袭罗马法传统），美国的路易斯安那州和加拿大的魁北克省（沿袭《法国民法典》）等。而在英国，1215 年的《大宪章》中规定了基本的自由人的权利，如所有权、继承权等。

但是，总体来说，英美法的确有自己的特点。英美法由普通法（common law）和衡平法（equity）两部分组成，其中普通法起源于令状诉讼（action of writ），即所有的纠纷均应由国王通过皇家法院向原告颁发令状才能够提上法院；而衡平法是作为普通法的补充发展起来的，更多地吸收了罗马法的内容，注重公平、正义这些基本观念。但不论是普通法还是衡平法，都依照遵循先例原则，即所谓判例法原则。这样，英美法与大陆法最大的不同，就是保持了司法的连续性，同样的事件在三百年前和三百年后的判决结果是一样的。当然，这样做的前提是社会样态基本保持不变。

曾经有一个时期，英国也经历了有关是否应制定自己的民法典的抉择，这就是十六世纪和十七世纪的都铎王朝和斯图亚特王朝时期。[①] 此时正值英国工业革命和欧洲大陆的启蒙运动兴盛阶段，有很多英国人接受了来自欧洲大陆的罗马法教育，认为应当用书面理性来代替不确定的法院裁判以巩固王权。但是，这一机会最终还是因英国法律家阶层的庞大及其久远的历史、加上英国未实行像法国大革命那样剧烈的扫除君权的资产阶级革命而消失。

今天，英美法作为一种独特的法律体系存在于包括英国、美国、加拿大、澳大利亚等许多英语国家和地区。尽管这些国家和地区绝大多数都没有大陆法系国家必备的民法典，但是，作为民法组成部分的物权法、合同法、侵权法等无一缺位，并且发展也较快。其中，美国对现代英美法的影响十分巨大。

美国最著名的法学家之一霍姆斯（Oliver Wendell Holmes Jr，1841—1935）曾经说过："法律的生命不是逻辑，而是经验。"无数的文献都以此句作为理解英美法（普通法）及其与大陆法的差别的根据。但实际上，如果将这句话放在其原文中来整体地理解，而不是断章取义，则会得出截然不同的结论。这一段话原文是这样说的：

"本书的目的在于概括性地介绍普通法。为了达到这一目的，除了逻辑

---

① ［德］K. 茨威格特，H. 克茨，《比较法总论》，潘汉典等译，法律出版社 2003 年版，第 354 页。

以外，还需要其它工具。证明体系的逻辑一致性要求某些特定的结论是一回事，但这并不是全部。法律的生命不是逻辑，而是经验。一个时代为人们所感受到的需求、主流道德和政治理论对公共政策的直觉——无论是公开宣布的还是下意识，甚至是法官与其同胞们共有的偏见，在决定赖以治理人们的规则方面的作用都比三段论推理大得多。法律蕴含着一个国家数个世纪发展的故事，我们不能像对待仅仅包含定理和推论的数学教科书一样对待它。要理解法律是什么，我们必须了解它以前是什么，以及它未来会成为什么样子。我们必须交替地参考历史和现有的立法理论。但最困难的工作是要理解，两者在每一个阶段如何结合在一起产生出新东西。在任何特定时代，法律的内容，就其本身而论，都完全可能与时人所以为便利的东西严丝合缝；但是它的形式和机理，以及它在多大程度上能够导致我们所希望达到的效果，则极大地依赖于过去。”①

从这一段话的论述我们可以清楚地看到，霍姆斯的名言实际上只是他论述普通法的三个要点之一。第一个要点是逻辑，很难想象一份不合乎逻辑的法律文书会成为判决和法学研究的依据；第二个要点是经验，这个经验不是个别人的经验，而是一个民族在某一个时代的共同经验；第三个要点，不同的时代经验积聚起来，就形成了一个国家的法律的历史，这个历史必须得到认真的对待。由此可见，霍姆斯关于普通法的学说实际上是建立在逻辑、时代经验和历史经验三者的基础之上的。最后，他还指出，对法律的判断，就是在尊重逻辑的前提下，把历史和现实结合起来。

自二十世纪后半期以来，随着现代历史的发展，英美法与大陆法之间的联系越来越密切，特别是在美国开始了私法编纂运动，出现了《统一商法典》（*Uniform Commercial Code*）和《美国法律重述》（*Restatement of Laws*）这样的成文示范法典。不过，这样的编纂活动始终不能与大陆法系国家制定民法典的活动完全划等号。因为前者是学术性的活动，需经过美国各州的采纳才能够成为法律；而后者则是直接制定全国统一适用的有效法律。

由于英美等国在现代世界经济，政治格局中的重要地位，以及其本身社会生活的飞速发展，英美判例法正在对世界民法产生着日益重要的影响。

---

① ［德］K. 茨威格特，H. 克茨，《比较法总论》，潘汉典等译，法律出版社2003年版。

小　结

从《汉穆拉比法典》到《查士丁尼国法大全》，再从《查士丁尼国法大全》到《法国民法典》《德国民法典》《日本民法典》和《俄罗斯联邦民法典》，世界民法经历了漫长的发展过程。尽管今天人类文明已经达到了一个新阶段，文明的内涵也已经发生了很大变化，但是，从对民法的历史追索中我们可以探知，西方文明的真实意义在很大程度上是民法赋予的，民法也因而有了超越国家的一般历史和社会意义。民法发展的历史过程表明，有着民法规范的社会就是一个相对有序的社会，而没有民法规范的社会就是一个相对落后的社会。经典的例子即是，在西罗马灭亡后，遗失了罗马法的西欧进入了蛮族统治的时期，一直到十一世纪，这片土地都笼罩在规范欠缺、蛮族习惯盛行的杂乱无章的状态中，史称黑暗时期。① 可以想象，如果没有十二世纪罗马法重新被发现，西方世界的民法历史就无法重新找到起点，而西方文明也会暗淡许多。

当然，世界上并不是只有一种文明，特别是在东方国家，罗马法的影响只是到了晚近才开始，而在那之前，亚洲各国分别有着自己的文明轨迹和相应的法制。对这一点，除了在以上关于印度教和伊斯兰教的宗教法讨论中谈到，还将在下一章关于中国法的论述中展开。

---

① ［英］保罗·维诺格拉多夫，《中世纪欧洲的罗马法》，钟云龙译，中国政法大学出版社 2010 年版，第 23 页。

第二章　民法与中华文明

“法者，天下之程式也，万事之仪表也。”

——《管子·明法解》①

中国是文明古国，但在近代民法的制度建设上则比较迟缓，直到满清末年才在日、法、俄等西方国家的直接影响下制定了第一部民法典草案《大清民律草案》，然而，该草案因满清被推翻并未颁布实施。民国政府执政时期，在《大清民律草案》基础上重新制定民法并颁布实施，此即民国政府1929年到1931年间陆续颁布的《民法》（与宪法、刑法、民诉法、刑诉法、行政法合称《六法全书》），是中国第一部民法，1949年，新中国成立后，民国《民法》被废止，国家实行计划经济至1986年，第一部现代意义上的民事法律《民法通则》才得以颁布，并于1987年11月1日付诸实施。

中国民法整体发展迟缓，其原因在于我国从汉以后各个朝代一直奉行以礼入法的传统，重刑轻民，一方面以礼制代替法制，注重身份阶层而忽视个人权利；另一方面在法律制度建设上重惩戒而轻救济。这样的传统一直持续到近代，在晚清以后才逐渐消解。

《民法通则》颁布实施后，全国人大及其常委会又陆续颁布实施了《合同法》《物权法》和《侵权责任法》等重大民事法律，其间关于民法典编纂的讨论从未中断，但迟迟未启动实际的立法步骤。这样的一种状态不仅与中国周边国家的立法状况不相适应（日本、韩国、越南都有自己的民法典），更与中国自身的社会和经济建设不相适应。

2014年10月23日，中国共产党第十八届中央委员会第四次全体会议通过了《中共中央关于全面推进依法治国若干重大问题的决定》，提出制定民法典。这意味着，我国民事立法进入了一个新的历史阶段。

---

① 《管子》卷二十一。

第一节　中国民法的源流

“风起于青萍之末。”

——［战国］宋玉《风赋》

现代民法是西方文明的产物，与西方的历史、宗教、哲学、政治和经济发展等密切相关。而中国与西方民法的关系是在近现代才逐步建立起来的，在那之前，中国一直在礼制文化的发展中进退，与西方民法文化有着较大的距离。但是，这并不意味着民法的制度内容与中国古代社会全然无关。事实上，从西周开始，中国不仅开始有了用于规范人们行为的基本制度——周礼，一些具体民事制度内容诸如土地制度等也开始建立。

一、清末以前的中华法制文明

中华文明发源于黄河流域，有文字记载的历史最早应始于夏朝，因而中华文明又称为华夏文明。自夏朝开始，一直到今天，中华文明经历了不同的历史阶段。根据一般的史学分类，中华文明的第一阶段是夏朝到西周，第二阶段是东周到清末，第三阶段是民国至今。这三个不同阶段所经历的时间各有不同，其中最后一个阶段最短，第一个阶段较长，第二个阶段在历史上存在的时间最为漫长，对中华文明的影响也最为深刻。①

中华文明的第一阶段，即夏、商、西周时期，其中夏朝的存在至今尚无考古证据，因而我国的信史开始于商朝，以殷墟考古发现为证明。《荀子·正名》中有“刑名从商”的论断，但考古发现的殷墟甲骨均为卜辞，引万物崇拜。大约在公元前1046—776年间，周朝统治确立。在这一历史时期，中华民族形成了较为稳定的社会和生活方式，并初步开始了制度建设。此一阶段所取得的制度成果包括分封制、井田制和父系宗法制度。其中，分封制属于政治制度，井田制是土地制度，而父系宗法制度主要涉及婚姻家庭制度。应当说，中华文明的基础就是在此时奠定的。而作为人们日常行为准则

① 吕思勉，《中国通史》，上海古籍出版社2009年版。钱穆，《国史大纲》，商务印书馆1996年版。对于这三个阶段，钱穆之论最为精彩：前两千年（周以前）是封建社会，后两千年是郡县制。

的规范，周公旦所作《周礼》是我国第一部建章立制的典籍，其中详细阐述了各种“官制”，即通过对各种官职的礼仪规定来实现有序的统治。

从公元前770年到前256年是东周时期，亦称为春秋、战国时期。在这一时期，中华文明再次发生了质的飞跃。首先，在春秋时期，出现了包括儒家、法家等在内的诸子百家，他们的著作为中华文明提供了较早的文字记录。其中，孔子撰写了我国第一部编年体史书《春秋》，而孔子的弟子们及其他一些人编写了《论语》，这为后来儒学及儒法制度的发展奠定了基础。同时，孔子采集周、鲁等国濒于失传的礼仪制度而编制了《仪礼》一书，其中对人们的生活规范及官员士大夫的行为规范均进行了详细记载整理，成为继《周礼》后中国又一部重要的制度典章。

春秋末年，井田制瓦解，诸侯争霸，中国历史进入了战国时期。在战国结束后，中国历史上第一个统一国家——秦朝（公元前221—206年）建立，中国由此进入了新的封建时代。这一时期持续了两千年，其间经历的主要朝代依次是秦、汉（西汉、东汉）、三国两晋南北朝、唐、宋、元、明、清。在这漫长的历史过程中，中国各封建王朝的主要文明特征均为尊奉儒学、儒法并重、以礼入法。[①] 而这一礼法制度的重要特征就是“德主刑辅”，即以宣扬道德教化为主，而以刑法为辅。表现在法律制度上为长期的重刑轻民，各朝均制刑律，民事规定则散见于各部制度中。不过，有学者认为中国的“礼”就是民法。[②]

到了清末，由于外来物质文明和思想文化的影响，特别是甲午战败，寻求变革的人士纷纷涌现，导致了“戊戌变法”。变法失败后，1900年，八国联军攻入北京，使朝野再次受到极大的震动。于是，1902年，光绪皇帝在革新派的支持下下诏制定新律法，其中就包括仿照西方民法起草的《大清民律草案》。该草案由1908年至1910年历时两年完成，1911年进入审议程序，但最终因1911年辛亥革命推翻帝制而未能颁行。[③]

至此，中国历史从第二个阶段结束，进入第三个阶段。

---

① 瞿同祖，《中国法律与中国社会》，中华书局2003年版，第292-353页。

② 潘维和，《中国古代民事法律思想之背景研究》，载于中华学术院编辑，《中华学术与现代文化丛书九——法学论集》，华冈出版公司1977年版，第191页。

③ 梁慧星，《中国民事立法评说》，法律出版社2010年版，第3-4页。

二、辛亥革命以后的中国民法制度

辛亥革命使中国进入了中华民国的历史时期。但是，在民国初年，孙中山仅做了三个月的临时大总统，继而由袁世凯专权，一度称帝；后又经历了张勋复辟、军阀混战，其间曾以《大清民律草案》为蓝本重修民法，并在1925年完成《民国民律草案》，但未能颁布实施。1927年4月，国民政府最后定都南京，于1929年1月成立民法起草委员会，并于次月开始起草民法。至1930年12月26日，民法典各编起草完毕，并颁布实施，是为中国第一部西方式的民法典。①

然而，这一成果被随后到来的中日战争打乱。1937年“七七事变”后，中国拉开了抗日战争的序幕。至1945年8月，日本宣布无条件投降。此间历经八年。之后为三年国内战争时期，至1949年，中华人民共和国宣告成立，废除了国民党政府的《六法全书》，民国民法终止在大陆施行。

新中国分别于1954—1956、1962—1964年两次起草民法典，但均因政治原因中断。1979年11月，成立了民法起草小组，重新起草民法，至1982年共提交了四次草案，但并未提请审议，而是自1981年起陆续制定并颁布了两部单行法，包括《经济合同法》（1981）和《涉外经济合同法》(1982)，这是中国受经济法理论影响的直接体现。然后于1986年国家颁布了《民法通则》，是中国大陆第一部全面规范民事关系的现代民事法律。在此基础上，根据改革开放和市场经济发展的进一步需要，全国人大于1999年颁布了新的统一《合同法》，结束了合同法领域的“三足鼎立”状况，中国进入了民事立法的新时期，此后，《物权法》和《侵权责任法》等重要民事法律也先后予以制定、颁布和实施。②

在制定上述民事法律的同时，我国学界就是否应制定近代式的民法典以及如何制定民法典问题继续展开了讨论。

2014年10月，中共中央四中全会《关于全面推进依法治国若干重大问题的决定》中明确提出“编纂民法典”，是为中国民法史的新起点。

---

① 梁慧星，《中国民事立法评说》，法律出版社2010年版，第4-5页。

② 同①，第6-9页。

第二节　中国的礼法文明

"罢黜百家，独尊儒术。"

——［汉］董仲舒

一、先秦以前的中国礼法制度

与西方社会的早期文明一样，早期的中华文明中曾经存在过人神同一、"民神杂糅"① 的文化现象，而一些考古发现流传下来的故事也都具有神话色彩。如西周时期的《周易》、先秦时期的《山海经》、汉代的《五经通义》、三国时代的《三五历记》等，均记述了相当多的神话故事，并有以神话解释历史和人物的倾向。② 这些历史上的神话传说在一定程度上塑造了中国人的历史观，并且对历朝历代统治者的思想观念、治国理念也有过相当大的影响。如在众神之上，尚有天、帝，③ 我国历代中国封建王朝所谓"奉天命"的自诩，以及历朝皇帝均称为"天子"的传统即来自于此。④ 但是，这样的人神合一观念并未全面影响中国文化的走向。自西周、春秋时期开始，中国文化就进入了认知启蒙的新时期，也即礼制开启时期。

中国社会的第一个文明开启时期为西周和春秋战国时期。其中，西周有了《周礼》，春秋战国时期则出现了诸子百家，为我国早期文明的第一个高峰。所谓诸子百家，是指以儒家、道家、墨家、法家等学派为代表的学说派别和体系。虽称百家，实际上有影响的仅十家而已。⑤ 诸子之中多为国家统

---

① 冯友兰，《中国哲学史》（上），重庆出版社 2009 年版，第 28－29 页。

② 至唐，欧阳询编撰了《艺文类聚》，汇聚了前朝各代大量的民间神话传说，并引经据典地予以摘录。到了明朝时，又出现了以民间传说为借鉴的《封神榜》，又称《封神演义》《商周列国传》，以神话传说的形式记载了商周时期的历史。

③ 同①，第 34－35 页。

④ 《诗经·大雅·江汉》："明明天子，令闻不已。"《史记·五帝本纪》："於是帝尧老，命舜摄行天子之政，以观天命。"《春秋繁录》："尊者取尊号，卑者取卑号。故德侔天地者，皇天佑而子之，号称天子。"

⑤ 《汉书·艺文志》："诸子十家，其可观者，九家而已。"

治出谋划策，儒家孔丘述作《诗》《书》《礼》《春秋》，提倡礼制；道家老庄作《老子》（《道德经》）、《逍遥游》，提倡无为而治；法家李悝作《法经》，提倡法治；管子则综合礼制和法治，提出了制明法之说。在儒家学说刚刚提出来时，孔子四处游说，各国君主并不十分重视。而秦国则特别器重法家，任用商鞅，在秦国实行“商鞅变法”，建立了整肃的统治秩序，最终统一了中原各国，成为历史上第一个统一国家，国号为秦。秦建立后，始皇帝统一文字、统一度量衡，开创了大一统的新封建历史。他依然推行法家思想，任用法家韩非子、李斯。然而，秦朝的统治并不持久，经二世而亡。

应当说，在先秦时期，礼制与法治是不相关的两种制度。[①] 秦统一六国及秦朝的建立，事实上也是中国法家思想取得成果的第一时期。在这一阶段，大部分国家都没有进行全面立法，而儒家所谓仁君仁德的思想也颇有教化之意义，因此儒法两派之争十分激烈。但是，秦国率先推行法治，并统一六国，证明了法家的实际功效。自此，国家制法从此成为历朝历代统治者统治社会的常态选择。

二、汉以后的礼法文明

自汉朝开始，中国进入了“罢黜百家、独尊儒术”的阶段。所谓“罢黜百家”，实际上也是一种既定的事实，因为到了汉代，除儒家以外，其他各家都已经衰落，堕入民间，不能为帝王用。特别是西汉戴圣编纂《礼记》与《周礼》、《仪礼》合称“三礼”，成为儒家经典。但是，由于建章立制已经成为与改国号一样重要的治国手段，因此，儒家思想便渗透到法制当中。特别是董仲舒提出“《春秋》决狱”，[②] 造成了“以礼入法”的效果。这样，自汉朝开始，中国的法治文明进入了第二阶段，即礼法文明阶段。

据汉书记载，最初，汉朝的统治者仍然沿袭了秦朝的法制传统，重刑轻儒，即所谓行“霸王道”。[③] 然而，一些儒生对此深不以为然。尽管如此，刘邦在位时也并未猝然易制。并且，在他死后，汉朝又采取“休养生息”的

---

① 一般认为中国的礼法文明是自汉朝开始的，以汉朝董仲舒“罢黜百家，独尊儒术”为标志，中国进入了以礼入法的阶段，也即礼法合一的礼法文明时期。

② 如董仲舒弟子吕步舒奉旨办理淮南王刘长一案，“以《春秋》之义正之，天子皆以为是”。

③ 中国儒家本来主张“王道”，即以圣人为王，所行之政即为王政。否则即非乱政，亦为霸政。因此，所谓霸王道是颠倒了王、霸制序，为儒家所反对。参见冯友兰，《中国哲学史》（上），重庆出版社第248页。

策略，黄老之学大兴。至汉武帝时，由于内治和外患的需要，汉武帝元光元年（前134年），董仲舒建议德主刑辅（“刑者，德之辅”），《春秋》决狱。正是从汉武帝开始，汉代逐步确立起了一套“霸王道杂之”[1] 的“汉家制度”。

由上所述，法家思想在战国后期及秦朝成为主流思想，而儒家思想则在汉以后通过以礼入法的方式成为历代封建王朝的统治思想。比较儒、法两家，前者基于教化，后者基于惩戒。儒家教化建立在性善论和等级社会的基础上，寄希望于仁君、仁人，固然对于国民的教育是十分必要的，但并不能直接改变社会；而法家则主张法律面前人人平等，“严刑止奸”（韩非子语），[2] 用法律特别是用刑罚来警示全体国民不要作奸犯科，社会实效佳。这两种思想的区别可谓南辕北辙，

法家的学说实际上受道家影响很深。韩非子本人就“喜刑名法术之学，而归本于黄老”；[3] 在以后的历史上，道家催生法家，在于其对世界的二元对立看法，承认善、恶之相对存在，从而使法家形成抑恶扬善的意旨。儒法两立的矛盾思想后来之所以渐渐融合为一，因为儒家思想到了荀子时已经有了很大变化，改孔孟之性善论为性恶论，主张“起礼义、制法度”，[4] 行王霸之法，从而为汉以后的封建统治奠定了思想基础。

第三节　重刑轻民的儒法制度

“礼不下庶人，刑不上大夫。”

——《礼记·曲礼》

---

① 《汉书·元帝纪》曰：“孝元皇帝，宣帝太子也。……壮大，柔仁好儒。见宣帝所用多文法吏，以刑名绳下，大臣杨恽、盖宽饶等坐刺讥辞语为罪而诛，尝侍燕从容言：‘陛下持刑太深，宜用儒生。’宣帝作色曰：‘汉家自有制度，本以霸王道杂之，奈何纯任德教，用周政乎！且俗儒不达时宜，好是古非今，使人眩于名实，不知所守，何足委任！’”另至西晋时，傅玄对霸王道再度进行了诠释，即“故举一人而听之者，王道也；举二人而听之者，霸道也；举三人而听之者，仅存之道也。”（《群书治要》《永乐大典》）见［西晋］傅玄，《傅子》，刘治立评注，天津古籍出版社2010年版，第9页。

② 《中国法律与中国社会》，中华书局2003年版，第326页。

③ 冯友兰，《中国哲学史》（上），重庆出版社2009年版，第272页。

④ 《荀子·性恶》。

汉以后，在礼法合一基础上建立的中国封建时期的礼法制度体现出“重刑轻民”的特点，即在已有的法制体系中，重刑法而轻民法。这样的一个倾向更早可推自李悝作《法经》开始，即所谓“律始于《盗》《贼》”。[1] 这与西方国家早期法制中的倾向是一致的，如罗马法中的“私犯”虽为后来民法上侵权行为的滥觞，但在当时是作为犯罪来看待的。

在重刑轻民的基础上，初期的法家均主张严刑重法，如管子云，“行令在乎严罚”；[2] 韩非子云，“严刑重罚者，民之所以恶也，而国之所以治也”[3]。法家的这种主张为儒家所反对，认为是刻薄寡恩。对此，韩非子也予以辩护，说：“今不知法者皆曰重刑伤民。轻刑可以止奸，何必于重者？此不察于治者也。夫以重止者，未必以轻止也；以轻止者必以重止矣。是以上设重刑者而奸尽止，奸尽止，则此奚伤于民也。”[4]

总之，战国时法家的思想在于用重刑止奸。汉朝以后，在董仲舒的影响下，重刑轻民和重刑止奸的做法稍有减轻。董仲舒是专治《春秋》的大儒，他吸收了道家的阴阳说，提出了“阳为德，阴为刑，刑主杀而德主生。是故阴阳居大夏，而以生育养长为事，阴当居大冬，而积于空虚不用之处，以此见天之任德不任刑也”[5]。他提倡以《春秋》决狱，将教化的功能引入法律，从而使儒法真正结合到一起。不过，综观中国古代历史，历代王朝在对待儒法和重刑的态度上始终摇摆不定，时轻时重，并且均以理论为先导。如同为汉朝的王符就主张赏罚必须兼施，提倡重刑，否则便会失政。[6]

中国的儒法体制始自战国兴起，至汉朝时大成。自此以后，中国的历代王朝都以儒法并重、礼法合治为治国方略，历代持刑仅有宽严之分，没有实质差别。[7]

儒法思想是中国社会所酿成的独特精神产物，以礼入法也是中国古代社会独特的体制。这样的思想体制反映出中华文明与西方文明之大不同。在西方文明，自古希腊开始就对法律与国家的关系进行了研究，并对法律与道德、法律如何反映公平、正义之观念进行了长期的探讨。特别重要的是，法

---

① 李悝，《法经》。
② 管子，《管子》卷六，《法法》。
③ 《韩非子》卷四，《奸劫弑臣》。
④ 《韩非子·六反》。
⑤ 《汉书·董仲舒传》。
⑥ 瞿同祖，《中国法律与中国社会》，中华书局2003年版，第341页。
⑦ 同上，第354页。

律作为社会统治的工具始终没有被道德所遮蔽，而是独树一帜，所有的仅是不同国家、不同时期法律渊源之差别。到了文艺复兴以后，法学更进而成为近代西方诸科学门类中独立的一科，有专业的法学研究人员，也有专门的执法人员，实现了法律的专业化、职业化。

而在中国，法家在诸子百家中为后起的一员，因其思维方式重平等、严于刑罚而与主张贵族等级制、尊卑有别的儒家相去甚远，不能广为认同。《论语》记载孔子说："道之以政，齐之以刑，民免而无耻；道之以德，齐之以礼，有耻且格。"[①] 但是，自秦国商鞅变法之后，秦国统治者由重罚而取得的成果令中华文明从此改变了发展路径。至秦朝时，仍坚持重刑；而至汉朝，虽执法时宽时严，但法制已渐成气候。因此，秦汉以后中国不再唯儒家是听，而走向了以礼入法的道路。

秦汉时期关于法的论述并不丰富，只是仅有的几家之言。但是，正是这几家之言成就了后来的中国法制。汉以后，儒家思想已经不能回避法律，而必须以礼释法，脱离法制而单纯以儒学教化实现社会国家之治已经完全不可能了。同时可以肯定的是，中国从来不缺少典章律例。从战国开始，各国即开始制法，郑子产作刑书，晋作刑鼎，均为"救世"之策。[②] 正所谓"风始于青萍之末"，此风一开，再未中断。

到了清朝后期，中国的大门被西方列强以武力打开，中西方交往开始增多，中国法律开始了一个新纪元。

第四节　清末到民国的民事立法详解

"参考各国成法，体察中国礼教民情，会通参酌，妥善修订。"

——光绪丁未年钦定修订法律大臣谕

中国自清末开始变法，修订旧法，学习西洋法制，开始编纂民法，修成《大清民律草案》，是为中国民事立法的开端，也是中国历史变迁的直接体现。

清末的中国与之前已运行了两千年的中国已大不相同。其主要的原因在

① 孔丘，《论语·为政》。

② 冯友兰，《中国哲学史》（上），重庆出版社2009年版，第258页。

于，很多新兴的学者远离了儒学，开始从事西方的科学与哲学研究，从大学研究转向小学研究，即所谓“经世致用”的学问。而光绪皇帝也立志变法图强，希望藉此稳定清朝的统治。

1896年，在甲午战败的刺激之下，光绪皇帝倚重康有为和梁启超开始变法。康有为屡次上奏，请明定国是、请开制度局、进呈彼得变政记和日本变政记，[①] 倡导大规模效仿西方特别是俄日进行变法。同时，梁启超发表了名作《变法通议》，其中指出，学习西方资本主义法律，通过日本这一桥梁无疑是一条捷径：“日本法规之书，至详至悉，皆因西人之成法而损益焉也。”[②] 1898年7月，梁启超受光绪帝召见，奉命进呈所著《变法通议》，负责办理京师大学堂译书局事务。此后，他亲自撰写了《日本民法集注》，可以视为中国引进日本民法的第一人。

光绪28年，也就是1902年，光绪命沈家本、伍廷芳修订法律，仿照日本、德国等国家的法律起草新法。此后，于光绪三十三年即1907年成立宪政编查馆，命沈家本、俞廉三、英瑞为修律大臣。[③] 俞廉三延聘了日本民法学家松冈义正，开始研究各国民法，着手起草民法。经过研究，俞廉三等认为世界民法分为四个体系，即拉丁系、日耳曼系、折衷系与俄罗斯系。其中拉丁系包括法国、意大利和荷兰，日耳曼系仅指德国，折衷系为日本和瑞士。这四个体系均发源自罗马法，区别也大同小异。中国民法传统积弱，因而必然学习他国民法，“义取规随，自殊剽袭”。[④]

虽然光绪皇帝并没能将这一变法壮举进行到底，但是在1907年开始起草的民法终于在1911年（宣统三年）成型，此即为《大清民律草案》。该草案共5编36章，这5编分别是总则、债权、物权、亲属、继承。其中，前三编（总则、债权、物权）是参照各国法律制定的，为“模范列强”，由俞廉三呈奏；后两编（亲属、继承）是由修订法律馆会同礼学馆起草的，仍沿袭了中国传统法律规定。也就是说，为“固守国粹”，没有触及长期形成

① 康有为的奏折均收集于黄彰健编《康有为戊戌真奏议》，中央研究院历史语言研究所史料丛书，1974年版（中华书局印刷）。

② 《译书》，《变法通议》三之七，《时务报》第廿七册，1897年5月22日。

③ 光绪诏谕全文为：“上谕宪政编查馆奏请派修订法律大臣一摺著派沈家本俞廉三英瑞充修订法律大臣参考各国成法体察中国礼教民情会通参酌妥慎修订奏明办理钦此”（无标点，光绪三十三年初五日）。

④ 俞廉三，《大清民律草案第一编总则附理由书》，俞廉三奏折，第二页。载于修订法律馆编辑《法律草案汇编（一）》，台北：成文出版社有限公司印行，1973年第一版。

的封建家族和等级制度。不过，由于清朝的灭亡，《大清民律草案》最终被搁置，中国近代民事立法的第一次尝试失败了。

1911 年的辛亥革命导致了清朝的灭亡，催生了一个新的政权，即中华民国。但是，新的政权并没有立即建立起一个良好的统治秩序，甚至曾一度恢复帝制。真正结束军阀混战，并使中华民国政权稳定下来是在蒋介石定都南京以后，也就是 1928 年。

早在南京政权确立前，政府已经开始重新修订法律，由前清大学士、耶鲁大学法学博士王宠惠（1881—1958）领衔，集合国内外众多法律专家，于 1917 年开始，在《大清民律草案》的基础上重新修订民法。1925 年冬，王宠惠将其与众多专家起草的《民律第二次草案》（《大清民律草案》被称为《第一次草案》）公布刊行。[①] 最终，民国政府于 1929—1931 年间，陆续公布了《中华民国民法》的各编并予以实施。

民国民法公布后，世界各国有所评介。如日本东京帝国大学的我妻荣教授专门编写了《中华民国民法总则》，而《比利时司法杂志》也刊专文批评，评论均称该法体裁新颖、条文简洁。[②]

可惜的是，从 1931 年开始，中国受到了日本的侵略。战事的威胁使中华民国处于危难中，民众的生活失去了正常的秩序，刚刚开始建立的近代民法传统也被迫停滞。

1949 年，国民政府迁往台湾，原在台湾施行的《日本民法典》废止，《中华民国民法》在台湾开始施行。

1949 年 10 月，中华人民共和国成立，中央政府废除了民国时期的《六法全书》（包括宪法、民法、刑法、民事诉讼法、刑事诉讼法，以及行政法与行政诉讼法），重新制定法律。但是，由于新中国的发展重心在于公有制经济，民法并没有得到系统的发展。

与此同时，在台湾、香港和澳门分别实行着与中国大陆不同的法律体系，其中台湾和澳门都有各自的民法典，而香港则延续了英国的私法传统。但是，《大清律例》在香港一直沿用至 1971 年，在澳门沿用至 1999 年。

1986 年，中国大陆的市场经济发展十年后，出现了第一部系统的民法，

---

① 王宠惠，《法律草案汇编》，序，载于修订法律馆编辑《法律草案汇编》，台北：成文出版社有限公司，1973 年一版。

② 李祖荫，《中华民国民法总则评论》，北京大学社会科学季刊第五卷第三期抽印本，第 26 页。

即《民法通则》。这部民法是由全国人大常委会法律工作委员会主导、众多的民法学者参与制定的。该法篇幅不长，总计156条，内容包括民法调整的对象、民事法律关系的主体、合同、侵权等。由于制定《民法通则》时中国尚处于改革开放的初期，因此，该法中的许多内容是不能直接与其他国家民法典中的条款相提并论的。

随着改革开放的深入和中国经济、社会的巨大变化，1999年3月，一部被称为"统一合同法"的全新的《合同法》颁布了。在此之前，中国有三部"合同法"同时生效，分别是《经济合同法》(法人之间的合同)、《技术合同法》(涉及知识产权的合同)以及《涉外合同法》(有涉外因素的合同)。受经济法理论的影响，这三部"合同法"区分不同的合同主体和内容，对所谓经济合同关系通过不同的规则予以调整。新的《合同法》则打破了主体和内容的界限，使所有民事主体都平等地受一部统一的民事法律调整，充分实现契约自由。因此，通过这部《合同法》，中国民法真正实现了私法的回归，并向世界现代民法体系靠近了一大步。

在最近的十年间，中国社会进入了一个稳定、高速的发展时期，交易日盛，社会的财产积累逐渐增加。因此，2007年3月，中国第一部《物权法》诞生了。这部法律正式承认了私人拥有财产权，并对财产权的类型、登记和保护等进行了规定。对中国的普通民众来说，这部法律至少有三个意义：第一，从法律上规定了农民的农地承包权，从而使土地承包制在中国的法律制度中有了更加明确的保护；第二，从法律上规定了民众对动产的所有权，即承认公民合法取得的各种私有财产；第三，从法律上规定了"建筑物区分所有权"，从而使公民享有了对住房的所有权。此外，法律所规定的各种担保物权也丰富了物权的权能(此前这部分内容是在1995年颁布的《担保法》中规定的)。

在《物权法》之后，《侵权责任法》也于2009年12月颁布，并于2010年7月1日开始施行。这部法律对各种人身和财产的不法损害的赔偿责任问题进行了规定。这样，经过改革开放三十年来的发展，中国不仅在经济上取得了巨大成就，在民事立法上也取得了重要的成就。

在西方，特别是自有《查士丁尼法典》以后，民法在整个欧洲的地位已经不可置疑地确定下来了，即使其间有中断，法典规范仍以习惯法的方式暗暗地存在着。并且，在沉寂了一段时间(中世纪)以后，以罗马私法为源流的民法在西方世界再次获得了支配性的地位，并催生了一系列的近代法学思想及近代大陆法系各国民法典的制定，法律移植普遍展开。可以说，因为有罗马私法，才有了近代法国和德国以及世界各国各地区的民法典。

但是，中国与西方之不同。在经历了一个漫长的“礼法合一”“重刑轻民”的封建历史之后，中国最终也走上了大力发展现代法制的道路。但是，清末被动而急促的变革及其失败，不能不说是中国礼法文明向现代法制过度之困难性的具体表现。

第五节　中日民法立法史之比较

“空气变了，风景变了，规则也变了。”

——［日本］村上春树《1Q84》

近代以来，包括中国在内的东南亚国家和地区广泛受到西方民法的影响，而日本、韩国、越南和澳门等地先后有了自己的民法典，其中，日本的发展最为引人瞩目，也因其对清末民事立法的重大影响而与中国有较大的关联。为此，本节特就中日民法立法史作一比较，以为今后之鉴。

一、中日民事立法历史进程比较

如前所述，日本民法是明治维新运动的最终成果，其前两编公布于1890年，后两编颁布于1896年，整部民法1898年开始实施，而大清民律草案则成于1911年。

明治新民法的产生是以明治宪法为基础的，有着君主立宪制的政治基础；而清末民律的起草却因为帝制被推翻而终结。到了二战后，由于受托管国美国的影响，日本在新宪政的基础上广泛地借鉴了美国私法；而中国则由于社会主义新政权的建立而废除了国民政府制订的六法全书，并在三十年的时间内放弃了整体民事法律建设，直到1979年改革开放以后，才逐渐恢复了民事立法。

日本明治维新时期有一个有趣的现象，即当时的民众对于制定宪法的热情十分高涨，很多民间人士甚至自发地起草宪法草案，堪称世界奇观。[①] 由此可见明治维新时期日本国内对于建立法制国家的国民认同性极高。但这种

① 家永三郎等编，《明治前期的宪法构想》，福村出版，1969年第2版，第69页以下。

国家主义情绪也直接导致了日本军国主义的兴起。

在中国，清末变法最终以失败告终，而趋向开明的帝制则在1911年被推翻。辛亥革命后，新政权并不稳固。很快，孙中山于1912年首创的宪法性文件《中华民国临时约法》在1914年被袁世凯的《中华民国约法》取代。此后，袁世凯和张勋先后短暂地恢复帝制，造成了社会制度的重大动荡，也使民法在当时的中国没有立足之地。

到了1931年，中国第一次拥有了自己的宪法和民法典。当时，国民政府首先颁布了《中华民国训政时期约法》，该法具备了资产阶级近代宪法的形式。与此同时，民法也陆续制定并颁布，从而仿照日本形成了自己的"六法全书"。可惜的是，恰在这时，日本的侵略战争开始了，刚刚步入正轨的民国法制建设被迫停滞下来。

1949年，中华人民共和国成立，实行社会主义民主，以及受宪法保护的公有制计划经济。

1979年后，国家实行改革开放，中国修改宪法，将发展私有经济的政策写入宪法，大力发展经济和民生，这才使与市场经济要求相适应的民法得到了空前的发展，民事立法以单行法的方式逐渐得以制定和实施。然而，随着经济改革的深入、社会生活的发展变化，现有的民法规范必须向着更高的程度发展。于是，制定民法典的呼声重又响起。此时，距日本颁布民法已有一百多年。

综观日本和中国百多年来民事立法的流变，一个重要的差异突出地显示出来，即，日本的近代民法传统自明治新民法颁布之后就再也没有中断过，而中国的近代民事立法却一波三折，不断受到革命和战争的影响，不仅在时间线上是断断续续的，也没有在中国全境全面系统地展开。

二、中日市民社会发展程度之比较

民法是私法，是市民社会的产物，因此，市民社会的存在是民法发展的前提。中日民法之所以有今日的差距，一个重要的原因在于两国的市民社会发展程度不同。

自罗马法以降，民法一直是市民法的简称。所谓市民，指的就是一国之内的公民。当这些公民进行私人活动时，必须遵循市民法的规则。日本在1859年迫于美国的压力开放横滨港，从此开始进行自由贸易，促进国内经济发展；其后又制定宪法，保障民权，制定民法，从而逐渐形成了一个脱离了身份等级制度的相对稳定和发达的市民社会。在这样的市民社会前提下，日本民法才得到相对稳定和快速、持续的发展。

而在长期实行封建制度的中国，身份与等级观念始终制约着人们，法律史上的重刑轻民的不平衡现象遏制了民法的发展。到了清末，由于列强的侵略，清政府主动进行变法，并未获得成功，反而导致了军阀混战的动荡局面。这一方面是变法的准备不足、行动匆忙仓促造成的，另一方面，也是由于当时中国的社会经济还没有产生足够的容纳现代民法市民社会的土壤。

到了民国时期，中国社会暂时趋于稳定，在孙中山的“三民主义”指导下，中国经济有了一定的发展，而民法也得以系统地制定并实施。但是，中日战争的爆发使民国的市民生活秩序遭到了破坏。

而在我国，建国后的很长一段时间内，国家注重军事和政治建设，市民生活完全由国家计划主导，缺乏自主性，也就没有制定民法的需要。直到改革开放以后，市场经济的发展促使市民社会得到初步发展，民法研究和民事立法才开始起步。但是，由于在中国社会变动中的一些必然现象的出现，如历史上长期形成的官本位思想导致行政权力向市场和社会关系的渗透，致使市民生活和市民社会关系始终不能彻底成熟，这无疑是影响中国民法顺利发展的重要原因。

三、中日民法文化之比较

民法的发展是需要文化土壤的。由于近代法制在西方资产阶级革命的背景下形成，因而民法文化也是文艺复兴以后的近代西方文化的必不可少的一部分。由上所述，西方近代民法自《法国民法典》开始，以法国大革命为背景，在思想上则以天赋人权、人人生而平等的个人本位主义思想为根基。在法国大革命的影响下，各国民法都将个人权利作为民事立法所维护的核心价值，立法也贯彻以人为本的理念。

日本在历史上深受中国文化影响，注重身份和等级秩序，因此，在刚刚引进西方民法时，反对者的声音十分强烈。然而，日本社会长期形成的一个特点是能够积极吸收外来文化，如历史上对中国文化的吸收即是。因此，在短暂的反对浪潮过后，日本民法便顺利进入了所谓的“学说继受”阶段，并在此后逐步地走上了坦途。

中国的情况则不同。由于中国文化在历史上的强势地位，清末西方思潮在进入中国时遭到了学界和民间的长期抗拒，很多中国人始终不接受西方的思想和观念。从清末维新变法的失败，到张勋复辟和袁世凯称帝，西方现代法制不得不一再地让位于封建帝制，充分体现了中国文化中的君权至上思想。

此外，中国民法学研究的落后也是导致民法不够发达的重要原因。

民法是一门独立的、复杂的法律学科，其中所包含的原则和概念体系是自罗马法以来长期演变的结果，是历史上各个不同阶段的人文思想的结晶。自《法国民法典》以后，各大陆法系国家和地区都颁布实施了自己的民法典，从而使民法典成为重要的法学研究文本。因此，要想使一国的民法发达，必须要对世界各国民法和民法典广泛地进行了解和研究，还需要一定的时间对其进行消化，然后才能在求同存异的基础上制定自己的民法典。

清末变法时期，中国的法学家阶层还没有形成。虽然一些学者前往西方各国学习法律，但由于局势的需要和政治因素的影响，其学习的范围往往不仅限于民法或法律。[①] 不过，在康梁的倡议下，当时的修订法律馆也翻译了相当多的外国法律文件和著作，如孟德斯鸠的《论法的精神》（当时译为《万法精理》）、卢梭的《社会契约论》（当时译为《民约论》）、耶林的《为权利而斗争》（当时译为《权利竞争论》）、《法国民法典》（董恂译），甚至还翻译了波斯（今伊朗）的《宪法》等等，这些工作在当时的效率是惊人的。但是，终究是知之者寡，研究者凤毛麟角，不能成社会风气，且帝制本身存在权力争斗，导致清末变法失败。

应当说，日本能够在较短的时期内制定民法典，并由此形成不中断的民法传统，很大程度上归功于其较为成熟的法学研究。

从明治初期开始，日本学者就广泛地研究世界各国民法，特别是德国民法以及英美法，并且渐渐地出现了著名的专门研究德国法和英美法的专家。最早的民法专家是津田真道，他在荷兰莱顿（Leiden）大学留学归来后撰写了第一部法学通论——《泰西国法论》，其中民法、私法、私权等词语第一

---

① 比如，中国第一位法学博士魏翰（1850—1926），1877 年为清廷派出学习造船技术兼得法学博士学位，而回国后则进入福州船政任总工程师，并于 1903 年任清朝四品卿衔会办船政，民国二年重回福州船政任局长，后曾任驻英海军留学生监督，1929 年病故。魏翰终其一生未投入立法事业。请参见刘琳、史玄之，《福州海军世家》，海风出版社 2003 年版，第 63 - 66 页。而在 1905 年取得耶鲁大学法学博士学位的王宠惠（1881—1958）则不只专于民法，而是在宪法、国际法、刑法等多个部门都有深入的研究。

次成为汉字。[①] 其他如专门研究德国民法的鸠山秀夫，以及同时研究英美法和德国法的穗积陈重等人，均为形成当时日本的法学家群体有所增益。法学家群体的存在是日本民法典制定的重要文化基础。

到了民国时期，中国又有很多学者前往日本、德国、法国、英国、美国等学习法律，这一批学者的特点是比较系统地学习了法律，并最终为民国民法的起草和中国民法学做出了贡献，如王宠惠（1881—1958）、黄右昌（1885—1970）、史尚宽（1898—1970）等人即是。

1949 年以后，中国大陆的民法研究实际上停顿了。只是到了 1979 年以后，中国大陆学者才又开始大规模地研究民法，广泛地与外国同行进行交流，这样，中国的民法学研究才繁荣起来。

综上，在中国这样一个有着独特的文化传统的东方文明古国，现代化的历史并不长，许多过去遗留下来的制度痕迹和思想方式还在影响着人们，加之近代社会动荡不安，导致民事立法的历程较为曲折。但是，今天的中国社会和经济已经得到了快速的发展，人民生活渐趋丰富，法学研究日益成熟，制定一部完善的民法典的时机到来了。

第六节 中国民法典的范式选择

“实在法存在于民族的共同意识当中，由此，我们也将实在法称之为民族法。”

——萨维尼[②]

关于中国民法典的制定[③]及其范式选择，当前中国学界有不同的见解。[④] 目前正在进行的各种学术性质的编纂活动表明，我国的民法典似乎采取了先

① ［日］津田真道，《泰西国法论》，初版于庆应二年丙寅九月，明治八年十一月文部省印本，卷一，第四页。

② ［德］萨维尼，《当代罗马法体系Ⅰ》，朱虎译，中国法制出版社 2010 年版，正文第 17 页。

③ 2014 年 10 月 23 日，中国共产党第十八届中央委员会第四次全体会议通过《中共中央关于全面推进依法治国若干重大问题的决定》，其中明确提出制定民法典。这样的一个决定表明，我国的民事立法已经进入了最关键的阶段。

④ 梁慧星，《当前关于民法典编纂的三条思路》，载于梁慧星著《为中国民法典而斗争》，法律出版社 2002 年版，第 37 - 49 页。

分散后集中的立法方式。但是，与其说这样的立法方式是一种自觉选择，不如说是一种对现实的被动反应，即面对我国现存的分散民事立法整合之困难不得已而为之的一种解决方法。事实上，任何一部民法典的制定都是一个庞大的、耗费众多智力的系统工作。

一、民族性与立法

萨维尼曾经说过，“实在法存在于民族的共同意识当中”，因此，一个国家的民法典就是其民族精神的反映。在现代比较法上，《德国民法典》一直被作为德意志民族缜密的逻辑思维方式的代表性作品而被广为传诵，但是在其制定之前也经历了长期的辩论，萨维尼本人就站在反对的一方。

在《论立法与法学的现代使命》一书中，萨维尼系统地阐述了德国历史法学派的基本观点，认为法律具有民族性，是随着民族的发展而自然生长的。[①] 当时，海德堡大学法学教授 A. F. J. 蒂堡（Thibaut，1772—1840）正强烈呼吁德国各邦迅速制定一部全德国适用的，包括民法、刑法、诉讼法在内的法典。当然，争论的结果人们都已经看到了，《德国民法典》于 1899 年制定完成，并成为近代史上的民事立法杰作。

萨维尼所说的民族性与民法典的制定并不矛盾，而他所说的民族性消亡与民法典消亡之间的联系也并不是必然的。最好的例子是，世界上第一部全面的民法典《查士丁尼法典》就是在西罗马帝国灭亡（476 年）后才编纂完成的（534 年）。对此，萨维尼评论说，原始意义上的罗马民族法已经不再可见，其最为重要的部分已经转化为皇帝立法，即科学法。[②] 换言之，萨维尼所谓的民族性更多地是法律渊源上的意义，而所谓的民族性也总是体现在习惯法中，但是，习惯法最终将转化为科学立法，即成文法典。

自中世纪以后，欧洲各国的民法长期不稳定，法国各地陆续出现了各种各样的分散民事立法，而新德国之前的各邦国也有自己的民法典，如《巴伐利亚马克希米里安民法典》（*Codex Maximinaneus Bavaricus Civilis*，1756）、《普鲁士国家的普通邦法》（*Allgemeines Landrecht fur die Preussischen Sttaten*，ALR，1794）、《奥地利普通民法典》（*Allgemeine Buergerliches Gesetzbuch fuer*

---

① ［德］弗里德里希·卡尔·冯·萨维尼，《论立法与法学的当代使命》，许章润译，中国法制出版社 2001 年版。

② 萨维尼，《当代罗马法体系Ⅰ》，朱虎译，中国法制出版社 2010 年版，第 68 页。

die gesamten Erblander der osterreichischen Monarchie, *ABGB*, 1811)、《撒克逊王国民法典》(*Buergerliches Gesetzbuch fuer das Konigreich Sachsen*, 1863) 等。并且，德意志全境分为四个不同的法域，即普鲁士邦法的适用地域、法国民法适用地域、撒克逊民法适用地域以及普通法适用地域。这种分散的立法与民族性之间的关系使萨维尼发出了上述言论。但是，现代国家的理念和理性法的概念与统一民族性有着内在的联系，于是，制定一部新的、系统化的民法典与统一新德国的步调就最终形成了一致。

与上述法国和德国制定民法典时期的状况相比较，我国实行的是有民族区域自治的统一法律制度，因此，我国目前制定民法典有着更加有利的条件。此外，自《合同法》开始，我国陆续进行了一系列由不同学者起草并由全国人大及其常委会通过的分散民事立法，这一系列分散立法是为了应对我国市场经济发展的不同阶段的需要，并不是民族理性不足的体现，也不是立法能力不足的体现，更不能因此否定制定一部体系化的民法典的必要性。应当说，在经历了多次的专门民事立法之后，我国的民法理性准备已十分充足。在这种情况下，制定民法典的必要性和可能性都是十分显著的。

那么，我国的民法典具体应该采取怎样的范式呢?

二、我国民法典应体现世界民法发展的最新水平

我国的民事立法是从 1986 年颁布《民法通则》开始的，此后又有分散的民事立法，加上各种特别民法以及司法解释，民事纠纷的解决并不成问题。但是，制定一部民法典并不是为了填补法律空缺，而是为了完善形式民法的需要，也是为了更加系统和集中地吸收世界民法发展的最新成果的需要。正如管子所说，“法者，天下之程式也，万世之仪表也”。民法是民生之法，有统一的民法，才有统一的民生秩序。①

近代意义上的民法典是自《法国民法典》开始的，这部民法典至今在世

---

① “民生”二字源于《左传》，后指国计民生，孙中山的三民主义之一便是民生主义。民生法学是民国以后的一个法学流派，其中的一些代表人物如查良鑑、张文伯、杨兴龄等将民法作为民生之法来提倡，认为无民生便无历史。而民法作为规定人民社会生活行为准则之法，自为民生之法。见，查良鑑《民生法学导论》，张文伯《民生法学原理》，杨兴龄《民法之制定与民法之评价》，均载于中华学术院印行的《法学论集》，中华学术与现代文化丛书第九册，华冈出版有限公司 1977 年版。

界各地都有继受，包括亚洲、非洲、美洲的多个国家和地区。《法国民法典》的意义在于统一了法国南北两部分的法律，使法国有了统一的法律规范体系、法律话语体系。而将近一百年后，《德国民法典》从体系建构上统一了德国民法，并为现代民法贡献了一系列新的民法学概念及完备的制度体系。

我国进行近代民主革命已经一百多年了，而成为一个社会主义国家也已经六十多年。在此期间，中国周边的国家在民事立法上都有巨大的变革。首先是俄罗斯联邦杜马在1994年10月21日通过了《俄罗斯联邦民法典（第一部分）》，1964年的《苏俄民法典》相应废止；[①] 其次，1995年10月28日，越南国会通过了《越南民法典》，后于2005年进行了修改，使之更加符合民法的一般性质。这两个国家都与中国一样有着发展社会主义的历史，并在二十世纪末实现了民法典的变革。显然，我国在民事立法方面是落后了。改变这种状况，就应当制定一部新的民法典，从而建构新的汉语民事法律话语体系，统一现有的民事法律制度和民法逻辑，以保障民生。

（一）我国民法典的体例选择

民法典是一个体系，需要依照一定的体例建构起来。《法国民法典》的体例模型是罗马法，全部内容分为人法和物法两部分；《德国民法典》是在罗马法体系基础上自创的新体系，法典化所依据的是黑格尔的法哲学思想，法典的全部内容按照主体、客体和权利义务关系来安排，创造了法律行为和意思表示等概念，并遵循普芬道夫（Samuel Pufendorf，1632—1694）的法律思想发明了总则、分则的编制，从而使德国民法典成为萨维尼所谓的“科学法”的具体体现。[②]

我国是欠缺罗马法传统的国家，民国时期颁布的《民法》以德日民法为参考。该部民法虽然目前仍然在台湾地区施行，但其所适应的地区民情有局限性。此外，《澳门民法典》是以《葡萄牙民法典》为蓝本翻译编制而成

① 俄罗斯的民事立法历史极其复杂，开始早而成果晚，自1700年彼得一世设立法典编纂局，叶卡特琳娜二世、保罗一世以及亚历山大一世都试图进行民法典编纂，但都没有取得实质成果，只是在1835年成功颁布了《俄罗斯帝国法律汇编》。1882—1915年，受《德国民法典》影响，开始酝酿制定新民法，直至苏维埃时期才制定了1922年《苏俄民法典》。见张建文著，《俄罗斯民法典编纂史研究》，中国政法大学出版社2012年版，“自序”第1-2页。

② 日本法学家穗积陈重将各国民法典体例分为四种类型，即沿革体、编年体、韵府体和论理体。见：［日］穗积陈重，《法典论》，李求轶译，商务印书馆2014年版，第54页。按此种分类，论理体源自罗马法，后经德国民法典改进。

的，适用人口仅限于澳门特别行政区。因此，要制定新的民法典，必须考虑我国现状，同时继续向其他国家学习，在借鉴其他国家民法的基础上制定自己的民法典。

借鉴他国法律来制定自己国家的法律并不是自我国开始的。在欧洲中世纪结束后，各国民法（或私法）的兴起就是在解释、借鉴罗马法的基础之上进行的。而就民法本身的性质来说，其所调整的是私人之间的各种民事法律关系，是“人本法”。[①] 这样的法律虽然在各国略有出入，但就其本质来说仍具有相互移植和可借鉴性。《法国民法典》移植到美洲（美国德克萨斯州、加拿大安大略省）、亚洲（越南）就是民法典普遍的民族适应性的体现。

目前，我国已经有两部影响较大的民法典建议稿，一部是梁慧星教授主持的《中国民法典草案建议稿附理由》，另一部是王利明教授主持的《中国民法典学者建议稿及立法理由》（法律出版社 2005 年出版）。其中，梁慧星教授主持的“建议稿”由法律出版社于 2003 年首次出版，在 2006 年附理由再次由法律出版社出版，2010 年在荷兰和美国同时出版了英文版。[②] 2014 年，该“建议稿”再次修订后重新由法律出版社出版。这样三易其稿的民法典草案建议稿的存在表明，我国学者是有能力来进行现代化民法典的科学和系统立法的。

那么，民法典究竟应采取什么样的体例呢？是采取法国式，还是德国式，抑或是意大利式、日本式？

根据各国已经有的立法状况和经验，一部分国家采取罗马式的立法，包括法国、意大利等国；而另一些国家则采取德国式的立法，包括德国、日本等。我国民国时期民法是德国式的民法体例，而现有民法各部分也是突出体现了德国民法的概念、原则和制度，因此，继续按照《德国民法典》的体例来进行民法典立法是可取的。但是，随着《法国民法典》的不断修订，《德国民法典》和《日本民法典》的债法改革，以及其他国家民法典制定的新发展，原来的德国民法体例应当有所发展。事实上，梁慧星教授所主持的专家建议稿基本上是按照《德国民法典》的体例进行的，但是具体内容编排则

---

① 康德、黑格尔哲学均将“成为人”的命令作为法律（私法）的第一要义。详述见后文第七章。另可参考王泽鉴，《民法总则》，北京大学出版社 2009 年版，第 28－29 页。

② Liang Huixing, *The Draft Civil Code of the People's Republic of China*, Translated by Junwei Fu, Jacob S. Schneider, MartinusNijhoff Publishers, Leiden, 2010.

分为总则、物权法、债权总则、合同法、侵权行为法、亲属法和继承法等七编。

在基本体例外，还应当考虑关于具体内容的编排问题。比如，民法的基本原则应当包括哪些？总则的内容有哪些？分则各编章的具体内容应如何确定？等等。这些内容，在梁慧星教授主持的“建议稿”中都有较好的体现。

（二）我国民法典的制度内容

在《当代罗马法体系Ⅰ》中，萨维尼强调了民事法律关系的重要性，并根据法律关系的分类将民法制度编排为“物法、债、家庭法和继承法”这四个部分，并在这四个部分之前设“总论”。[①]《德国民法典》基本遵循了这个安排，但在具体顺序上则将所有的民事法律编排为“总则、债务关系法、物权法、家族法和继承法”。

《法国民法典》遵循罗马法的篇章结构，即将全部民法分为人法和物法两部分，没有总则，仅有法律适用规定，将主体能力、监护的规定和婚姻家庭法作为人法，而将物权法和债权法作为物法，全部法典分为三编，即“人、财产及对所有权的各种限制、取得财产的各种方法”，其中第三编包括合同、抵押、继承、时效等多种内容。这样的安排在编章结构上略显简单，各编所容纳的内容颇繁杂。

《日本民法典》是我国清末和民初两部民法典草案的主要模仿对象，其体例和内容虽然与《德国民法典》有较密切的关系，但最初翻译《法国民法典》的影响始终是存在的。《日本民法典》于2004年进行了大规模修改，最近的民法典的体例分为总则、物权、债权、亲属、继承等五编，每一编内容进一步细分，如总则分为七章、物权分为十章、亲属分为七章、继承分为八章，债权最少，只有五章。

梁慧星教授所主持的《中国民法典草案建议稿（第三版）》打破了债法的封闭体系，将全部内容分为七编八十一章：

第一编　总则

　　第一章　基本原则

　　第二章　自然人

　　第三章　法人、非法人团体

---

① 萨维尼，《当代罗马法体系Ⅰ》第301页。

第四章 权利客体
第五章 法律行为
第六章 代理
第七章 消灭时效
第八章 期日、期间
第二编 物权
第九章 通则
第十章 所有权
第十一章 基地使用权
第十二章 农地使用权
第十三章 邻地利用权
第十四章 典权
第十五章 抵押权
第十六章 质权
第十七章 留置权
第十八章 让与担保
第十九章 占有
第三编 债权总则
第二十章 通则
第二十一章 债的原因
第二十二章 债的种类
第二十三章 债的履行
第二十四章 债的保全
第二十五章 债的变更与移转
第二十六章 债的消灭
第四编 合同
第二十七章 通则
第二十八章 合同的订立
第二十九章 合同的效力
第三十章 合同的解除与终止
第三十一章 合同的履行
第三十二章 违约责任
第三十三章 买卖合同

第三十四章　供用电水气热合同
第三十五章　赠与合同
第三十六章　租赁合同
第三十七章　融资租赁合同
第三十八章　存款合同
第三十九章　借款合同
第四十章　借用合同
第四十一章　雇用合同
第四十二章　承揽合同
第四十三章　建设工程合同
第四十四章　项目建设运营合同
第四十五章　运输合同
第四十六章　委托合同
第四十七章　行纪合同
第四十八章　居间合同
第四十九章　技术合同
第五十章　保管合同
第五十一章　仓储合同
第五十二章　物业管理合同
第五十三章　教学培训合同
第五十四章　医疗合同
第五十五章　餐饮合同
第五十六章　住宿合同
第五十七章　旅游合同
第五十八章　演出合同
第五十九章　出版合同
第六十章　合伙合同
第六十一章　保证合同
第六十二章　独立保证合同

第五编　侵权行为

第六十三章　通则
第六十四章　自己的侵权行为
第六十五章　对他人侵权之责任

第六十六章　准侵权行为：无过错责任
第六十七章　侵权的民事责任
第六编　亲属
第六十八章　通则
第六十九章　亲属
第七十章　结婚
第七十一章　夫妻关系
第七十二章　离婚
第七十三章　父母子女
第七十四章　收养
第七十五章　扶养
第七十六章　监护
第七编　继承
第七十七章　通则
第七十八章　法定继承
第七十九章　遗嘱处分
第八十章　遗赠扶养协议
第八十一章　遗产的处理

这样的编排体例没有脱离《德国民法典》的总则、分则基本框架，但是继承并恢复了《法国民法典》物权在先的传统，同时在编章排列及内容安排上均有着突出的特点，即总则之后是物权法，将债权法分成合同和侵权两部分，排在债法总则之下，最后是亲属和继承两编。债法总则的明确出现是二十一世纪民法典编纂中的一个新的进展，此前德国和日本都没有此种体例。其中，《德国民法典》中的债务关系法前七章即为债法总则，但并没有突出其总则的性质，也未命名。

制定一部民法典与建造一座城池在观念上是有相同之处的，既要有前瞻的观念和全面的规划，也要适当保留历史性和民族性的内部需要。二十世纪最重要的建筑师柯布西耶（Le Corbusier，1887—1965）是现代建筑理念的奠基人，他的理想是建立完美的现代城市建筑群。而他的门徒为将他的理念付诸实现，在巴西建了一座完美的城市——巴西利亚。但是，有人批评说，这个城市的建筑也许是美的，因为它整体看上去像是一架喷气客机，然而居住其中的人却感到无比的沉闷，因为其中缺少了让市民聚集起来进行社交活动的中心活动场所，即传统的拉丁式建筑方式和生活方式被明确地拒绝了。[①]

纵观史上各国民法典的制定，无不有着自己独特的历程，而其最后的成果也在创新的基础上体现出各自民族和历史的特点，如《法国民法典》的简洁、反传统，《德国民法典》的精密、创新，《日本民法典》的实用、系统化。虽然随着时间的推移，民法典的民族性可能会渐渐被社会生活的国际化消解，如《法国民法典》的体系越来越庞大，越来越多地吸收判例，而《德国民法典》则开始去除了某些过分精致的概念设计，进行了债法改革，但是，仍然很难说有某一部最完美的、最精确的民法典存在。即便是最好的民法典，也只是趋向于完美。因为完美本身只是一个空想的观念。同理，我国今后的民法典也不必是十全十美的，只要是逻辑自足的、符合了现时的、当下的以及可以预期的将来的人们的需要和理想，能够汇聚民法传统的精华，并在此基础上有所创新，就是好的。

（三）民法典的语言源流

民法典是规则体系，也是话语体系。不同国家的民法典不仅在规则内容上有一定区别，在话语风格上也有区别。比如，《法国民法典》被称为“法国人民的民法典”，因其语言风格流畅、简洁，易于为普通人了解和传播，就连著名的文豪司汤达也曾给巴尔扎克写信说，他在写作《帕尔玛修道院》时每天都要读几页民法典，以便“把准音调”。[②] 相反，《德国民法典》是德国民族理性精神的体现，是法律理性的集中表现，其语言逻辑缜密、严谨，充分以概念为基础，体现出科学法、法学家法的特点。因此，《德国民法典》的内容往往只有受过严格的法学训练之后才能了解。

我国民法典一旦制定颁行，将适用于十三亿人口的大国，海外华人和其他国家的公民也将可能适用。因而，如何使我国民法典的语言准确传达民法理论和制度的深刻涵义，是制定民法典时必须考虑的问题。

1. 我国汉语学术话语的演变

我国是一个有着丰富的汉语言文化遗产的国家，古代的诗词歌赋在世界上广为流传。而据胡适所论，公元前七、八世纪的思潮除了一部《诗经》外

---

① ［美］马歇尔·伯曼，《一切坚固的都烟消云散了——现代性体验》，徐大建、张辑译，商务印书馆2013年版，《企鹅版前言》第3页。

② 罗结珍译，《法国民法典》（上册），法律出版社2005年版，代序第22页。

别无可考，因此称之为“诗人时代”。[①] 但是，这个诗人时代结束后，中国的学术话语脉络变得十分地纷乱。

首先，在春秋战国时期，诸子百家争鸣，老子、孔子、荀子、墨子、韩非子等分别提出了各自的思想学说；而在战国末年，黄老之学占了上风，形成了一种道一而生万物的玄学，其中的“黄”为黄帝，即中华民族的始祖，他被认为是无所不知的人物；“老”为老子，也可引申为“老庄”。这样的一种思想状况下，汉语体现出了一种玄思的特点。胡适就曾讥讽黄老之学为一架“垃圾马车”。[②]

其次，秦汉时期，中国的统一文化初步形成。秦统一六国，并统一了文字，制造法度，为中国奠定了大一统的基调。然而此时仍受黄老之学的影响在民国依然存在，很多人热爱讲道家话语，行无为之治。到了汉朝，统一日长，治理者开始行有为之治，因此儒学兴起，董仲舒甚至最终提出了“罢黜百家、独尊儒术”的口号。董仲舒本人在景帝时是个博士，受武帝重用，著有《春秋繁露》，提出宜强勉学问、博闻明见。论及国家治理的大道，即“所由适于治之路也”，说孔子提倡的仁义礼乐皆为治理之道，是天道。[③] 这样的一种说法使儒学成为有为之学，而后来的儒生也开始高谈社会政治问题，主持改革。在这样的思想影响下，秦汉时期特别是汉以后的语言注重实义，儒生的言谈切近生活，五谷布帛、春夏秋冬、商贾农人都是常用词汇。而文帝时博士诸生们做的《王制》对国家治理进行了全面规划，可以说是一部综合性的国家立法，但最终并未被完全实施。

第三个重要的时期是宋明时期。这个时期中国产生了一个很重要的学问体系，即宋明理学。在宋以前，佛教在唐朝时传入中原，从而使佛教话语渗入到正统话语体系中。这就使中国的学术话语系统从儒道并存发展到了儒释道并存的时期。而到了宋朝，程朱理学成形，中国学术史上第一次开始讲“理”。这个理相当于西方的自然法理论，又结合了道家的思想学说，主张天地万物皆有其理，而其总和即太极。[④] 在理之下是“气”，朱子解释说：“天地之间，有理有气。理也者，形而上之道也，生物之本也；气也者，形而下之器也，生物之具也。是以人物之生，必禀此理，然后有性，必禀此气，然

① 胡适，《中国哲学史大纲》，重庆出版社 2013 年版，第 36 页。

② 胡适，《中古思想史长编》，上海古籍出版社 2013 年版，第 24 页。

③ 同上，第 176 页。

④ 冯友兰，《中国哲学史》（下），重庆出版社 2009 年版，第 278 页。

后有形。”[1] 渐渐地，程朱理学便成为了修身养性之学，知识分子的话语也以论道为主，讲仁、义、礼、智。而涉及政治讨论，朱子也讲究顺应时势和义理，认为国家治理应行王霸之道。

到了明朝，理学继续发扬，出现了陆象山、杨慈湖等理学家。而对理学有实质性改变的则是王阳明，他所创造的知行合一理论不以格物致知为目的，而是付诸实施，他本人甚至可以指挥军队作战。他将禅宗与理学、道学合一，从而创造了阳明心学，主张凡事应以心观之，而其理论也多用禅语写成。阳明心学用以应对当时的乱世政治十分实用，但将其化为学术话语，则因其过多的禅思导致语义不明，并无太多的好处。

第四个时期是清代。这一时期的重要性在于从理学到朴学的发展变化。由于清代是外族统治，因此理学的经世致用之学受到抑制；另外，由于阳明心学吸收了太多的佛道内容，学问者动辄诛心，令人不胜其扰。变化之始是对于理学所推崇的大学经典的质疑，其中的代表人物是戴震，而他所写的《孟子字义疏证》是朴学的代表性著作，也是其本人引以为自豪的。[2] 朴学属于小学的范畴，即考据和考证之学。朴学一方面是辨别字词真意及文本真伪，另一方面是将科学技术纳入到儒学范畴中。因此，朴学的实际意义相当于西方的文艺复兴，而其存在的时期与文艺复兴兴盛时期（十六世纪）相比则晚了一个世纪。由于朴学的发展，中国的学术话语开始向着平实、具体的方向演进，而科学术语也开始流行。

第五个时期是清朝灭亡及新文化运动。清朝覆亡之前，政治改革已经开始，外国的科学技术和法律已经开始引入，传统学术话语开始改变。清朝灭亡以后，新文化运动开展，实行白话文，新诗取代旧诗，现代汉语的发展逐渐脱离了古代汉语的轨道，无论是字词的结构还是造句的语法都有了很大变化。同时，随着门户开放，海外文化的影响日盛，汉语言中的外语因素逐渐增加，使日常汉语中出现了大量的基于外来语而形成的新词汇［取音译较多，如咖啡（coffee）、爵士乐（jazz）等］。

综上，中国的学术话语经历了漫长的历史发展时期，早期学术话语较为纯洁，后来则越来越受到佛道话语的侵入，从而使中国的学术话语有着重玄谈轻实证、重大学轻小学的特点，直到清朝末年随着朴学的开始和西学的引入才有所转变。

---

① 冯友兰，《中国哲学史》（下），重庆出版社 2009 年版，第 281 页。

② ［美］艾尔曼，《从理学到朴学》，赵刚译，江苏人民出版社 2012 年版，第 12 页。

2. 我国法律话语的演变

我国的古代法律话语与我国的礼法传统密切相关，即法与礼制相结合，诸法合体，分律、令、格、式四类，重刑轻民、重罚则。仅以“律”为法律的主体来考察，自李悝《法经》开始，至汉朝得以完全成形。据考证，汉律包括吏律十条、户律七条、礼律七条、兵律三条、刑律十一条、工律四条、杂律四条及定罪次二条。[①] 自唐以后，律制愈加复杂，但仍保持着重刑轻民的特色，无论是《唐律疏议》《宋刑统》《大元通制》《元典章》及《刑法志》，还是明清律，都是如此。[②] 只是到了清末变法时期，中国的法律话语才第一次与西方法律话语相结合，并因此产生了专门化的法律术语体系。

清末变法是在光绪二十八年即1902年开始的，光绪帝颁布了上谕，决定开始查明并引进外国法律。同年四月，指定沈家本、伍廷芳为修律大臣。沈家本等先修订商律，后修刑律，废止了凌迟等刑罚，1907年开始修订民律。[③]《大清民律草案》前三编是日本法学家松冈义正参照德国法律制定的，名为“模范列强”；后两编则是由修订法律馆会同礼学馆起草的，仍沿袭了中国传统法律规定，名为“固守国粹”。于是，这样的一部法律便兼有了西化与保守的色彩。从草案的内容来看，前三章因涉及总则、债法和物权法，完全接受了德国民法中的一系列概念术语；后两章则保留了本国的特色，如称“宗亲”（第1317条）、“家政”（第1327条）、“承嗣”（第1377条）、“庶子”（第1387条）、“姊妹”（第1391条）及“审判衙门”（第1448条）等。

《大清民律草案》最终并未实施，而是在民国时期成为制定民法的蓝本。民国民法最初的版本中语言并没有大的变化，只是将“衙门”改为“法院”（第1284条）。但是，在后来的变化中，民法渐渐去除了封建性的规定和称谓，语言逐步现代化。

日本民法的引进是中国民法话语形成的重要契机。其原因在于，随着1907年《新译日本法规大全》出版，[④] 钱恂、董鸿两人还详细注释了其中难

---

① 程树德，《九朝律考》，中华书局2006年第二版，第52页。

② 具体内容可参考：李志敏著，《中国古代民法》，法律出版社1988年版，第5－9页；钱大群，《唐律研究》，法律出版社2000年版，第3－5页；［清］薛允升编，《唐明律合编》，中国书店2010年版，第4－15页（唐明律总目）。

③ 叶孝信，《中国民法史》，上海人民出版社1993年版，第601－603页。

④ 商务印书馆2007年重版印刷，原版为南洋公学译书院初版。

懂的名词，编撰了《日本法规大全解字》，[①] 作为该书的附录，后单独出版。至1911年，该书已出到第16版，名为《法规解子》。这样的一部书不啻是中国近代史上的注释法学代表，虽然比起罗马法的发现和解释学的兴起，时光已经斗转星移数百年，但毕竟是来到了。此后，中国的民法语汇就开始确定并丰富了起来。

在《法规解子》中，日本的法律术语及相关的生活术语被翻译成中文并加以解释。全书按照汉字偏旁部首和笔画排序，涉及民法的重要术语例存：市住民（有住所于市内者）、市公民（市民之有公权者）；[②] 债权（有令人偿债之权。惟所谓债者，非专指金钱而言）、债权担保（负主以物或以人作保）、债权让渡、债务者（对于债主负归偿之义务者）、住所（言平日所住之地）；[③] 公法人（指行国家政务之法人言）；[④] 所有权（凡大小财产，必有所属之人）；[⑤] 有偿契约（指两造各有所偿之契约而言）、未成年（未达于长成之年龄，法律上无应用私权之能力）、权利（人人当循之理，有权即有利，故曰权利）；[⑥] 法人（具法律上之人格者也）、法律行为（人民日常之行为，于民法、商法上生有关系者）、法定代理人（凡未成年及禁治产者，必须有代理其事之人）、法人之资本额（指法人所有之资产总数而言）；[⑦] 物权（物本属我，我实有左右此物之权利）、特定物（指物之不与他物混同而言）、特定动产、特有财产（一家中一人特有之财产）；[⑧] 特定承继人（指承接继有特定之权利义务者而言）、独立人（法律上许其自由动作，不须依赖他人者）；[⑨] 私权（关于个人私事上应享之权利）、私法人（从民法之所定，而具有法律上之人格者）；[⑩] 义务（人人当尽之理，有义即有务，故曰义务）、养亲（非所生父母，依法律所定）；[⑪] 财团（募集财产，以谋公益之团体）、财

---

① 商务印书馆2007年出版了点校本，何勤华点校，《新译日本法规大全·点校本·法规解字》。

② 同①，第8页。

③ 同①，第11页。

④ 同①，第21页。

⑤ 同①，第62页。

⑥ 同①，第76－77页。

⑦ 同①，第85页。

⑧ 同①，第93页。

⑨ 同①，第94页。

⑩ 同①，第106页。

⑪ 同①，第114页。

产处分（凡物有金钱之价值者，皆曰财产。就所有之财产而使用之，销毁之，送赠之，皆曰财产处分）、财产管理人（依法律之定规或两造之契约，而管理他人之财产者）；[①] 遗言（以生前言生后之事，使生后得见诸实行者）、遗赠（人死时以遗言赠人财产）、遗留分（指财产中遗留与相续人之一部分而言）、遗产相续人（家主死亡后，继承其遗产之人）；[②] 配偶者（夫妇之对称）。[③]

总之，由于民法是罗马法以来西欧法律的产物，而中国的民事立法在性质上属于法律移植，因此，受日本民法的影响，中国引进了一套全新的民法话语体系，此后不断扩充。在这个体系中，许多汉语民法语汇都是在外来语基础上新造的词语，如法律关系和法律行为、请求权和形成权等。当然，在因袭和转译过程中，也有一些中国固有词汇被借用、转用，以表达新的法律意义，如“按揭”即是旧汉语，用来表达抵押（morgage）。这样的法律话语由于全然不同于中国传统的学术话语体系，属于专门的知识系统，因而只有受过专门的法律训练的人才能够完全了解并掌握。这也就促成了中国法学教育的兴起。

值得注意的是，当然日本的法学话语体系仍在不断发展中。作为中国近代民事立法镜鉴的1898年《民法典》实际上是在当时的日本口语的基础上编纂的，因此在2004年，日本国会第161次会议通过了“民法一部改正法”（平成16年法律第147号），将原《民法典》的词语进行更新，并于2005年重新颁布了现代语化的《民法典》。其中主要的修改有：

事迹——事由；生死分明——无对应词语，表示了解生死状况；私权享有——权利能力；能力——行为能力；调制——作成；毁灭——灭失；毁损——损伤；治术——诊疗；习医者——无对应词语，表示在专门医科学校接受教育的人；止宿——寄宿；劳力者——无对应词语，表示通过劳动换取报酬的人；饲养主——饲主；疆界——境界；公流——公共水流；拾得者——无对应词语，表示遗失物拾得人；劳务者——劳动者；仆俾——家事使用人；等等。[④]

3. 我国目前的民法话语

我国现存的并正在实施的民法典有两部，一部是台湾地区的民法，另一

---

① 何勤华，《法规解字》，商务印书馆2007年版，第131页。

② 同①，第138页。

③ 同①，第142页。

④ 原文和后改文字在此均已译为中文。

部是澳门特别行政区的民法典。从这两部法典来看，其中的汉字虽然仍用繁体字，但绝大部分的行文都是白话文，仅在连词的应用上保留了古汉语的风格，如：

《澳门民法典》第四百零五条　如预约合同只拘束一方当事人，且未定出约束之有效期间，则法院得应许诺人之声请，定出他方当事人行使权利之期间，该期间结束时权利即告失效。

而在我国大陆地区，包括《民法通则》《合同法》《物权法》和《侵权责任法》等在内的现有各民事立法的语言风格体现出新文化运动以来乃至汉字简化后的简洁之风。首先，语言文字是采用简体汉字，行文直白；其次，民法术语中有大量的新造汉语词汇，有一些与港澳台地区有着明显不同，如"建筑物区分所有权"在港澳台地区称为"分层所有权"，"合同"在台湾地区和澳门民法中称"契约"，等等；第三，行文中采用模糊指代词语较多，如"……等""……除外"均是。

在成文法的时代，法律在某种程度上就是语言的艺术，因此，对民法典语言风格的选择不可以不慎重。我国制定民法典，在选择民法典使用的语言时必须特别注意概念与现代汉语的吻合度，以免选用词语不当而使法律概念和规则有了不应有之义，进而影响制度的效力。

具体来说，确立民法典的话语体系应注意如下几点：

（1）鉴于我国已经就大部分民事法律关系进行了立法，因此，应当对绝大多数正在应用的民法概念和术语予以承继，不必再另造词汇。

（2）应当杜绝冗长的句式，采用恰当的长短句来表述法律规则，避免无意义表达。

（3）所有标题应能准确概括条款和章节内容，句式尽量简短。

（4）涉及到相互参照的条款，应统一指称方法，如用"本条应同时参考第某条"。

（5）对于某些存在多种译法或表达方式的词汇，应进行统一，以使其更符合本意，并不会造成误解。如"情谊行为"与"好意惠施"行为是否可以合并，及保留哪一个。

（6）在目前的立法中，有一些涵义模糊的词语如"等"和"除外"规定，这两种情况一般在列举性规定之后会出现，表明尚有其他情况需要考虑。但是，具体是什么情况，单从文本及其上下文往往并不能得出结论。这样的规定在现有立法中比比皆是，似乎也并没有妨碍司法过程的进行。但比较其他国家立法，类似的情况通常是直接给出相应的条款，直接指出相关规定、给出相应法律内容，这样在适用法律时就确定得多。

综上所述，民法是一个规则体系，也是一个话语体系。这个话语体系是由一系列的语言符号在语法的作用下形成的，用以确定制度和规则的藩篱，词语不可不精当，语义不可不清晰。而回顾我国学术话语的演变历史，可以肯定的是，只有将现代汉语运用得当，才能形成一套具有现代民事话语意义的准确的关系代码和制度代码，[①] 从而使民法成为当今中国社会的有效基本制度规范，为人们的行为提供指引和预期。

小　结

中国自西周制礼，后以礼入法，在法制发展上呈现出重刑轻民的传统。清末发展民法，一方面是因门户开放而导致的西风东渐的大趋势，另一方面有着清王朝解决政治经济危机的直接需要。尽管《大清民律草案》最终并没有颁布实施，但作为中国近代民事立法的第一次尝试，它的意义是深远的。无论是民国时期的民法还是新中国民法，其源头都应当追溯至此。

今天，民法已经成为规范市场经济和人们社会生活的重要法律。然而，民法作为一个完整的、有机的规范体系在我国还没有充分形成，民事法律仍是零散的，法律制度内容不够协调统一。特别是，在我国长期的礼法文明影响下，通过民法体系的健全而达到治国安邦的效果尚未得到充分认可。为此，在我国现有的基础上进一步地完善民法体系、促进民法的法典化，并在立法和司法层面上促使民法朝着更加成熟的方向发展，无疑是一项艰巨的、但必将造福民族的任务。

---

① 关系代码和制度代码是实证法学系统中的两套语言符号，是法律语言学假定。见彼得·古德里奇，《法律话语》，赵洪方、毛凤凡译，法律出版社2007年版，第67页。

第三章 民法的哲学基础

"康德和卢梭关于自由的见解就是以自我立法的这种理想为基础的。然而这种理想需要整体性，因为公民既不能把自己视为一套在原则上不一致的法律丛书的作者，他也不能认为这套法律丛书受到了卢梭的公意的支持。"

——［美］德沃金[①]

民法是一种制度，同时也是一门科学，拥有丰富的理论内涵，特别是哲学内涵。无论是在民法的萌芽时期，还是在近现代民法的发展过程中，哲学一直是民法的思想来源和基础，同时也影响着其制度和理论的发展。在时代变迁、法制更替之际，各种法哲学思想对社会的影响首先就会在民法制度上反映出来。为此，认真探讨民法与哲学的关系，乃至于各种民法制度背后的哲学基础，对于深入了解民法的制度安排和民法理念的不断更新发展有着十分重要的意义。

本章从古希腊哲学开始，探讨了包括自然法学、实证法学和法律现实主义等多种影响民法发展的哲学思想，指出法学是以哲学为基础发展起来的一门独立的学科，并在古代、近代和现代始终与哲学的认识论和方法论发生着密切的关联。作为一种现代法律制度，民法是以实证法学为根基的，但时代和社会的发展要求在研究、制定和适用民法的过程中必须同时采用其他的哲学方法。

应当说，民法不仅仅是一种制度，也是充满哲学思辨的理论，它随着人们的认识和社会的变迁不断发展，也要求人们正视它的复杂性。我国要进行民法的制度创新，必须将民法的认识上升到哲学意义上，这样才能够真正掌握民法发展的精义，使今后的制度建设有其应有的深度、广度和高度。笔者最后提出，经由实证法学、超越实证法学，这就是我国现阶段进行民法制度

---

① ［美］德沃金，《法律帝国》，李常青译，中国大百科全书出版社 1996 年版，第 170 页。

创新的哲学路径。

第一节　从苏格拉底到亚里士多德：古希腊的哲学

“知道自己的智慧实际上是毫无价值的人，才是最有智慧的人。”

——［古希腊］苏格拉底

古希腊是世界文明特别是西方文明的摇篮。在经历了最初的人神不分的漫长时代以后，便陆续出现了苏格拉底、柏拉图、亚里士多德等西方哲学的奠基人，他们的思想永久性地影响着世界，也影响了法律的发展。

首先，不立文字的苏格拉底是一切哲学家的鼻祖。他没有直接写下过什么，但是他的思想被他的学生柏拉图继承并大大地发扬了。在哲学史上，能够属于苏格拉底的没有争议的文字是柏拉图记述的《申辩篇》，这是他在受审时作出的答辩。法庭指责他犯有侮神和败坏青年罪，并判处他死刑。他不承认自己犯了这样的罪，指责法庭是因为他追求知识和提出问题而判他死刑，是不正义的。他说，“知道自己的智慧实际上是毫无价值的人，才是最有智慧的人”；他还说，“如果一个人能和奥尔弗斯、谬索斯、赫西阿德、荷马谈话，那他还有什么不愿意放弃的呢？如果真是这样的话，就让我一死再死吧”①。总之，苏格拉底重言行胜于重著述，他留给后人的主要哲学遗产是对智慧和真知的不懈追求，而在生活哲学上则启发了后来的斯多葛学派和犬儒主义。

苏格拉底之后，他的学生柏拉图则进行了大量的著述，而其关于社会理想状态的思想尽数体现在《理想国》一书中。该书论述了他的乌托邦国家观，以及在这样一个追求正义的理想国家中个人的地位是什么。总的来看，柏拉图的正义国家观是建立在等级制度的基础之上的，一方面，他继承了苏格拉底的思想，提倡贤人政治；另一方面，他认为这样的政治必须建立在人与人的不平等基础之上，即将所有公民分为卫国者、士兵和普通人三个等级（柏拉图还用金、银、铜铁来表示这三个等级），所谓正义就是人人都做自己

---

①［英］罗素，《西方哲学史》（上），何兆武、李约瑟译，商务印书馆2010年版，第122、125页。

的工作，而只有前者才可以掌握国家权力。[①]

但是，后来柏拉图的注意力转向了法律，从而写出了对话体著作《法律篇》。在此书中，柏拉图表达了他的法律理想，探讨了立法的宗旨和立法的内容分别应当是什么。他提出，每一个立法者所追求的都应当是最大的善，即人们之间的和平与善意。“只有他把他所制定的有关战争的法律当作和平的工具，而不是他的关于和平的立法成为战争的工具时，他才成为一个真正的立法者。”[②] 柏拉图的这一关于法律与和平的论断贯穿了《法律篇》的始终。若干世纪以后，古典自然法学派的标志性人物格老秀斯（Hugo Grotius，1583—1645）才再次提起了这个话题。

至于法律的内容，柏拉图借着评价克里特人的法律说，有效的法律应当使守法的人得到幸福，为他们提供许多利益。柏拉图所说的利益是他能想到的各种与人的幸福有关的那些东西，其中健康与身体有关，其余的就直接与人的精神世界相关联，如荣辱、痛苦、欢乐和欲望，另外还有财产和团体关系的处理等。[③] 总之，柏拉图关于法律的主张是杂陈的，直到古罗马时期，法律的内容才因公法与私法的区分而清晰了起来。

在柏拉图之后的古希腊哲学家是亚里士多德。亚里士多德是有史以来第一个有系统地著书立说的哲人，他所涉及的领域之广在很长的一段时间内都无人能够企及。首先，他反对柏拉图的乌托邦国家观，很注重以法律来约束公民的行为，他说，人若没有法律就是最坏的动物，而法律之得以存在则依靠国家。[④]

其次，亚里士多德谈到了法律，他说，立法者的任务就是通过塑造善良的习惯而使公民们为善。[⑤] 他继承了柏拉图关于善是法律的最高宗旨的见解，并进一步把它具体化为善良的习惯。这也是后世民法中善良风俗的最初来源。而在正义与善的观念上，亚里士多德与他的老师之间并没有太大的区别。他同意等级制，只是在对于正义的表达上稍作修正，将柏拉图的等级正义修改为分配正义，即每个人都应当按照比例得到他那一份。

但是，值得注意的是，亚里士多德反对苏格拉底和柏拉图关于城邦财产

---

① ［英］罗素，《西方哲学史》（上），何兆武、李约瑟译，商务印书馆 2010 年版，第 147－148 页，153 页。

② ［古希腊］柏拉图，《法律篇》，何勤华译，上海人民出版社 2001 年版，第 6－7 页。

③ 同②，第 10－11 页。

④ 同②，第 241、247 页。

⑤ ［英］罗素，《西方哲学史》（上），何兆武、李约瑟译，商务印书馆 2010 年版，第 225 页。

制的设想，他甚至主张有限度的私有财产权。他说："苏格拉底的错误就在于他由以出发的前提是虚假的。无论是就家庭还是就城邦来说，应当存在着一致性，但只是就某些方面而言。有一点，如果一个城邦达到了这种一致性，那么它就不再是一个城邦，或者虽然它实际上还存在着，但将会成为一个劣等城邦，就像同音的和谐，或已经变成了单一节步的音律。城邦，就像我们说的那样，乃是一种多面体，人们应当通过教育使其统一起来并转变成为一个共同体；奇怪的是制定这种教育制度的作者，他原来以为这种制度可以使城邦完成德性，但现在却想凭着这类规定，而不是靠哲学或习俗或法律来改良市民，就像在斯巴达和克里特所盛行的共餐制那样，立法者借此将财产变为公共所有。……如果不将政体的构成要素共餐制分配到各联合体，以及各部落和宗族，立法者根本就不可能建造一个城邦。……"①

总之，古希腊哲学是人类文明的第一个高峰，它的几位代表人物分别对国家与法律进行了探讨，特别是柏拉图和亚里士多德的著述，给后世哲学留下了宝贵的遗产。在对法律的宗旨及其内容进行探讨的时候，这几位哲学家都显露了其观点中的独特之处，如关于正义的理解（等级制、比例制）即是。至于有关财产权的问题，亚里士多德的见解则苏格拉底和柏拉图更加务实。

第二节　西塞罗：关于国家与法的古罗马哲学

"国家乃人民之事业，但人民不是人们某种随意聚合的集合体，而是许多人基于法的一致和利益的共同而结合起来的集合体。"

——［古罗马］西塞罗

在古罗马时期，民法作为制定法达到了它的第一个高峰。而在那之前，古罗马文化的构建者西塞罗奠定了罗马法哲学的基础。罗马哲学是希腊哲学的延伸，但是，罗马人更喜欢说是将希腊哲学罗马化。在希腊哲学罗马化的过程中，产生了一些更新、更为明确的观点。西塞罗是将希腊哲学罗马化的代表性哲学人物。他继承了希腊哲学的传统，甚至在个人造诣上也有着早期

---

① ［古希腊］亚里士多德，《政治学》，颜一、秦典华译，中国人民大学出版社2003年版，第38－39页。

希腊智者的多才多艺的特质。但是，毫无疑问，他对于世界最大的贡献在于仿效柏拉图论述了国家与法律诸理论。

首先，在《论共和国》中，西塞罗认为，国家就是人民的共同体："国家乃人民之事业，但人民不是人们某种随意聚合的集合体，而是许多人基于法的一致和利益的共同而结合起来的集合体。""任何一个如我所描述的作为人们的这种联合的人民，任何一个作为人民的组织形式的公民社会，任何一个如我所说作为人民的事业的国家，为了能长久存在，都应由某种机构管理。……由此，当全部事务的最高权力为一人掌握时，我们称此人为独裁国王，我们称这样的国家体制为王政。当全部事务的最高权力为一些选举出来的人掌握时，我们称这样的城邦由贵族掌管。人民的城邦即其一切权力归人民。三种体制中的每一种，只要它仍保持这最初由于共同参与国家建立而使人们结合起来的那种联系，那么它便不是真正完善了的，并且在我看来当然也不是最好的，不过它们能够存在，尽管其中一种可能优于另一种。……""在王政下，其他人都被排除在公共立法和协议之外；在贵族统治下，民众未必能享受自由，当他们被剥夺了参与任何公共协议和权力的可能时，当一切都按照人民的意愿进行时，不管它如何公正和温和，但公平本身仍然是不公平的，既然不存在任何地位等级。因此，即使波斯人居鲁士是一个非常公正、明智的皇帝，但我认为这样的人民事业（如上所述，即国家）仍不值得特别追求，因为它仅由一个人的意志和权力管理。即使我们的门客马赛人由一些选举出来的杰出公民非常公正地治理，但人民的这种地位在某种程度上仍然类似奴隶状态。尽管雅典人在某个时候摆脱了阿瑞奥帕戈斯，一切事情均由人民讨论和决定，但由于他们没有一定的地位等级，因此他们的城邦没有能保持住自己的荣耀。"①

上述可知，西塞罗的国家观建立在公众协议的基础上，这为以后的社会契约论打下了基础。同时，西塞罗对国家政体（贵族政体、寡头政体、共和政体）的看法也符合当时的情况，并且，正如他所说，哪一种政体都是不完善的，不能做到完全的公平和公正。他甚至说，这三种政体的某种混合物——即第四政体才是完美的。

在论述了国家之后，西塞罗论述了法律。他说："希腊人赋予法律以公平概念，我们赋予法律以选择概念，实际上二者兼而有之，如果这些看法是

---

① ［古罗马］西塞罗，《论共和国·论法律》，王焕生译，中国政法大学出版社1997年版，第39－41页。

正确的——我个人认为，这些看法一般说来是正确的——法（jus）的始端应当源于法律（lex，源自动词 lego，即“选择”的意思——笔者注），因为法律乃自然之力量，是明理之士的智慧和理性，是合法和不合法的尺度。但是因为我们的语言离不开民众的观念，因此必然有时按照民众的观念说话，从而像民众称呼的那样，称那些成文的、对他们希望的东西进行限定——或允许或禁止——的条规为法律。”但他又反对将成文法绝对化，他认为：“我们应该维护……最好的那种国家体制和适合于那种国家体制的全部法律，建立良好的风俗，并且这一切不可能靠成文法来确立，因此我将从自然中寻找法的根源，并在自然的领导下展开我们的整个讨论。”他推崇自然正义，他说：“把所有基于人民的决议和法律的东西都视为是正义的这种想法是最愚蠢的。甚至也包括僭主的法律？如果三十人执政委员会曾经希望把自己的法律实行于雅典人，或者所有雅典人曾经表示赞成三十人执政委员会的法律，难道那些法律从而便可以被认为是正义的？……要知道，只存在一种法，一种使人类社会联合起来，并由一种法律规定的法，那法律是允行禁止的正确理性。谁不知道那法律，谁就不是一个公正的人，无论那法律是已经在某个时候成文或从未成文。如果正义在于服从成文法律和人民的决议，如果正像那些哲学家们断言的那样，一切都应以是否有利来衡量，那么这些法律便会遭到任何一个人的蔑视和破坏，如果他认为这样对他自己有利，只要他可能这样做。”他提出了市民社会的重要意义，他说：“我认为，所有意大利城市居民都有两个故乡，一个是出生故乡，一是市民故乡。……但是，从热爱程度来说，我们必须把整个市民社会称之为国家的那个故乡放在首位。”①

综上所述，西塞罗在提出了市民（人民）国家之后又提出了市民（人民）法律这一命题，他认为人民法律不应是单纯的某一类人民利益的体现，而应当符合自然正义，这就为以后的自然法学、社会契约论和法国大革命再次提供了营养。同时，他对于理性法和实在法的区分更为以后孟德斯鸠的法意说提供了支持。由于西塞罗一生所从事的事业太多，《论法律》并没有写完，这在一定程度上妨碍了他的学说和理论的完整性、连贯性。但是，无论如何，作为古罗马的第一位哲学家、法学家，他对罗马的贡献是非凡的。他奠定了罗马市民法的哲学基础，确定了公法与私法的分界线及其不同的内容，并直接影响了《查士丁尼国法大全》的体例。同时他对市民社会市民法

① 西塞罗，《论共和国·论法律》，王焕生译，中国政法大学出版社 1997 年版，第 189 - 190、200 - 201、214 - 215 页。

的推崇为民法在近现代的发展提供了社会形态的样板，使民事立法成为近代西方国家社会治理的必由之路。

第三节　文艺复兴：自然法与社会契约论

“人是生而自由的，但却无往不在枷锁之中。”

“……人类由于社会契约而丧失的，乃是他的天然的自由以及对于他所企图的和所能得到的一切东西的那种无限权利；而他所获得的，乃是社会的自由以及对于他所享有的一切东西的所有权。”

——［法］卢梭

公平正义是自古希腊以来的民法文明中至为重要的基本哲学观念，这一点，从以上论述可以窥见一斑。但是，历史也一再地证明，仅有公平正义的愿望是不够的，必须在法律中具体地体现它，才可以使公平正义得到真正的实现。

那么，怎样才能在法律中很好地体现公平和正义呢？哲学提倡分配正义，而古罗马则推崇自然正义，但是，这两个国家在平等方面一律做得很差，即将人民分为自由人和奴隶（以及被解放的自由人），二者是完全不平等的。今天人们很难想象，在不平等的基础上会实现真正的分配正义。

在西罗马帝国灭亡后，西欧进入了中世纪。从那时起直到东罗马帝国灭亡，整个西方文明进入了衰退期，没有产生出什么值得称道的成果。十二世纪时，罗马法在意大利重新被发现以后，注释法学派和后注释法学派对罗马法重新进行了研究。但是，他们所做的大多数工作是整理和解释罗马法文本，在哲学上的造诣并不大。只是到了文艺复兴时期，在荷兰、法国、英国、德国才陆续产生了继古希腊和罗马以后又一个重要的法哲学流派——古典自然法学。

如上文所述，古希腊哲学（包括延续到古罗马时期的哲学）受古希腊自然观的影响，提倡自然正义。但古希腊的自然正义观与古典自然法学派的自然法主张有很大的区别，即它所指的是人神共用的那一种法，所谓众神面前万物平等。到了古罗马时期，所有希腊哲学都被罗马化了，而《查士丁尼国法大全》也采纳了古希腊的自然法概念，并将其作为与万民法（人类普遍法）、市民法（城邦国家国内法）并列的法（正义）的范畴。到了文艺复兴时期，人法与神法有了明确的区分，古希腊的自然法观念才逐渐消失，而代之以新的自然法观念——古典自然法学。在古典自然法学家那里，自然理性开始与人的理性相结合，并且主要强调人的理性，强调人与其他生物的不同，法也就成为人类理性的直接产物。

在所有古典自然法学家中，最早的一位是格老秀斯。他的《战争与和平法》[①] 继承了古希腊柏拉图乃至古罗马西塞罗的哲学传统，将和平作为人类社会的最高追求，并由此将人类理性与自然正义相结合，提出能够促使人类社会达致永久和平的理性才是最高理性，所有正义的法都应当为它服务。

格老秀斯出身于法律世家，生活的年代正是战乱频仍的欧洲中世纪末期。他的人生堪称传奇，年轻时享有诗人、学者、政治家的美誉，中年时却遭遇了极大的坎坷，甚至被判处死刑投进了监狱。但是，就是在遭遇了种种不幸以后，他写出了在以后深深影响了世界、并且奠定了现代国际法基础的《战争与和平法》。

在这部书的开篇，格老秀斯就把战争的起源归结为源自于罗马法的民法的缺失："那些不是依靠解决其间冲突的共同民法（civil law）的约束而生活在一起的人中间，如还没有形成国家共同体的，或者形成了许多相互间没有联系的区域性共同体的古代的族长们，总会发生一些争端，不管他们是在个人、在国王，还是在被赋予主权权力的多个人的统治之下，后者如贵族制政体下的统治精英及在共和制政府中的全体人民。在这些人之间发生的任何争端，不管性质如何，都会影响战争与和平的情势。"[②] 这段话充分表明，格老秀斯对古希腊、罗马的哲学和古罗马的法律十分推崇，甚至将民法作为人类和平的根基。也由于此，他提出了和平时期的法是民法，而战争时期的法就是万国法（law of nations，国际法）。

格老秀斯梳理了人类陷入战争的根源。他指出，自然法就是正义。而对于什么是正义，他这样说道："正义（right）只不过是指本身是正当的东西。或许正义在否定的意义上使用比在肯定的意义上使用所表达的涵义更明确。所以正义一定不是指不正当。任何事物只要是不正当的，就会与在理性动物间建立起来的社会的性质相冲突。比如，某人仅仅为了一己之私利而剥夺属

---

① ［荷兰］格老秀斯，《战争与和平法》，何勤华等译自英译本（A. C. Campbell，*The Rights of War and Peace*），上海人民出版社 2005 年版。

② 格老秀斯，《战争与和平法》，何勤华等译自英译本（A. C. Campbell，*The Rights of War and Peace*），上海人民出版社 2005 年版，第 27 页。

于他人所有的东西，就会与自然法相违背。”[①]

格老秀斯所说的“正义”（right）一词在这里应当得到小心的理解和分析，它一方面是指建立在人类理性基础上的自然法，这一点与柏拉图、西塞罗是一脉相承的；另一方面则具有更加具体的意义，即指权利，如所有权。他还特别指出，财产就是人类意志的产物，“一人若违背他人意志而强占其财产，即为自然法所禁止。因此，法学家保罗（Paulus）说，盗窃显然是为自然法所禁止的。乌尔比安（Ulpian，170—228）把盗窃谴责为彻头彻尾的卑劣行为”。他引用了《海伦娜》一诗来说明战争的非正义性：“因为上帝非常憎恨暴力，它不会让我们通过掠夺致富，只会让我们通过合法收益致富。”[②] 通过这样的一个正义观，格老秀斯表明了他对战争与和平的认识，即，无论是在战争时期还是和平时期，人类理性都应当是追求正义的，非正义的战争可以用正义战争来终结。

格老秀斯对法学的贡献是巨大的，他的思想是在他之前的所有与法和正义有关的思想的集大成，其观点在后来的普芬道夫（Samuel Pufendorf，1632—1694）那里得到了继承和发扬。

普芬道夫在《论人与公民在自然法上的责任》中指出，“绝大多数人会欣然同意自然法的这一要求，即人们彼此之间应该和平生活；这就要求他们自愿地去履行自己所承担的责任。事实上，和平是一种只有人类才具有的状态，他们也是在这个意义上才不同于野兽的”[③]。这样的一种论点，加上他对必要战争的看法，可以说与格老秀斯如出一辙。

普芬道夫还在人类理性与意志的概念上做了进一步阐述。他十分强调公民对国家的责任（duty）或义务（obligation），并且对于人们是否能够用理性压抑心灵的冲动持有十分积极的看法。他说，“一个人凭其理智完全能够非常准确地明白什么应当做、什么不应当做，以至于他知道怎样赋予他的观点以确定无疑和无可辩驳的理由，我们称这样一个人具有正确的良知”。他还认为，一个人只要不是故意的，总能够获取正确的知识，从而指导正确的行为。他说，“对于设定在我们身上的法律和责任，无知和误解都不能使我们免除责任。因为，立法者和为我们设定责任的人应该确保法律和义务被国

---

① 格老秀斯，《战争与和平法》，何勤华等译自英译本（A. C. Campbell，*The Rights of War and Peace*），上海人民出版社2005年版，第29页。

② 同上，第33页。

③ ［德］萨缪尔·普芬道夫，《论人与公民在自然法上的责任》，北京大学出版社2010年版，第200页。

民注意到。这通常是做到了的，而且，法律和责任规则应该是便于人民理解的，这通常也是做到了的，每个人都应当努力地知道并记住它们。所以，导致无知发生的那个人将有义务对由无知所致的行为负责”[①]。

普芬道夫的这一论断夸大了理性和意志的作用，对于人与人之间的差别视而不见，这与格老秀斯依然承认奴隶制的合理性是同样地守旧。但是，普芬道夫的这些论断实际上为后来的理性法、唯意志论法学推开了大门，并且其关于公民责任以及公民与国家之间的关系的思想实际上还受到了与格老秀斯同时代的霍布斯（Thomas Hobbes，1588—1679）的影响。

社会契约论的早期创造者霍布斯认为，在前文明的自然状态下的人类社会中，人类的生存并不是建立在公平、正义的基础之上的，而是建立在弱肉强食的动物本能基础之上。在那样的生存状态下，人与野兽无异，动辄为生存而动用武力，没有和平可言。在这种野蛮的自然状态下，所谓公平、正义是一切人拥有一切的非理性要求，由于其不可实现而不断使人类陷入武力冲突之中。但是，自从人类社会进入了文明时期，即有史书记载的阶段，人类生活便发生了本质上的变化。这一时期形成的一个重要前提是农业和剩余物资的出现，而分配的平等则是人类的第一需要。为此，需要一些公平的律法对物质的分配进行规制，保持和平。这一时期的律法霍布斯称之为“自然法”，其目的在于对自然状态加以约束和限制、防止武力冲突，以保证公平和正义的实现。

霍布斯提出了关于自然法的一些基本律条，包括：①社会应建立在契约（理性）基础之上；②人人应当遵守契约；③人不得忘恩负义；④人人都应当审慎行事；⑤人应当富有同情心；⑥惩罚应是可预见的；⑦不得侮辱他人；⑧不得狂妄自大；⑨人应当谦逊；⑩维护公平，反对歧视；⑪所有的财富都为共有；⑫分配应当通过抽签进行；⑬维护长子继承权和先占；⑭和平仲裁人享有豁免权；⑮应指定仲裁人；⑯人们不得充当与自身有关的事务的仲裁人；⑰仲裁人不得向接受仲裁的任何一方收取报酬；⑱应有证人；⑲不得与仲裁人达成协议；⑳反对酗酒及其他一切有碍于我们的理性的事物。[②]

---

① ［德］萨缪尔·普芬道夫，《论人与公民在自然法上的责任》，北京大学出版社2010年版，第20－28页。

② 霍布斯，《论公民》（英文影印本），中国政法大学2003年版，第32－43页。引号内的文字均为笔者的译文。该书的原版 De Cive 初版于1647年。

上述二十条自然法则并不是严格意义上的法律，而是建立在自然理性基础上的道德律。但是，霍布斯的源于自然理性的社会契约论的基本思想就是在这二十条中体现出来的，特别是第一条和第二条。在霍布斯看来，国家和政府必须建立在社会契约即人类理性选择的基础之上，必须有一些人选择放弃权力而将其授予他人（政府、国家）行使，而国家或政府则必须给授权者以回报，保证公平、正义地行使权力。所有人类社会的法必须与此反映人类理性要求的道德律相符合，才不愧为文明社会的基本法。而遵守这些自然法则，不仅是每一个文明社会的人类的理性选择的必然，也是每一个公民的义务，违背这样的义务应当受到惩罚。

霍布斯提出这个自然法的社会契约理论其实并不突然，因为它实际上是建立在对古罗马思想家塔西陀（Tacitus，55—120）的国家思想的理解基础之上的。[①] 塔西陀在他的著作中不断流露出这样一种看法，即，罗马共和政体是一个好的政体，因为人民可以自由表达自己的意愿；反之，罗马帝国政体则是不好的政体，因为它的专制剥夺了每一个公民的良好意愿的实现，也妨碍了国家的永续。[②]

除塔西陀之外，霍布斯对文明社会的成因及其律法的思考与早期人类文明的自然法思想家如亚里士多德、托马斯·阿奎那（Thomas Aquinas，约1225年—1274年）一脉相承。更可贵的是，他的思想还成为文艺复兴时期众多思想家及其后的众多思想理论的奠基石，特别是卢梭的社会契约论。

社会契约论首先是由霍布斯提出来的，但霍布斯较为注重的是权力的最初让渡，即从“一切人拥有一切”变为通过契约使权力从大多数人那里让渡给少数人，从而形成国家和政府，进入一个有序的（法的）文明状态。卢梭则在承认霍布斯的基本论断的基础之上提出了新的社会契约论理想，即对于公权力滥用的限制。

卢梭是法国人文主义运动中最伟大的哲人之一。他对于国家需建立在不同程度的民意及公平正义的法的基础上这一理念与普芬道夫、霍布斯是一致的。他的特殊贡献在于提出了“公益”（公意）的概念，指出了个人意志与公意和公共利益的区别，指出个人意志必须服从公益，才能够保证社会契约不会破裂。更确切地说，“我们每个人都以其自身及其全部的力量共同置于

---

① 霍布斯，《论公民》（英文影印本），中国政法大学2003年版，《序言》，第ix页。

② 塔西陀，《编年史》（上册），王以铸、崔妙因译，商务印书馆1997年版，第一卷，第1－67页。

公意的最高指导之下，并且我们在共同体中接纳每一个成员作为全体之不可分割的一部分”①。

卢梭的这一理论弥补了霍布斯关于社会契约理论的不足，即不仅注重于社会契约对政府权力的限制，同时也使公民相互之间负有一定的义务，并共同对公益的决定负责。换言之，卢梭的这一创见确立了近代“主权在民”的理论基础。他还进而指出，“……人类由于社会契约而丧失的，乃是他的天然的自由以及对于他所企图的和所能得到的一切东西的那种无限权利；而他所获得的，乃是社会的自由以及对于他所享有的一切东西的所有权”②。由此，卢梭实际上奠定了西方近代文明社会中的自由和权利的概念，即自由和权利应当是有限制的，而不是无限制的。这一论断为日后法国民法的发展提供了重要的哲学基础。

卢梭的社会契约论体现了理性的光辉，因为他不仅考虑到了政府和国家的成因，还考虑到了它的永续及人民在这个国家中的权利和自由的维持。这种现实的思考体现了服务于当时资产阶级统治者的需要的特点，也澄清了社会契约论中的一些模糊之处。正是从卢梭开始，西方世界才广泛地采用社会契约论来解释人民与政府、国家之间的关系，并开始建立起一系列近代法学（民法学）观念。

在卢梭之后，国家与人民之间的关系已经无需再次去论证了，也因为如此，法学才正式在近代哲学中占据了一席之地，其最后的具有代表性的人物也随之出现了，他们就是孟德斯鸠（Montesquieu，1689—1755）、康德（Immanuel Kant，1724—1804）和黑格尔（Georg Wilhelm Friedrich Hegel，1770—1831）。

第四节　民法在近代兴盛的哲学基础：从自然法学到实证法学

“从最大限度的广义上说，法是源于客观事物性质的必然关系。从这个意义上推断，所有的存在物都有属于自己的法：上帝有他的法，物质世界也有它的法，高于人类的‘圣人先知们’有着他们的法，畜类也有自己的法，

① ［法］卢梭，《社会契约论》，何兆武译，商务印书馆1994年版，第24－25页。
② 同上，第30页。

人类拥有他们的法。”

——［法］孟德斯鸠[①]

在卢梭的社会契约论之后，自然法这一哲学思想广为传播，众多近代哲学家开始在此基础上着力解决法律与道德、法律与国家的关系，并对法学自身体系的建设提出了种种见解。然而，历史的发展总是让人惊奇，因为，自然法学演进的最终结果是引出了实证法学。下面，就让我们对这些历史上的重要法学学说进行评述，首先是孟德斯鸠，然后是康德、黑格尔。

孟德斯鸠再次确认了人类社会的法只能是自然法，并在承认社会契约论的基础上进一步提出了三权分立学说，从而为资本主义政治制度的建立提供了直接的哲学依据。孟德斯鸠一边强调民意应直接为政府和国家所重视，另一方面对民法进行了专门的论述。他说，“在民法慈母般的眼光中，每一个个人就是一个国家”。这样的一句话当称为有哲学史以来对民法的最大褒奖。通过这样一个论断，孟德斯鸠表达了这样一种理念，即民法是人民在交出了自己的权力之后理应从政府和国家那里得到的保护。如果国家不能通过民法很好地保护每一个人的权利，就可以被视为是违背了当初的社会契约，应当受到谴责。因此，这一论断实际上为社会契约论提出了充满感情的新的注解。

但是，孟德斯鸠也提出了一些似是而非的“学说”，比如关于法律与地理的关系、法律与民族性格的关系。对他的这些学说过分认真的话，就会导致对某些地区和民族的人民的歧视。也正是由于这一点，他的自然法学说在向世界传播的过程中缺乏了一些广泛的说服力。

1797 年，康德出版了他的主要著作《法的形而上学原理——权利的科学》。虽然本书是关于权利（Recht）的科学，但康德首先进行了对义务的定义，并区分了法律义务与道德义务。他指出，“一切义务，或者是权利的义务，即法律上的义务；或者是善德的义务，即伦理上的义务”。然后，他在解释这样做的原因时体现了他的学说与霍布斯和卢梭的自然法学说及社会契约论之间的联系：“我们唯有通过道德义务才认识我们的自由——由于我们是自由的，才产生一切道德法则和因此而来的一切权利和义务；……”[②] 也

---

① ［法］孟德斯鸠，《论法的精神》，（上册），张雁深译，商务印书馆 1995 年版，第 9 页。

② ［德］康德，《法的形而上学原理——权利的科学》，沈叔平译，商务印书馆 2005 年版，第 10－11 页。

就是说，康德完全同意霍布斯特别是卢梭关于没有绝对自由的观点，并进而将有限制的自由分为法律上的义务和道德上的义务，任何人，想要享有权利的同时必须履行自己的义务。只有这样，才能够建立国家和国际社会的永久和平。

康德对法学的一个重要贡献是对私法和公法的内容进行了较为深入的阐释。在私法的部分，康德对所有权、契约、婚姻家庭都做了论述。他根据自然法的理念首先明确了所有权对于建立和平的必要性，并仔细分析了所有权的构成，指出了“我的和你的”是最基本的私法范畴，是所有权的主体表达，而所有权的客体则是土地及其他外在物。[①] 尔后，康德对契约进行了论述，指出契约无非是主体之间的合意——相互占有对方的自由意志。他还提出了法律行为的概念，并称每一个契约都由四个法律行为构成，其中包括后世所谓要约和承诺的最初形态，并把契约的协议过程也作为法律行为来看待。[②] 在婚姻家庭关系中，康德论述了一夫一妻和婚姻平等、婚姻契约与父母子女关系。[③]

应当说，康德的道德哲学学说基本上奠定了近代民法的框架，近代民法学的兴盛在很大程度上归功于他。

在康德之后，黑格尔又对法学进行了研究，并在1821年出版了《法哲学原理》。黑格尔在本书中基本上继承了康德的法哲学观念，并加以发扬。他一方面阐释了所有权和契约理论，另一方面阐述了不法行为学说，使私法体系更加完整。黑格尔对法哲学的独特贡献还在于他提出了“实定法”的概念，从而为自然法学向实证法学的转变提供了支点。他说，“法是实定的，即法具有实际规定性”。在这里，他吸收了孟德斯鸠的法律地理说与法律民族说，指出，“从形式上说，不同的国家有不同的法，有不同的形式；从内容上说，民族性、法律体系在适用上的必然性和实际裁判所需的各种最后规定性决定了法律的实定性。”[④] 这样，黑格尔一方面奠定了实定法的基础，同时也为实定法提出了一些限制性条件。换言之，自然法依然是世界共同的法，但当自然法向实在法转化时，各国各地区各民族的法律就会不一样了。

不仅如此，黑格尔还提出了时间与法学的关系，指出不同时代的实在法

---

① ［德］康德，《法的形而上学原理——权利的科学》，沈叔平译，商务印书馆2005年版，第73－85页。

② 同①，第87－92页。

③ 同①，第94－101页。

④ ［德］黑格尔，《法哲学原理》，范扬、张企泰译，商务印书馆2010年版，第2页。

有不同的特点，从时间的角度考察法律问题是纯历史的问题，这也是历史法学派得以产生的契机。但是，在黑格尔看来，即使纯粹历史地考察实在法，也会有哲学判断，即合理的法与不合理的法。他还特别论述了罗马法，指出某些罗马法的部分可能在当时是合理的，但在今天却是不合理的。他还借此推出了自己的绝对法的观念，并把不同时代的实在法说成是法的一般范畴。①

对黑格尔的法哲学思想进行一个总体评价是一件艰难的事情。但是，从他对诸多法学学说的批判来看，他反对将任何不属于法本身的东西加进对法律的判断之中，比如利益。他在书中还特别批判了那种为威尼斯商人辩护的法律。② 并且，在此批判之后就迅速提出了关于法是一种意志或精神的论断。毫无疑问，唯意志论可以称之为黑格尔法哲学的显著特征。他的这一学说后来在契约法上得以应用，并成为契约自由的直接哲学基础，即意志自由产生契约自由。

应该说，意志自由学说③仍然是经过提炼的自然法学说。在对自己的学说进行论证的同时，黑格尔对其他的哲学方法进行了逐一的批判，诸如历史分析、利益分析，指出类似的这些以往的经验科学都是从表象出发的，没有抓住精神活动的实质。精神是自由的，“意志是自由的，法的实体和规定性就成了自由”。“精神是一种理智，理智通过感情、表象最终到达思维。意志就是在这一过程中产生的。它最靠近于理智的真理。”④ 换言之，黑格尔对法的探究最终归入了对真理的探究。因此，法是否反映了真理就是他用以判断实在法的唯一标准。

黑格尔对法的论述引发了后来不同的法学流派，诸如历史法学派、概念法学派、利益法学派等，但他最终还是反对在法的概念中加进过多的判断标准，因为这样反而使法律的概念不容易看清楚。惟其如此，黑格尔的法学论断才会为当时的法学家所推崇。

在黑格尔之后，近代法学彻底脱离了哲学的范畴，以实在法的样态进入

---

① ［德］黑格尔，《法哲学原理》，范扬、张企泰译，商务印书馆2010年版，第3页。

② 同①，第5页。

③ 应当说明的是，黑格尔所说的意志自由与叔本华（Arthur Schopenhauer，1788—1860）所说的意志自由是两回事。作为唯意志论哲学的开创者，叔本华以“意志”取代了康德哲学中的“物自体”，主张世界不过是意志的表象。他指出，意志自由在生命现象中的唯一表现就是对生命意志的否定，即意志实际上要求人追求清心寡欲的生活。为此，他十分赞赏印度佛教，认为梵是一种真正的自由。请参见［德］叔本华，《作为意志与表象的世界》，商务印书馆1982年版，第546页。

④ 同①，第6页。

了十九世纪。而德国法学则在这一个世纪中创造了独树一帜的法学学说，并在世纪末的时候推出了德国化的、源自于罗马法并植入了众多新概念的民法典。

第五节 德国民法：从历史法学到《德国民法典》

“……在德国法学家中占统治地位的各种观点和方法……可以归于两大主要阵营，法学家自身也可以分为两大学派，……这些学派中有一个被精到地称为历史学派，……（另外一些）称为非历史学派。”

——［德］萨维尼[①]

在《法国民法典》颁布后，整个欧洲大陆都为之震动，许多国家先后加入了法典编纂的行列，因而，民法典的编纂实际上成为西欧文艺复兴后的又一次文化飞跃，也是工业革命和资产阶级革命的最终结晶。但是，德国在这一时期的发展却有所不同。如上文所说，德国是一个后起的统一国家。德意志帝国成立于1871年，1873年就成立了民法编纂委员会，开始编纂民法典。但即便如此，德国也成为欧洲最后制定统一民法典的国家之一。这在某种程度上也是《德国民法典》没有像《法国民法典》那样广泛传播，倒是后起的亚洲国家如日本、中国才有机会借鉴它的原因。

关于《德国民法典》的起草，雅科布斯说这是一部实证主义的法典。但是，他随后又说，关于实证法学应分为两个阶段，“即学说汇纂法学的初始阶段和法律实证主义的终结阶段。”[②] 换言之，在十九世纪的德国，法学理论是由学说汇纂法学派（潘德克顿法学派）和实证法学派所共同统治的。

学说汇纂学派的名称与纲领来源于萨维尼（Friedrich Carl von Savigny，1779—1861），而萨维尼却曾明确指出，德国法学只能分为两派，即历史法学派和非历史法学派。根据萨维尼发表其学说和法典编纂的时间先后来看，学说汇纂学派实际上是萨维尼历史法学派的延续。

---

① ［德］弗里德里希·卡尔·冯·萨维尼，《历史法学派的基本思想》，郑永流译，法律出版社2009年版，第17－18页。

② ［德］霍尔斯特·海因里希·雅科布斯，《十九世纪德国民法科学与立法》，法律出版社，2003年版，第3－4页。

从历史法学到学说汇纂，再由学说汇纂到实证法学，德国十九世纪的民法哲学给人的印象是错综复杂。但仔细推敲这几种流派，又可以发现其演变的规律，即历史法学派是自然法学派的一个意外的分支。萨维尼说，“历史法学派设想，法的素材是由民族的整个过去给予的”①。对此，黑格尔的看法十分明确，“通过历史考察与论证而理解事物与关于事物本身概念的那种哲学观点属于不同领域”②。也就是说，当萨维尼希求通过历史考察来发现德国民法的原始精神的时候，他其实已经偏离了黑格尔所说的关于探究真理的正确道路。换言之，萨维尼和黑格尔都是从自然法学开始的，但萨维尼走向了历史法学，而黑格尔走向了实证法学。不过，正如黑格尔所说，历史法学实际上不是纯粹的法学方法，因此，萨维尼的历史法学思想在后期彻底转向了学说汇纂学派，并实际上以实证法学为核心。

与其说萨维尼和德国法学的最终转向是黑格尔法哲学的胜利，不如说是法学家的理性使然。在其历史法学观最强烈的时期，萨维尼曾经强烈地反对自然法学。他甚至用讽刺的口吻说，那些非历史法学派“一会儿被宣称为哲学和自然法，一会儿被叫做健全的人的理智”③。这样的言论表示出他实际上希望法学能够拥有自己独立的精神，而不是与哲学进同一扇门。

在黑格尔那里，情况也大体相同。萨维尼与黑格尔是同时代的人，萨维尼的历史法学思想最早发表于1814年，黑格尔的《法哲学原理》则出版于1821年。也就是说，在黑格尔发表自己的著作的时候，萨维尼已经通过历史法学与哲学或自然法学决裂了，而这种决裂遭到了黑格尔的否定。但是，黑格尔并没有否定法学，他反而以更加明确的态度将法学作为一门独立的有关真理和意志自由的学说确立了下来，并批评了历史法学派反对制定新的民法典的言论。④ 最终，《德国民法典》如期颁行，而法学与哲学也在黑格尔之后彻底分离了。

对于萨维尼和历史法学的是是非非，德国学者的著述中多有提及。但是，正如德国哲学家叔本华（Arthur Schopenhauer，1788—1860）对黑格尔

---

① ［德］弗里德里希·卡尔·冯·萨维尼，《历史法学派的基本思想》，郑永流译，法律出版社2009年版，第20页。

② 《法哲学原理》，范扬、张企泰译，商务印书馆2010年版，第4页。

③ 同①，第17页。

④ 同②，第220页。

是否是康德的唯一正统继承人的非议一样，[①] 学说的论争是没有唯一正确的答案的。现实的情况是，萨维尼做出了他的历史贡献，黑格尔也斩断了法学与哲学的最后联系，然后，历史又接着向前了。

在萨维尼之后，德国法学籍着《德国民法典》的起草进入了另一个时期，而相应的法学研究也进入了实证法学阶段。其实，萨维尼的历史法学中本来就包含着实证法学的内核，即制定法或法的文本，只不过在萨维尼看来，罗马法是有史以来的实证法中最为完美的，后人无法企及。但在其他的实证法学家那里，法学是可以科学地制造出来的，比如《德国民法典》就是这样一部“科学法”的典范。

《德国民法典》颁布实施之后，德国民法哲学实际上转向了另一个方向，即从实证法学向着超越实证法学的路径前进。其代表人物就是萨维尼的学生耶林（Rudolf von Jhering，1818—1892）。以下，笔者将就萨维尼之后最伟大的德国法学家耶林的法学思想进行论述。

耶林一生最著名的演讲是《为权利而斗争》，后扩充为专著《法学的概念天国》。有人说耶林是现实主义法学、社会法学派和功利主义法学的开拓者，但事实上耶林最大的兴趣是对占有的研究，并且致力于将法学作为一门科学看待，著有《法学是一门科学吗?》。[②] 因此，耶林不是历史法学者，也不是其他学派的法学者，而是实证法学者。但是，耶林似乎很怕自己被贴上这一种或那一种的标签，特别是实证法学这个标签。因为他的实证法学不是黑格尔所希望或召唤的那一种，而是叔本华的那一种，他说：“如果你曾经研究并理解了康德和叔本华，那么你肯定已经知道，一切都是幻觉和假象。真正的存在是非物质的。整个世界都是精神，你自己也是其中的一部分。……思想与现实是一回事。”[③]

在这个基础之上，耶林对德国十九世纪的民法学及其赖以为思想基础的各哲学流派进行了清理。他认为，萨维尼的主要贡献是引领德国注意到了罗马法，但假如他只是停留在那里的话，那只能是个历史（法史）学家。幸好，萨维尼的《论占有》为他在概念法学的天国里赢得了一席之地。在耶林

---

① 叔本华一生反对黑格尔，反对费希特（约翰·戈特利布·费希特，Johann Gottlieb Fichte，1762—1814）与谢林（弗里德里希·威廉·约瑟夫·冯·谢林，Friedrich Wilhelm Joseph von Schelling，1775—1854），其哲学学说直至去世前才得到认同。请参见叔本华前揭30，第584页。

② ［德］鲁道夫·冯·耶林，《法学是一门科学吗?》，李君韬译，法律出版社2010年版。

③ ［德］鲁道夫·冯·耶林，《法学的概念天国》，柯伟才、于庆生译，中国法制出版社2009年版，第1-2页。

看来，所有的概念法学者只能来自罗马法学者，特别是其中的潘德克顿法学者。①

为什么概念法学必然来自于罗马法或研究罗马法的潘德克顿法学？因为，潘德克顿法学所研究的是构成法学最基本结构的那些罗马私法概念，包括所有权、债、地上权、契约、不法行为等等，这些概念过去只存在于罗马法中，而现在则只存在于民法学中。这些概念是构成法学概念天堂的基本要素，不与任何其他学科共享，如史学、哲学、文学（诗学）。因此，所谓实证法学，最终必然是概念法学，这也是英国著名现代法哲学家、实证法学的现代分支分析法学的代表人物哈特（H. L. A. Hart，1907—1992）在其《耶林的概念天国与现代分析法学》中所肯定的。

耶林特别提出了一个新的概念“建构”（Konstruiren），他批评萨维尼的根本缺陷就在于不懂得建构。他借用建筑学、生理学等自然科学指出，法学的概念就是建构法学大厦的材料，不了解这些材料就不能够建造法学的概念天堂。所以，人们首先应该研究罗马法，然后从中抽取上述的那些概念材料，再来建造自己的新的实在法，而不应仅仅停留在罗马法。

应当说，耶林对自康德以来的各种法哲学思想都进行了研究，并特别针对历史法学进行了批判性的研究，从而使德国民法哲学能够从历史法学、潘德克顿法学转向实证法学。尽管耶林最终也没有看到《德国民法典》的颁布，也没有完成他的两部重要的著作，一部是《罗马法精神》，一部是《法律的目的》，但无论是大陆法系学者还是英美法系学者都深受他的影响和启迪。

今天，人们对《德国民法典》的评论浩如烟海，有褒扬有贬抑。但是，无可置疑的是，这部法典是德国民法学者和哲学家们一个世纪的法学研究的浓缩成果。至于它是否是最完美的法典，且让我们用耶林的一段话作为终结：

“……罗马法史对他们来讲还有什么吸引力呢？正是不完整性以及完全的缄默能够使得一个事物格外迷人，最模糊的篇章是最令人感兴趣的，这是因为它们可以让他们的想象力自由、不受限制地漫游，这正是他们的巨大享受。如果光明取代了黑暗，——一切都会消失！甚至包括“潘德克顿”

---

① ［德］鲁道夫·冯·耶林，《法学的概念天国》，柯伟才、于庆生译，中国法制出版社2009年版，，第10–12页。

(Pandekten) ……”[①]

总之，尽管民法是自古巴比伦、希腊文明中就已经存在的人类律法，但是，早期文明中的民法碎片远远不能与后来的罗马法乃至于法国和德国的民法相提并论。在康德、黑格尔等哲学家那里，在萨维尼和耶林等历史法学家那里，民法学已经被建构成为一个有着内在逻辑体系的完整的现代新兴学科体系。

第六节　回顾与展望：经由实证法学，超越实证法学

“当法学家进入另一个国家，或当一部新法典诞生的时候，他的知识当中就有一部分失去意义。这项实证性的要素，为法学带来了沉重的负担。”

——［德］耶林[②]

综上所述，古典自然法学第一次将理性作为判断公平正义的唯一标准，而实证法学则使民法成为公平正义的书面表达。无论是社会契约论，还是潘德克顿法学，其目的均在于探究维持人类社会和平永续地发展的那个法究竟是什么。而从康德、黑格尔，到萨维尼、耶林，他们所做的就是使法学在实证的基础上变成了一门科学，有自己独立的逻辑和概念体系。但是，在所有人之中，耶林所做的要更多一些，他不仅通过实证法学肯定了法学的独立性，还同时提出了对实证法学的批判。

正如耶林在《法学是一门科学吗?》的开头所说，“在各种科学中，或许没有任何一个学科和法学一样；因为表面上看来，人们仿佛可以否定法学的科学性质”[③]。因为，“有哪一门科学，竟需仰赖立法者之心情，使今日之有效之事物，于明日遭废弃，使于某处为假之事，于他处为真”? 而“当法学家进入另一个国家，或当一部新法典诞生的时候，他的知识当中就有一部

① ［德］鲁道夫·冯·耶林，《法学的概念天国》，柯伟才、于庆生译，中国法制出版社2009年版，第7页。

② 同上，第47页。

③ ［德］鲁道夫·冯·耶林，《法学是一门科学吗?》，李君韬译，法律出版社2010年版，第43页。

分失去意义。这项实证性的要素，为法学带来了沉重的负担"[1]。

的确，"当拿破仑将《拿破仑法典》带到莱茵河左岸的时候，这件事对至当时为止的整体知识都产生了影响"[2]。但从那以后，实证法学一方面确立了其严密的学科体系，另一方面也为自己树立了一个敌人。这个敌人不是来自外部，而是来自内部，即"人们将其自身以及其思想、感受托付给贫乏、死板的制定法，而成为法律机器中一块无意志的、无感情的零件。质言之，即逃避提出自己的思考"[3]。

从哈特（H. L. A. Hart，1907—1992）与富勒（Lon L. Fuller，1902—1978）在二十世纪中期那场著名的关于法律与道德的论战[4]可以确定，耶林所担心的并非虚妄，法学在某种程度上确实需要克服自己的局限性。而在此之前，法社会学（或社会学法学，sociological jurisprudence）的兴起也为法学带来了新的思考方向。这场运动的战场是在美国。由于霍姆斯、布兰代斯（Louis Dembitz Brandeis，1856—1941）和庞德（Roscoe Pound，1870—1964）这三位承前启后的法学家的努力，原来致力于通过逻辑推理得出案件的唯一判决的做法开始动摇，司法活动中越来越重视将社会科学的方法应用于法学，使案件的裁判与社会政策相结合，把法律作为一种社会调节器，以获取最好的社会收益，在司法过程中追求妥当的判决结果。[5] 而另一位法学家卡多佐（Benjamin Cardozo，1870—1938）则提出，逻辑和先例固然是应当遵守的，但是也要考虑到社会利益的需要。他认为，最基本的社会利益就是法律

---

① ［德］鲁道夫·冯·耶林，《法学是一门科学吗?》，李君韬译，法律出版社 2010 年版，第 44 - 46页。

② 同①，第 45 页。

③ 同①，第 46 - 47 页。

④ 1958 年，英国法学家哈特与美国法学家富勒分别在《哈佛法律评论》71 期上发表了论战文章，哈特是典型的实证法学家，其主要的观点就是，法律可以脱离其他哲学单独存在。他的论文题为《实证主义与法律和道德的分离》（H. L. A. Hart, *Positivism and the Separation of Law and Morals*, 71 Harvard Law Review 593—629）。而富勒是美国现实主义法学的先锋，他在同一期刊登了自己的辩论文章《实证主义与忠实于法律——答哈特教授》（Lon L. Fuller, *Positivism and Fidelity to Law——A Reply to Professor Hart*, 71 Harvard Law Review 630—672），后来又发表了《法律的道德性》（*Morality of Law*），指出法律不可以完全脱离道德的范畴。

⑤ ［美］约翰·莫纳什，劳伦斯·沃克，《法律中的社会科学》（第六版），何美欢等译，法律出版社 2007 年版，第 1 - 2 页。庞德的原文见，［美］罗斯科·庞德，《通过法律的社会控制·法律的任务》，沈宗灵、董世忠译，商务印书馆 1984 年版。

一致性以及公平正义的需要。[①]

法社会学运动的最后结晶是法律现实主义（Realistic jurisprudence），它的代表性人物是充满行动热情的卢埃林（Karl Llewellyn，1893—1962）。卢埃林明确提出了自己的观点，即：法律是现实的、流动的、不确定的，司法造法；法律是实现社会目标的手段，而不能把法律自身看成目标；在司法实践中注重实然（is）而不是应然（ought to be）；采用合理化（rationalization）理论来研究判决；对法律问题进行持续而系统的解析；等等。[②] 法律现实主义运动在二十世纪五十年代结束，而其主张已经被广为接受。在那时，"法律应该在更大的社会背景下考察"已经成为共识。并且，法律程序运动、法经济学等作为法律现实主义运动的成果开始成为重要的研究和实践对象。[③] 尤为值得注意的是，卢埃林是《美国统一商法典》（*Uniform Commercial Code*）的主要起草人，因此，其法学思想和主张在该法典中得到了充分的实现，如模糊性概念的引入、对交易过程和惯例的重视等等。

尽管如此，彻底否定实证法学是不可能的。2000 年，《德国民法典》施行一百周年；2004 年，《法国民法典》迎来了二百年的生日。这两部民法典的继续存在，说明民法及其赖以建立的实证法哲学基础依然没有改变。如果说耶林在上一个世纪对实证法学发出的质疑的确有其价值并已经在某种程度上得到了验证，那么，我们也同样不应当忘记民法典本身的活力。虽然民法典的内容所体现的是一套冷冰冰的行为规范，但这些规范并非来自杜撰，而是来自活生生的现实。

实证法学在二十世纪还得到了更多新的发展，其中代表性法学观点就是凯尔森（Hans Kelsen，1881—1973）继奥斯汀（John Austin，1790—1859）之后提出的纯粹法学（pure theory of law）理论。凯尔森认为，法律作为一门独立的科学始终应当限制在规范的层面上，至于正义之类的观念实际上是政

---

① [美] 约翰·莫纳什，劳伦斯·沃克，《法律中的社会科学》（第六版），何美欢等译，法律出版社 2007 年版，13 页。卡多佐的原文见，[美] 本杰明·N. 卡多佐，《法律的成长·法律科学的悖论》，董炯、彭冰译，中国法制出版社 2002 年版。

② 同①，第 16 - 18 页。卢埃林的原文见，*Realistic Jurisprudence: the Next Step*, Columbia Law Review, 1930 (30).

③ [美] 约翰，莫纳什，劳伦斯·沃克，《法律中的社会科学》（第六版），何美欢等译，法律出版社 2007 年版，第 25 页。

治概念，与法学毫无关系。[①] 他积极地建立起了一套规范法理学理论，并认为法学家和法官的任务始终只是认识法律，而不是改造法律。为此，法学家眼中的正义就只是合法性，而不是别的。[②] 这样的一种纯粹法学理论的头号敌人就是法律社会学，而凯尔森也针对性地批判了社会学介入法律的后果。他针对法律现实主义特别是卡多佐的观点提出，说法律有预测性是不准确的，法律的效力来源于“能为”（可能发生），而不是必然发生的。[③] 他还特别批判了马克斯·韦伯（Max Weber，1864—1920）的社会学法学，他认为，马克斯·韦伯所说的“行为人使行为适应一个他认为有效力的秩序”的理论是站不住脚的，不管行为人是否知道法律的存在，法律总是要适用的，这就是“法律秩序决定的行为”。[④]

纯粹法学是分析实证法学的进一步发展，其目的是强调法的规范价值。这一学派最终进入了规范语义学的范畴。

小　结

近现代民法是经由十八、十九世纪人文主义运动和资产阶级革命发展而来的，但是，并不能因此就断定民法是近代资本主义政治、经济状况的产物。相反，近代大陆法系国家的民法典是自罗马法以来的民法传统的现代延续。现代民法在自然法学和康德、黑格尔的理性哲学基础之上，经由实证法学建立了自身的完整体系，也将继续在实证法的层面上向前发展。民法在任何一个社会阶段的存在都有其哲学基础，并都作为社会制度的一部分而为社会政治和经济的发展提供制度保障。同时，它在不同的历史阶段又会对某一种特殊的政治体制、某一种特殊的经济体制产生独特的影响。为此，必须肯定民法学的独立性和必要性，肯定民法的独特价值，不应将其与政治（学）、经济（学）、历史（学）甚或社会（学）等同或混淆，也不应颠倒它们之间的因果关系。但同时，民法是一门实践科学，它的文本一旦确定，剩下的就是如何付诸实施。为此，在具体实施民法的过程中，既要尊重民法自身的规

---

① ［奥］凯尔森，《法与国家的一般理论》，沈宗灵译，中国大百科全书出版社 1996 年版，作者序，第Ⅰ－Ⅴ页。

② 同①，第 3－14 页。

③ 同①，第 188－189 页。

④ 同①，第 192－200 页。

范价值，也要有选择地借鉴其他制度中的某些价值和内容，将法律规则与社会实践相结合，“以对正义富有义务感、对制定法持批判态度的法官人格取代无感情的涵摄机器”,① 这样，民法作为一个强调社会整体正义要求和人民共同利益的制度体系，就可以不断生长。

经由实证法学，超越实证法学，这就是民法的未来。

---

① ［德］鲁道夫·冯·耶林，《法学是一门科学吗?》，李君韬译，法律出版社2010年版，第81页。

第四章　民法的渊源

"'法律渊源'一方面是指法律原则的产生原因，另一方面是指适用于全体人的法（在国家法律制度管辖范围内）本身的表现形式，法的表现形式是通过其产生原因体现出来的。"

——［德］拉伦茨[①]

"深刻的景貌容易消隐。"[②] 任何事物乃至制度的发展都不是突然而至的，而有着其深刻的渊源。为此，在考察民法的历史和哲学渊源之外，还必须深入挖掘法律制度形成的具体源泉，找出法律之所以是如此做成的原因。

根据法律的表现形式，世界各国的法制大致可以分为大陆法系和英美法系两种形态。在大陆法系国家，法律的表现形式为成文法（实在法，实定法），因此，法律首先应当是由国家颁布施行的法律。但是，其他诸种法律渊源也无时无刻不在影响着成文法律的形成和实施。正如上述拉伦茨所说，法律渊源实际上就是法的产生原因。而在不同的历史时期，法律渊源的表现形式是不同的，分别不同程度地包括道德、习惯、判例和法学家的学说这四种形式。以下本书就将分别考察之。

第一节　道　　德

"然而正义一词间或也在法律意义上运用，即指符合实在法（尤其是制

① ［德］卡尔·拉伦茨，《德国民法通论》（上册），王晓晔等译，法律出版社 2004 年版，第10页。

② ［英］路德维希·维特根斯坦，《哲学研究》，陈嘉映译，上海世纪出版集团 2005 年版，第139页。

定法)。”

——［奥］凯尔森①

“不知为何，将法律与道德截然分开的论点无法建立在这样的双重标准上，即法律上的明晰性和道德上的完整性。”

——［美］朗·富勒②

在《法哲学原理》中，黑格尔只用一编阐述了以民法为主线的法哲学原理，然后连续用两编分别阐述道德和伦理。这样的一种安排说明黑格尔的法哲学体系建立在这样一种递进的结构中：自由意志首先表现为法（民法），如所有权和契约；接着，在不法行为中，意志必须面对客观标准，与外在结合起来，从而走向了道德；③ 道德是关于善和良心的主观性形式，当人们把主观性作为善，则善就走向了恶，因此，人们必须把善放在客观中进行衡量，达到形式和内容的统一，从而走向伦理；④ 至于伦理，则是指现实的善，是个人需要与国家、法律相结合的产物，并分为家庭伦理、社会（市民社会）伦理和国家伦理，他还特别强调了同业公会在维持市民社会秩序中的特殊作用。⑤

由此可见，黑格尔的法哲学原理实际上是从法哲学出发对整个世界秩序进行解析。在他看来，一个健全的世界应当是由法的秩序、道德和伦理的秩序同时组成，每一个市民社会的市民在生活中不仅要考虑自身需要，同时还要考虑其所处的市民社会和国家的需要，反之亦然。他还特别批评了当时的东方国家，认为东方国家所有的事物都处在一个层次，而不是他说的三个层次，因此是需要向世界开放的。⑥

黑格尔的法哲学思想对生活在现实世界的个人提出了要求，即要求人们不仅要有自我意志，还应有社会意志和国家意志，并努力在这三者之间取得平衡。由此看来，作为发源自孟德斯鸠和康德的自然法学说及权利哲学的继

---

① ［德］凯尔森，《纯粹法理论》，张书友译，中国法制出版社2008年版，第46页。

② Lon L. Fuller, “*Positivism and Fidelity to Law—a Reply to Professor Hart*”, 71 Harvard Law Review, 631。原文是：There is no reason why the argument for the strict separation of law and morality cannot be rested on the double ground that this separation serves both intellectual clarity and moral integrity.

③ ［德］黑格尔，《法哲学原理》，范扬、张企泰译，商务印书馆2010年版，第50页。

④ 同③，第75页。

⑤ 同③，第76页以下。

⑥ 同③，第158页。

承者，黑格尔已经走了很远。如果说他关于抽象法的论点还可以基本收敛在自然法学和概念法学的法学范畴中内，那么他的伦理国家学说则已经超出了法的范畴。

前文曾指出，与黑格尔同时代的伟大的德国哲学家叔本华对黑格尔的学说及其方法论相当反感。但是，对黑格尔的伦理国家学说本身提出了最强烈批判的是马克思（Karl Marx，1818—1883）。马克思在1843年发表了《黑格尔法哲学批判》。在这篇论文中，马克思指出黑格尔为国家设定了一个极高的标准，即在黑格尔那里，国家是理性的最高体现，人民和市民社会是构成这个国家的组成部分。因此，人民和市民社会必须使自己成为理性的人和理性的社会。前文已经说过，黑格尔为人设定了标准，马克思显然也是这样看的，只不过他是从国家出发，从对这个最高理性的分析中指出，维持这样一个最高理性的存在需要抛开真实的人和真实的社会生活，因为那些都是表象。马克思认为，这样做的结果就是不把人看成是活生生的人，也不把社会看成是活生生的社会。这是马克思十分反对的。[①] 为此，他提出了唯物史观。也正是从这里开始，马克思开始了对经济学（政治经济学）的研究，并把人类社会发展的历史原动力归结为生产方式（生产力），一切宗教、艺术、政治制度都是建立在生产方式的基础之上的，并统称为上层建筑。[②]

综上所述，黑格尔哲学的本质在于剥离了理性的人与自然的人之间的血肉联系，而把人、社会和国家都作为绝对理性的命令来看待。这样，黑格尔实际上将绝对理性视为唯一的善，从而将法、道德、伦理作为三位一体的哲学，并据此建构了市民、市民社会、国家与法的三位一体说。

应当说，从自然法学走向实证法学是一个必然的过程，其中包含着历史的、政治的、社会的、文化的和经济的种种因素。但是，当西欧各国民法典纷纷编纂完毕，整个世界经历了两次世界大战以后，国际社会的经济、政治格局都发生了变化，科学技术也有了新的发展，这时，有人对建立在十九世纪实证主义基础上的法律格局也便产生了怀疑。

二十世纪后半期，围绕着法律与道德的关系曾经发生过一次影响巨大的争论，其中一方是实证主义的代言人——英国法学家哈特，而另一方则是反

---

① ［德］马克思，《马克思早期著作选》（影印本），中国政法大学出版社2003年版，第1－3页。

② ［德］马克思，《资本论》（第三卷），中共中央编译局译，人民出版社2004年版，第993－994页。

绝对实证主义的代言人——美国法学家富勒。

如前所述，哈特是典型的实证法学家，其主要的观点就是，法律可以脱离其他哲学单独存在。他在1958年写下了一篇文章，其目的是论证法律与道德的分离。论文题为《实证主义与法律和道德的分离》，发表在《哈佛法律评论》71期上（H. L. A. Hart, *Positivism and the Separation of Law and Morals*, 71 Harvard Law Review 593-629）。而另一方面，富勒也在同一期刊登了自己的辩论文章《实证主义与忠实于法律——答哈特教授》（Lon L. Fuller, *Positivism and Fidelity to Law——a Reply to Professor Hart*, 71 Harvard Law Review 630-672）。

在这场辩论中，两位学者分别提出了自己的观点。哈特首先将霍姆斯与英国法理学家奥斯汀相比较，然后迅速切入正题，指出从边沁（Jeremy Bentham, 1748—1832）和奥斯汀开始，英国法学就走向了实证主义，并成功地使法律与道德分开了。而现在，美国人竟然指责这一学说是肤浅的、错误的，使人无法认清法律和社会的本质，更有人指责说该学说不应该将法律是什么和应该是什么分开。①

富勒则将“法律与道德”（law and morals）的问题换成了“秩序与好的秩序”（order and good order）的问题，并指出好的秩序才是法律应当追求的，坏的秩序则不应当打着“忠实于法律”的幌子来维护。人们对法律的判断应当来自它的全部意义，而不只是字面意义。他采取了相当诙谐的笔法展开论战，指出哈特在很多论述上都夸大其词，同时也很尖锐地指出哈特对于纳粹治下的法律依然是法的看法是完全错误的。②

这场论战是一场精心安排的论战，是英美法理学的论战，也是自德国历史法学派以来的实证法学与自孟德斯鸠以来的自然法学在现代背景下的第一次碰撞。在这场“辩论”结束后，双方各自出版了主要著作。哈特先于1961年出版了《法律的概念》（*The Concept of Law*），而富勒则于1964年出版了《法律的道德性》（*The Morality of Law*）。哈特继续作为奥斯汀、凯尔森（Hans Kelsen, 1881—1973）的继承人领导实证法学；富勒则成为美国“新自然法学”的代表，更多的人将其誉为美国的耶林，在合同法方面做出了极

---

① H. L. A. Hart, *Positivism and the Separation of Law and Morals*, 71 Harvard Law Review, 593.

② Lon L. Fuller, *Positivism and Fidelity to Law——a Reply to Professor Hart*, 71 Harvard Law Review, 630-634.

其重要的贡献，如“信赖利益”（reliance interest）理论的提出。[1] 同时，他的思想对《美国统一商法典》及其他法律整编（restatement of laws）都有所影响，并在学术传承上影响了德沃金（ronald Myles Dworkin，1931—）等著名的学者。德沃金后来接替了哈特在牛津大学的讲席，在自己的法理学中将正义与公平作为法律的最高目的，并将法律作为一个整体看待。[2]

应当说，法律与道德的关系在民法的层面上展开是法学的必然，因为民法在实证法的形式上及其与社会生活联系的密切程度上都最具有代表性。经过了哈特和富勒的论战，法律与道德的关系对法学学者来说已经不再是不可能的话题。如果说，从前实证法学可以不考虑道德的存在的话，那么现在，公平正义等道德常识（common sense）几乎是判断法律之好坏的唯一标准；从前，只要是国家赋予效力的书面法律条款都必须被看作法律，但现在，法律必须被作为一个整体来看待。

总之，从自然法学到实证法学，再从实在法学到法社会学或社会学法学，其间的演变是以十九世纪各国开始制定近代民法典（更广的意义上包括宪法和其他法律）为界限的。从那以后，以制定法所提供的完整的规范结构为基础，实证法学向法学和司法提供了坚实的制度。即使到了现代，民法也首先是实证法，而不是别的什么。但是，这并不能够排除法与道德之间的联系。作为民法的各个组成部分，无论是物权法、合同法、侵权法还是家庭法，都关系着社会上每一个人的日常行为和社会生活。如果说民法的规范体系就其结构来说应当具有严格的逻辑性的话，那么，在适用它们的时候就必须考虑到社会生活的实际样态。无论是卢梭还是富勒，他们都对法律的道德性给予了正面的肯定。而作为制度经济学家的诺斯也明确地指出，只有当“宪法章程与有关的道德伦理行为准则合为一体，（才能）构成制度稳定性的基础……”[3]

---

① Lon L. Fuller, LL Fuller and WR Perdue, *The Reliance Interest in Contract Damages*'（1936）46 Yale Law Journal, 52 - 96.

② ［美］德沃金，《法律帝国》，李常青译，中国大百科全书出版社 1996 年版，第七章。

③ ［美］道格拉斯·C. 诺斯，《经济史上的结构与变革》，厉以平译，商务印书馆 1992 年版，第 231 页。

第二节 习 惯

"……所有人类律法或者是自然法，或者是习惯法，或者是成文法。"

——［英］福蒂斯丘

"最足以使罗马人成为世界霸主的情况，就是在他们经常不断地对一切民族作战的时候，他们只要看到比自己更好的习惯，他们立刻就放弃了自己原有的习惯。"

——［法］孟德斯鸠

习惯（custom）是法的另外一个重要渊源。对此，柏拉图在他那美丽的绿色园林中就已经通过克里特人表示了肯定。[①] 在今天看来，所谓习惯，是那些人们不自觉地形成的生活习惯。但是，当习惯变成某一地区或某一些人共同选择的经常性行为的时候，它就开始具有了习惯法（customary law）的力量，并最终演变为法律。世界上大多数早期法就是这样形成的，特别是民法。

在《罗马盛衰原因论》中，孟德斯鸠指出，罗马人的特点是武力侵略，但他同时也指出，"最足以使罗马人成为世界霸主的情况，就是在他们经常不断地对一切民族作战的时候，他们只要看到比自己更好的习惯，他们立刻就放弃了自己原有的习惯"[②]。可见，好的习惯就如同好的法律一样宝贵。或者可以这样说，在有好的法律之前，应当先有好的习惯。而罗马法的形成，在一定程度上就源于习惯及其整理。

萨维尼在谈及罗马法与习惯或习惯法的关系时也肯定了这一点。他指出，早期罗马法来自于习惯，而习惯则是一个民族精神的反映。[③] 但是，他接着说，在《查士丁尼国法大全》出现以后，纯粹的习惯法已经不能在实在法体系之外存在了。在一般立法之外，能够存在的只可能是某些特别习惯（法），并且其内容和性质也不那么重要，影响范围有限。[④]

---

① ［古希腊］柏拉图，《法律篇》，张智仁、何勤华译，上海人民出版社2001年版，第2页。

② ［法］孟德斯鸠，《罗马盛衰原因论》，婉玲译，商务印书馆2009年版，第2页。

③ ［德］萨维尼，《当代罗马法体系》（Ⅰ），朱虎译，中国法制出版社2010年版，第17－19页。

④ 同③，第68页。

的确，所谓习惯或习惯法，往往是在一个民族早期形成的行为习惯，它们在日常生活中起着重要的作用，并成为立法的渊源。但是，一旦有了自己的成文法，人们的行为就主要地依赖法律，而不会依赖习惯了。

习惯（法）的这种特点在历史上一再地显现。在西罗马帝国灭亡以后，西欧陷入了黑暗时期。然而，由于东罗马帝国的存在，以及日尔曼民族的日益强大，实际上已经形成了法律的新的走向。即，在西罗马帝国灭亡后，西欧进入了蛮族习惯法时期，并在不久以后开始与罗马法遗产融合起来，为以后大陆法系以及英美法系的形成奠定了基础。

首先看欧洲大陆。在西罗马灭亡之后，各蛮族分别占据了不同的部分，而原来的罗马人也开始蛮族化，并形成了各自的习惯法，如法兰克人、日耳曼人、斯堪的纳维亚人和伦巴第人等。[①] 但这种习惯与早期罗马的习惯不同，它们从一开始就因罗马法的存在而具有了一定的科学性。[②]

意大利。自十一世纪开始，意大利的伦巴第出现了反习惯的倾向，开始向罗马法回归。[③] 而与此同时，波伦亚德注释法学派也开始出现，围绕着《学说汇纂》的文本展开研究和教学，为成文法的出现奠定基础。[④]

法国。自中世纪开始，法国一直由日耳曼传统习惯所支配。但到了十一世纪以后，以普罗旺斯地区为中心，开始受到罗马法影响。到了十四世纪，腓力普四世（Philip Ⅳ）成立了奥尔良大学，同时教授法国习惯法和罗马法。而奥尔良学派的著作《正义与申诉书》中，342 个条款中有 197 个属于罗马法，其余出自习惯法。接下来的一部私人汇编《圣路易斯法规集》则更多地显示了奥尔良地区的习惯。[⑤] 法国习惯法的这种强大力量一直延续到法国大革命时期，其间众多的法学家如杜摩兰（Charles Dumoulin，1500—1566）、洛瓦塞尔（Antoine Loysel，1536—1617）分别于十六和十七世纪编纂过《习惯法》（*Institute Coutumière*），而波梯耶（Robert Joseph Pothier，1699—1772）在他的《债法总论》（*Traité des Obligations*）中也分别对习惯法和罗马法进行了阐述。到法国大革命成功、拿破仑提议制定《法国民法典》时，作为起草委员会的主要成员之一的冈巴塞雷斯（Jean-Jacques-Régis

---

① ［英］保罗·维诺格拉多夫，《中世纪欧洲的罗马法》，钟云龙译，中国政法大学出版社 2010 年版，第 16－23 页。

② ［德］萨维尼，《当代罗马法体系》（Ⅰ），朱虎译，中国法制出版社 2010 年版，第 69 页。

③ 同①，第 32－37 页。

④ 同①，第 38－44 页。

⑤ 同②，第 57－59 页。

de Cambacérès，1753—1824）也在最后的草案中保留了相当数量的巴黎习惯法（coutume de Paris）。[①]

德国。对习惯法在德国和欧洲的状况，萨维尼认为，首先，罗马法作为降格以后的习惯法在欧洲到处盛行，成为一般的习惯法；与此同时，还有一些仅在某一些地方盛行的特别习惯，称为特别习惯法。对德国来说，有一些习惯特别重要，比如关于土地制度（采邑）及土地继承的特别习惯，商人和手工业者的习惯，房屋相邻关系的习惯等等，这些对于日后德国民法的发展都起了至关重要的作用。[②]

接下来看看英国的情况。应当说，英国法是一个建立在习惯法基础上的体系，它对于习惯（法）的重视远远超过了欧洲大陆各国。这在很大的程度上是由于这个国家远离欧洲大陆，早期的生活习惯处在一种相对隔离的状态下更容易保留下来。

对于习惯（法）作为普通法的渊源的阐述，应以英国人福蒂斯丘（Sir John Fortescue，1385—1479）最为著名。他说：

"……所有人类律法或者是自然法，或者是习惯法，或者是成文法。但是当习惯与法官的判决被做成书面，并由王这样的权威之人编纂之后，就变成了宪法或成文法性质的东西。那时所有的人都要遵守，否则就要受到刑罚，因为命令是严格的。民法就是这样来的，它是由罗马皇帝命令编纂而成的卷帙浩繁的成文法，人人均得遵守。……"[③]

福蒂斯丘的观点深深影响了英国法律体系的形成。可以说，英国普通法就是在习惯和法官判例的基础上形成的。对此，福蒂斯丘还说：

"英王国先是由不列颠人居住，后由罗马人统治，然后又由不列颠人占据，继之以萨克森人，后者将不列颠变为英格兰。然后有很短的一段时间王国由丹麦人控制，后又由萨克森人统治，但最后是由诺曼人统治，一直到今天。而在这漫长的王国兴替中，一直是沿用同样的习惯。如果这些习惯不是最好的，那些王者就会以正义的名义将它们全部铲除，特别是用罗马法统治

---

① ［法］罗贝尔·巴丹戴尔，《最伟大的财产》（中译本代序），载于罗结珍译《法国民法典》（上），法律出版社2005年版，第17-18页。

② ［德］萨维尼，《当代罗马法体系》（Ⅰ），朱虎译，中国法制出版社2010年版，第68-72页。

③ ［英］约翰·福蒂斯丘爵士，《论英国的法律与政制》（英文影印本），中国政法大学出版社2003年版，第24-25页。引文为笔者据英文原文意译，原文题为*In Praise of the Laws of England*，是福蒂斯丘爵士应当时的威尔士王子爱德华所作。

全部世界的罗马皇帝。同样的，那些爱好武力的王者也可以用刀剑而不是法律来统治世界。……”[①]

由以上两段引文可以看到，在十五世纪的时候，英国人已经十分确信，在习惯和判例的基础上形成的英国法是十分适合英国这片土地的。对这一点，布莱克斯通（William Blackstone，1723—1780）在福蒂斯丘的基础上做了这样的评论：“普通法在英国并不是以文字形式，而是通过习俗、运用和经验才得以流传下来的，……”[②]

英美法重视习惯（法）、注重经验和社会实践的这一特质即使在现代也时有表现。比如，在哈特与富勒的著名论战中，富勒的论据之一就是，商业习惯（Commercial practice）是人们对于法律是否能够实现公平正义的判断的重要标准。他举例说，人们现在之所以愿意把商事纠纷提交仲裁，就是因为在仲裁者那里，商业习惯更能够影响仲裁裁决，从而更符合商人们心目中的公平价值观。[③] 换言之，在富勒看来，一些实践中的习惯做法已经成为人们判断是非善恶的标准。

受富勒的影响，《美国统一商法典》1－303 条［履行过程、交易过程与商业惯例］（2001 年修订本）明确规定，交易双方的履行过程（course of performance）、之前的交易过程（course of dealing）以及双方或行业内通行的商业惯例（usage of trade）都可以用来解释意思不清楚的合同条款，并确定履行债务的内容和方式等。

应当说，习惯和习惯法作为法律的渊源在世界各地都广泛存在，起着连接古今的重要作用。但是，自法国大革命时起，法典编纂成为各国法制的必由之路，习惯退居其次。面对从前各地不同的习惯，立法者所期望的是通过法典统一各地法律，从而使整个公民社会（civil society）作为一个共同体（community）存在。正如法国文豪伏尔泰所评论的那样：“此事在这个村庄是正确的，而在另一个村庄却变为错误的，难道说这不是一桩荒唐可笑而又令人畏惧的事吗？同胞们不是在同一的法律之下生活，这是多么奇特的一种

---

① ［英］约翰·福蒂斯丘爵士，《论英国的法律与政制》（英文影印本），中国政法大学出版社 2003 年版，第 26 页。引文为笔者根据英文原文意译。

② ［英］威廉·布莱克斯通，《英国法释义》（第一卷），游云庭、缪苗译，上海人民出版社 2006 年版，第 19 页。

③ Lon L. Fuller, *Positivism and Fidelity to Law——a Reply to Professor Hart*, 71 Harvard Law Review, 637－638。

野蛮状态。"①

今天，成文法正在各国以成倍的速度增长，并成为各国实施法治的主要依据。新的习惯法作为与实定法效力平行的行为规范仅在少数地区继续存在，多为少数族裔人群聚居地，如美国的印第安部落习惯，加拿大的土著人习惯，中国少数民族地区风俗习惯等。这种对少数民族习惯法的尊重并非是单纯的古代习惯法的延续，更多地是从现代人权法的角度出发对少数民族文化加以尊重的结果。

与此不同的是，在商业领域，双方当事人之间的交易习惯与行业惯例对从前规范双方当事人之间的行为常常会起到一定的补充作用。这种习惯和惯例与所谓习惯法不同，它所指的是某种新近才形成或发现的惯例，也许其中有过去的习惯的影响，也许没有。同时，对商业惯例的尊重也必须在成文法中明确加以规定方能成为有效的法律渊源。②

第三节 判 例

"法律的体裁分为三类，即个案列举式、抽象概括式和指令准则式。"

——［德］卡尔·拉伦茨

一般认为，判例作为法的渊源是英美法系独有的现象，但是，从历史的角度来看，自罗马法起，判例就是私法的重要渊源；我国古代也有判例研究，如宋代汇编的《名公书判清明集》即是。③ 而到了现代，无论是大陆法系还是英美法系，判例对于法律的形成及其解释都起着重要的作用。

在罗马法的形成过程中，"大法官告示"（裁判官告示）是不可或缺的组成部分。在《法学总论》中，裁判官告示和法学家解释都被作为成文法看待。④ 所谓"裁判官告示"，亦称为"裁判官永久告示"（edictum perpetu-

① ［德］茨威格特、克茨著，《比较法总论》，潘汉典等译，贵州人民出版社1992年版，第152页。

② 拉伦茨否认习惯和惯例作为正式的法律渊源，他认为，只有习惯法——日耳曼习惯法才能作为法律渊源。见［德］卡尔·拉伦茨，《德国民法通论》，王晓晔等译，法律出版社2003年版，第11页。

③ 何勤华，《中国法学史纲》，商务印书馆2012年版，第169页。

④ ［古罗马］查士丁尼，《法学总论》，张企泰译，商务印书馆1993年版。

um)，是指将那些从个案裁决（decretum）中积累起来的经验总结为一般的规范通过任职告示加以公布的形式。由于每一位裁判官都要发布告示，并且都会吸收前任的经验，因此，告示的基本内容就沿传下来，表现为“沿袭告示”（edictum tralaticium），这些内容不断得到确认、修正和丰富。[①] 裁判官告示的内容通常主要是程序问题，因为当时的诉讼均采取程式诉讼的形式，但也常常包括一些我们今天称作实体法的内容，如“要式口约”（stipulationes praetoriae）、“恢复原状”（restitutio in integrum），等等。[②] 罗马法时期将裁判官告示作为市民法的重要渊源，这也可以视为将系统化的判例或审判经验运用于具体案件的裁判的最初表现。

罗马法随着罗马的征服活动向外传播，最远传到了今天的英国。因此，英美法在很大程度上也源自于罗马法，如令状（writ）诉讼形式即是。[③] 而作为实体法的判例法（case law）是在程序法的缝隙中成长起来。[④] 其中，从十一世纪开始经由法院裁判而发展起来的判例法统称为“普通法”（common law），而另外一部分判例法则用来诠释成文法或称“制定法”（statute law）。[⑤]

英美判例法的基本审判原则为“遵循先例原则”（stare decisis，doctrine of precedent）。具体来说就是，法官在审判案件时必须遵循既有的先例（precedent），即必须考虑其他法官在以前的最相类似的案例中所做出的判决及其理由，并由此导出自己的判决。不过，由于所有的案件都与先前的案例或多或少有些不同，因此，法官在援引先例之外还必须要运用一些其他的考量和原则。如果法官碰到了全新的案例，即所谓“首例案件”（the case of first impression）时，则必须“造法”，通常是通过适用现行公共政策（public policy）或其他科学方法而做出判决。[⑥]

遵循先例原则作为英美法的基本原则随着英国在世界上的殖民活动而广为传播，除美国、加拿大、澳大利亚之外，还有许多国家和地区采取判例制度，如新加坡和我国香港特别行政区就是如此。英美判例法的特点在于，所

---

① ［意］朱塞佩·格罗索，《罗马法史》，黄风译，中国政法大学出版社2009年版，第188页。

② 同①，第189页。

③ ［英］梅特兰，《普通法的诉讼形式》，王云霞等译，商务印书馆2010年版，第7页。

④ 同③，第18页，梅因语。

⑤ ［美］William Burnham，《英美法导论》（*Introduction to the Law and Legal System of the United States*），林利芝译，中国政法大学出版社2001年版，第37页。

⑥ 同⑤，第39－40页。

有的法律原则都存在于具体案例中（案件的判决理由），而后来的案件依照过去的案例进行审判则保持了法院判决的前后一致性，以及法律的连续性。

不过，在法国大革命的影响下，欧洲理性主义运动也曾影响了英美判例法。在十八、十九世纪时，在英国和美国先后出现了所谓“发现理论”(discovery theory)，即认为法律是先验地存在的，法官只是“法律的使者”(oracle of the law)，任务是去发现和公告法律。这一论点先后被布莱克斯通和朗代尔（Christopher Langdell，1826—1906）所主张。该论点在实践中的影响是促使法官力图在过去的判例中发现普遍适用的逻辑，从而适用于新的案件的审判。朗代尔还为此发明了案例教学法（case method）来推广这一思想。然而，大法官霍姆斯强烈地反对这一论点。他说，普通法只能存在于经验之中，而不是泛存于天空或逻辑的产物。①

事实上，发现说在近现代英美法的演变过程中起着重要的作用，它使法官的立法功能正当化，并促使法院判决更加具有客观性，而不是随着政策的变迁左右摇摆。卡多佐还曾明确地表示，“我只是将法官指定的法律作为生活中存在的现实之一来看待”②。

当代英美法的学者们如德沃金、哈特倾向于根据法院的级别而将不同的法院赋予不同的功能，低级法院主要承担着继承的作用，即必须遵循先例；而高级上诉法院法官则承担着立法的作用，如美国最高法院和英国上议院的上诉委员会。这些高级法院的法官们可以根据政策立法，也可以根据道德立法。③ 但无论如何，结果都是一样的，即新的判例会被创造出来。

英美法的这种情况在近代大陆法系国家曾经是不可想象的。欧洲大陆近代民法的的发端是法典化。由于受理性主义思潮的影响，法典作为书面理性的观念被高度强调，即所谓“成文法至上”(legislative supremacy)。在这种情况下，审判案件必须严格依照法律来进行。即使遇到了法律规定不周详的案件，也只能通过对法律的解释来做出判决。

但是，现代大陆民法的走向发生了转变。德国法学家拉伦茨曾这样总结古今民法典的体例：“法律的‘体裁’分为三类，即个案列举式、抽象概括

---

① ［美］William Burnham，《英美法导论》（*Introduction to the Law and Legal System of the United States*），林利芝译，中国政法大学出版社2001年版，第41页。

② ［美］本杰明·卡多佐，《司法过程的性质》，苏力译，商务印书馆2009年版，第2页。

③ ［美］理查德·波斯纳，《英国和美国的法律及法学理论》，郝倩译，北京大学出版社2010年版，第18页。

式和指令准则式。”[1] 就这三种方式而言，个案列举的目的是为了使法律明白并且全面，也就是包括生活中所有可能出现的事例，并且用较为通俗的语言写成。《普鲁士普通邦法》被拉伦茨称为“个案列举式法典的范例”，该法典“不需要解释”，每一个受过教育的市民都可以从该法中了解到他的权利和义务；这样的法典实际上来自于立法者的“乐观的理性主义”信念。[2] 但是，在立法者没有那么准确和强烈的预见力的时候，则会采取后两种方法，而更多地是两种方法并用。显然，拉伦茨认为，民法典的表现形式在近代只能是抽象概括加指令准则式的，因为没有哪一个立法者能够把社会生活中的事实巨细无遗地表达出来。

这一论断显然是有充分理据的。但是，如果我们考察一下罗马法，就会发现，罗马法的“体裁”十分多样，内容是包罗万象的，既包括抽象概括式的学说原理（如《学说汇纂》），也包括指令准则式的（如《法典》和《新律》），还包括个案列举式的（如《法学阶梯》中的“裁判官告示评注”及“告示评注”）。这一趋势在其他国家也不同程度地存在。这说明，越是古代的法律，其形式和内容越是繁杂并趋向于具体。

到了《法国民法典》时，并从此开始，世界各国各地区的法律体例改变为以抽象概括式为主的形式。但是，所有近代民法典仍旧在形式和内容上保持了对罗马法的一定程度的继承性。比如，在《法国民法典》中，全部的民法内容被分成了人法（“人”）、财产所有权法（“财产及对所有权的各种限制”）和“取得财产的各种方法”，这一结构与《法学总论——法学阶梯》（人法、物法）是相类似的。同时，在这部民法典中，罗马法上的人、财产、所有权、契约、侵权的概念也均被沿用。不过，起草者通过抽象概括的方法对这些概念重新进行了定义，从而使其可以适用于变化了的社会。法国民法的这种特质随着其传播而影响了世界上很多国家。

一百年后，到了《德国民法典》时，法典的编纂者将抽象概括的方法运用到了极致，并使德国民法成为《学说汇纂》的现代代言人（德语“潘德克顿”pandekten 的本意就是“学说汇纂”，而在现代德语中，“潘德克顿”已成为“法律学”的代名词，尽管有些戏谑的意味）。在《德国民法典》中，古罗马的潘德克顿体系在体例和概念上都有了空前的创新。首先，在法

① ［德］卡尔·拉伦茨，《德国民法通论》（上），王晓晔等译，法律出版社2003年版，第32页。

② 同①。

典的体系安排上，该法典扬弃了罗马式的三分法，进一步把民法体系化为五个部分，即总则（allgemeiner teil）、债权法（recht der schuldverhältnisse）、物权法（sachenrecht）、亲属法（familienrecht）和继承法（erbrecht）。这个基本的五分法完全是德国民法的创造，其中，总则将所有民法各部分共同的东西提炼出来、加上民法的基本原则，熔为一体；债法改变了“债”的狭窄属性，进一步区分了契约之债和侵权之债，并将所有债权债务关系归纳起来，发展出了债法总则；物权法改变了“所有权”的传统概念，将所有关于物的占有、使用、收益和处分的关系都结合在一起，形成了“物权”和“物权法”的新概念和新体系；至于最后两编，德国民法改变了将所有与人（自然人）有关的事项都规定在“人”这一编的罗马式做法，区分了二者不同的法律关系。在这个新的体例的基础之上，德国民法发展并完善起来了一系列新的民法学概念，如法律行为、债、物权等等。今天，这些概念基本上已经被大陆法系国家全面继受。

然而，物极必反。《德国民法典》所采取的高度抽象概括风格有着自身的缺陷，这一缺陷最终导致了司法判例进入大陆法系民法。在此，以拉伦茨的一段话作为对这一现象的精当表述：“立法者用抽象的概念描述构成事实，使这些构成事实的范围非常广泛；而由于法律往往将生活中各类互异的事实概括在某一个共同的特征之下，因此这些构成事实也就显得很不直观。如果我们只依据逻辑规则，将生活关系适用于某个范围很广的构成事实，那么这个构成事实也有可能包括那些立法者根本没有想到的情形；而由于这些情形具有非常不同于普通情形的特征，因此立法者制定的规则对它们并不合适。《德国民法典》的制定者力图用尽量少的规范，甚至用唯一的一条规范，来统一地调整尽量多的各种不同的生活关系。在这一思想的指导下，《德国民法典》对某些本属必要的区分也未做规定，最后只得留待司法判例通过对法律进行限制性解释，或在合同法中通过对具体合同的解释来予以弥补。”①

事实上，拉伦茨的这一论断在《德国民法典》制定及通过初期就已有学者提出。如上文所述，耶林曾经对法律的实在性产生巨大的疑问，并写作了未完成巨著《法律中的目的》（1877），表达了法律应为具体的社会控制目的服务的思想。他的论点成为后来的利益法学的发端。到了二十世纪初，利益法学派的思想在赫克（Philipp Heck，1858—1943）的笔下变得清楚了。

---

① ［德］卡尔·拉伦茨，《德国民法通论》（上），王晓晔等译，法律出版社 2003 年版，第 34 页。

他指出，每一条法律规范都是以特定的利益为基础的，立法者或者是要促进，或者是想协调这些利益。因此，只有了解了这些利益才能正确理解法律规范。利益法学的功绩在于超越了法律的字句和概念的表述，而将视线转向了法律条文所依据的价值观念和一般评价标准。它的典型特征就是诉讼导向，即将诉讼视为法律规范的试验场所。①

应当说，正是利益法学促使德国民法不断从实践和判例中吸收新的营养，从而使《德国民法典》持续发生着变化。最初，这一变化是缓慢的。其原因在于，在二战以前，资本主义世界除了受到第一次世界大战的短暂打扰，社会和经济秩序并没有太大的变化，因此整个民法体系也保持着其在内在和应用上的基本一致性。但是，从二战以后，或者说二十世纪后半期以后，这一变化则开始以十分迅猛的速度呈现出来。其原因在于，二战以后的世界经济政治格局和社会生活发生了重大变化，劳动者保护和消费者保护成为现代私法的两项主要宗旨，加上科技与大众传媒的发展，使得现实中的一些因素与《德国民法典》生效时的 1900 年产生了巨大的不同。正是在这种情况下，德国民法发生了重大的变化。

在判例进入民法的过程中，债法起着举足轻重的作用。以下将对影响德国债法发展的几个重要案例进行评述，并由此阐明判例进入和影响大陆法系民法的过程。

1911 年 12 月 7 日，在德国发生了一件重要案例，即所谓“亚麻油地毡案“。② 在该案中，一位妇人到一家百货公司购物，在与一位售货员稍作说明后，售货员为她取下她想要的亚麻油地毡时碰掉了另外两卷地毡，把她和她的孩子砸伤了。在法院审理时，法官考虑了《德国民法典》中的 831 和 278 条规定。根据 831 条规定，雇员在为雇主工作发生过失伤害时，雇员要负责任。于是为避免此一结果，法官改用 278 条的规定。根据 278 条，“债务人对其法定代理人或其为履行债务而使用的人所有的过失，应与自己的过失负同一范围的责任”。但这一条规定是针对合同关系来说的，而此时双方尚未正式订立合同。于是，德国最高法院的法官作出了一个创造性的判决，即将处于谈判中的双方当事人视为合同关系人，从而使合同法的有关规定可以适用于该案。这一判例的结果十分重大，影响了全世界合同法的走向。其

---

① ［德］卡尔·拉伦茨，《德国民法通论》（上），王晓晔等译，法律出版社 2003 年版，第 97 页。

② E. H. Hondius, *Precontractual Liability*, Kluwer Law amd Taxation Publishers, 1991, p164.

结果就是在合同法中创造了缔约过失责任（culpa in contrahendo），并使双方当事人的义务扩展到合同缔结之前的谈判过程中。英美法后来也吸收了这一成果，并在《统一商法典》的1-201条（3）款关于合同的定义中特别规定了“谈判过程”（course of negotiation，一译“交易过程”）。

在“亚麻油地毡案”后，德国判例法上又连续出现了两宗案件，一为“香蕉皮案”，一为“菜叶案”，[①] 这两个案件加强了缔约过失责任的法律成因。由于德国民法的影响，多个国家的民法典吸收了缔约过失责任制度，如1940年的《希腊民法典》将其规定在第197和198条，1942年的《意大利民法典》将其规定在1337条、1338条和1398条。当然，此时各国所规定的缔约过失责任范围也已经扩展到缔约前后、合同的无效以及代理等各个相关部分。

值得注意的是，德国民法关于缔约过失责任的判例此后从未中断过，并最终导致了对债的给付义务的重新定义，此即《德国民法典》新债法241条第2款。该条的规定如下：

第241条　由债务关系产生的义务

（1）依债务关系，债权人有权向债务人请求一项给付。此项给付也可以表现为不作为。

（2）依债务关系内容的不同，债务关系可以是任何一方当事人负有顾及另外一方当事人权利、法益和利益的义务。

以上这两款规定，第一款是德国旧民法典（1900年）的内容，第二款则是《德国债法现代化法》（2001年）（Schuldrechismodernisierungsgesetz）的内容。[②] 其中，第一款规定的是传统民法上关于债权债务关系的内容，即作为既存债权债务关系的给付义务（债权请求权基础）（pflichtzur leistung）。依照该规定，如果双方没有建立正式的债权债务关系，则请求权基础就不存在。而第二款则将给付义务扩大到“照顾义务”（ruecksichtnahmepflichten），也称为“保护义务”（schutzpflichten）、“附随义务”（nebenpflichten），即任何一方当事人都应当在特定的债权债务关系过程中注意保护和照顾对方的权利、法益和利益，这就是由长期判例发展出来的缔约过失责任的请求权基础。

德国债法近一个世纪以来的发展在很大程度上是仰赖判例的，即通过判例将一些相类似案例中的判决理由整理固定下来，最终通过立法将其系统

---

① E. H. Hondius, *Precontractual Liability*, Kluwer Law amd Taxation Publishers, 1991.

② 卢谌、杜景林，《德国民法典债法总则评注》，中国方正出版社，2007年版，第11页。

化，或补充原有规定，或改变原有规定，从而达到法律的更新。德国的这一做法实际上影响着整个大陆法系国家民法的走向。

在法国，以判例来解释有关法律的适用条件的情况在二十世纪十分常见。对这一点，只要查阅 2004 年版（第 103 版）的《法国民法典》各条文后的注释就可以发现。比如，在第 2 条“法律仅适用于将来”的注释中先后引用了 1977 年 3 月 23 日最高法院第三民事庭、1984 年 4 月 3 日最高法院第三民事庭、1992 年 4 月 22 日最高法院第二民事庭、1982 年 1 月 13 日最高法院第一民事庭等多个案例。[①] 盖斯坦指出，虽然基于三权分立的理论，法官不可以为自己造法，但判例在法国已经实现了事实上的普及化。而法国学者们都一致认为，1890—1950 这一段时期是判例的“辉煌时期”，最近出现的判例则是“又一个黄金岁月”，其中涉及到的借腹生子合同（le contrat de mere-porteus）的效力问题等，无疑是法官的造法活动。[②]

与前述德国和法国的司法判例影响法律的发展历程相比较，中国的案例指导制度正在探索之中。中国在 1986 年颁布了《民法通则》以后，陆续颁布了多个民事法律，但是，在过去的三十年间，中国社会的变化不可谓不剧烈，而法律的制定动辄需要召开全国代表大会（至少是常务委员会），程序复杂且耗时良久。为此，我国最高人民法院开始尝试建立案例指导制度。

根据已有的司法实践，中国目前实施的由最高人民法院主导的“案例指导”制度是从 2000 年最高人民法院施行《人民法院五年改革纲要》正式开始的。在那以前，自 1985 年起，《最高人民法院公报》定期刊载典型案例，并指出所刊载的案例可供各级人民法院“借鉴”。同时，最高人民法院对下级法院提请解释的疑难案例也建立了定期回复制度，并在《公报》上发表，各级法院都必须参照。这两项制度实际上在当时起到了一定的案例指导作用。

2000 年，最高人民法院实施《人民法院五年改革纲要》，其中第 14 条指出“经最高人民法院审判委员会讨论、决定的适用法律问题的典型案件予以公布，供下级法院审判类似案件时参考”。此后，案例指导制度正式开始。2005 年，最高人民法院发布《人民法院第二个五年改革纲要》，指出要规范和完善案例指导制度，除最高人民法院发布的参考性案例以外，高级人民法院也可以发布适用于本地区的参考案例，但不得与最高人民法院指导性案例

① 《法国民法典》（上），罗结珍译，法律出版社 2005 年版，第 4 - 9 页。

② ［法］雅克·盖斯旦、吉勒·古博《法国民法总论》，陈鹏等译，法律出版社 2004 年版，第 430 - 431 页。

相抵触。根据这两个文件，我国的案例指导制度已经全面展开了。[①]

但是，我国的案例指导制度与英美法上的遵循先例原则有相当的不同之处。在英美法上，判例是法律的主要渊源，即便是成文法的效力也要通过判例来背书。但在我国，指导案例并不是正式法源，而是为解决审判不规范的问题而提供的参考性案例。根据最高人民法院 2010 年 11 月 26 日发布的《最高人民法院关于案例指导工作的规定》，最高人民法院按一定程序在全国各审级法院生效判决中选取编发的、并在今后的裁判中具有“应当参照”效力的案例是指导性案例。最高人民法院定期发布指导性案例的目的在于“总结审判经验，统一法律适用，提高审判质量，维护司法公正”。

在英美法上，先例是法官造法功能的体现，是法官在审判案件中主动生成的。因此，所有的先例都是在审判实践中第一次出现，是原始案例。但在我国，“指导性案例”是被动生成的，法官在审判实践中并不预先知道自己的审判实践将成为其他法官审判案件的参考，只是在其案例被选中以后才具有相应的参考价值。因此，我国的“指导性案例”不是法官造法，而是法律适用过程中的一种必要参考，具有法律解释的性质，对于补充法律漏洞、纠正法律适用中可能出现的偏颇有着较为重要的作用。

第四节　法 学 学 说

“（市民法）是以不成文的形式由法学家创造的法。”

——［古罗马］彭波尼[②]

法学学说在民法的形成过程中起着重要的作用，这从古希腊和罗马时代就开始了。尔后，经过黑暗的中世纪，在罗马法再发现的过程中，法学家再次发挥了重要的作用，即通过对罗马法的解释而形成了注释法学派，并由此启发了德国、法国的法学家们，催生了历史法学派和实证法学派，进而为近代各国民法典的产生提供了理论基础。到了现代，法学家学说日益渗透进民事立法和司法领域，为民法的现代发展提供了营养。

---

① 参见胡云腾、于同志，《案例指导制度若干重大疑难争议问题研究》，载于《法学研究》2008-6；沈德咏，《中国特色案例指导制度研究》，人民法院出版社 2009 年版。

② ［意］朱塞佩·格罗索，《罗马法史》，黄风译，中国政法大学出版社 2009 年版，第 77 页。

在古希腊，苏格拉底、柏拉图和亚里士多德的哲学学说对法的概念和本质进行了多方面的论述，并形成了西方法哲学的最初的思想框架。但是，此时的法学家并未成为一个独立的群体，而作为执政者、立法者的那些人如梭伦本身也十分博学，并不把法律解释作为唯一重要的任务来做。梭伦甚至在立法后远走他乡，目的就是为了逃避无休止的法律解释工作。[①] 因此，法学学说独树一帜并全面影响民法的第一个高峰是在古罗马时期。

在罗马市民法的形成过程中，除了民间习惯之外，法学家的思想几乎成为法律的唯一来源。彭波尼甚至在《学说汇纂》（D1，2，2，5）中把市民法定义为“以不成文形式由法学家创造的法”。这一说法并不夸张。法学家盖尤斯（Gaius，130—180）、乌尔比安等的学说在当时就是有完全效力的法律。

然而，必须看到，在古罗马曾经存在着两种法学家，一种是祭司法学家，一种是世俗法学家。前者在法律的最初阶段垄断了法律的制定和解释，这是由法律与宗教之间的密不可分的联系造就了的。尤其是当时的法律注重程序，而这些程序通常就是由祭司来主持，因此法学家同时也是祭司，法律也同时具有宗教仪式的性质。

但是，随着法律世俗化，正式的法学家群体便产生了。确切地说，宗教与法律的分离是在公元前304年，福劳维将克劳迪编纂的司法年历和《诉讼编》公之于众开始的。在这一行动中，普通民众获得了一次性得知全部法律程序的机会，从而摆脱了祭司的司法垄断。后来，在公元前254年，第一位平民祭司长科伦卡尼开始向公众提供法律咨询意见，从而促使了法律知识和解释的公开化。[②] 在这两个事件之后，平民法学家作为一个新的阶层，就成为法律的产生和解释的专门人员，而法学理论也就成为罗马法的重要渊源。

法学家再次成为推动法律和历史前进的动力是在十二世纪。当时，随着罗马法的再发现，注释法学派大行其道，学者们纷纷通过对罗马法文本的注释建立和创造着新的法学学说。正是在这样一种文本注释的基础之上，法学逐渐发展成为一门独立的学科。[③]

注释法学派乃至其后的注解法学派的影响一直延续到十七世纪。从那以后，受文艺复兴运动的影响，法学研究向着更趋理性化的高度发展，法学家

① 林志纯，《世界通史资料》（上古部分），商务印书馆1962年版，第292－294页。

② 同①，第76－77页。

③ 梁慧星，《民法解释学》（第三版），法律出版社2009年版，第021页。

对文本的研究已经不局限于注释或注解，更多了一些创造性的抽象概括的内容。这一时期，法学研究采取了“评注”（commentary）的基本形式，此种扩大了文本评注的范围，在以往罗马法的基础上加上了习惯法和案例评析，并注重新概念的生成，从而在促成现代法学学科区分以及现代英美法体系化和制度化的过程中发挥了巨大作用。

比如，格劳秀斯的《捕获法评注》（*Commentary on the Law of Pize and Booty*）奠定了近现代国际法的基础，同时还对物权法（如先占取得）进行了精辟的论述；[1] 布莱克斯通的《英国法评注》（*Commentary on the Laws of England*）[2] 为英国法进行了体系梳理，不仅由此建立了自己的学问体系，也为整个现代英国普通法和衡平法研究提供了学术范式；斯托利（Joseph Story，1779—1845）的《冲突法评注》（*Commentaries on the Conflict of Laws*）[3] 奠定了现代冲突法的基础，而《宪法评注》（*Commentaries on the Constitution of the United States of America*）[4] 成为美国最早的宪法学教科书，至于《合伙法评注》（*Commentaries on the Law of Partnership*）[5] 则为英美法的民事主体制度研究树立了典范。

以上的例证表明，在从古代到近代，在民法（法学）的漫长发展过程中，众多的法学家及其法学研究为民法学（法学）的繁荣提供了充分的营养，各种流派的法学学说对民法学的内容和形式都起着重要的作用。而到了近代民法典起草时期，法学家更是在其中起了重要的作用。其中，《法国民法典》起草过程中的著名法国民法学家冈巴塞雷斯（Cambacérès，1753—1824）和波塔利斯（Portalis，1746—1807）对法典的解构和内容体系起了关键性的作用。[6] 而《德国民法典》则被公认为法学家的法，并因此被称为抽

---

① Hugo Grotius, *Commentary on the Law of Prize and Booty*, Liberty Fund, 2006. 该书的手稿完成于1603年，第一次出版是以拉丁文发表于1868年。

② William Blackstone, *Commentary on the Laws of England*, The University of Chicago Press, 1979. 该书初版于1765年。

③ Joseph Story, *Commentary on the Conflict of Laws*，该书初版于1834年。

④ Joseph Story, *Commentaries on the Constitution of the United States of America*, Little, Brown and Company，该书初版于1858。

⑤ Joseph Story, *Commentaries on the Law of Partnership*, Little, Brown and Company，该书初版于1841年。

⑥《法国民法典》（上），罗结珍译，法律出版社2003年版，第5－15页。

象学识的产儿。[1] 受这一潮流的影响，我国清末起草《大清民律草案》，也是由中日两国的法学家一起进行的。

但是，法学家影响民事立法是一方面，法学学说作为现代民法的渊源在民法典中确定下来并能够在实际审判活动中加以适用则是另一回事。在现代各国民法典中，将法学学说作为直接的法律渊源加以规定的国家和地区是很少的（如台湾“民法”第1条）。但是，必须承认，现代法学学说对法律的发展与法院的审判都有着直接的重要意义。具体表现在：

第一，现代法学学说是进行法律解释的依据。在成文法国家，法律必须经过解释才能加以适用。而由于现代法律结构复杂，概念极度专业化，在将其运用于具体的民事案件的时候必须通过解释而将法律规范和概念进行解构，从而适用于相关的民事法律关系，解决特定的民事纠纷。在解释的过程中，法学家的学说是重要的依据。

在我国，每一部民事法律通过之后，都会有最高人民法院的相关司法解释随后推出，这些司法解释虽然是经最高人民法院依职权作出的，但其中有很多的观点来自法学家的学说。同时，在具体的案件审理过程中，特别是疑难案件，最高人民法院及各级地方人民法院都建立了咨询制度，在必要的时候召集法学家进行咨询，学者的咨询意见将对案件的判决起到极为重要的作用。[2]

第二，作为规范（实在）法学背景的法哲学将对解决某一时期的特殊问题起到重要的作用，并将藉此推动法律的发展。在规范法学产生之前，法哲学是法学的同义语，如亚里士多德的法学思想即是。即便是在规范法学产生之后，法哲学作为规范法学的背景依然起着重要的支撑和引申的作用。

作为规范法学对象的法律制度是一个封闭的结构，是前一阶段社会事实的总结。一旦法律被公布，它就将落后于社会事实的发展。此时，法哲学就可登场。近代民法典制定以来，有多个法哲学流派产生，如概念法学、法律现实主义、法社会学、法经济学等等。除概念法学强调法律的概念和结构必须坚守以外，其他的法哲学流派都主张适时对现存法律制度进行调整，从而使规范发生渐进性的变化，以与人们心目中的公平正义观不断相适应。现代民法上，附随义务、缔约过失责任、格式合同条款的规范（德国民法称“一

---

① ［德］茨威格特、克茨，《比较法总论》，潘汉典等译，法律出版社2003年版，第266－267页。

② 梁慧星，《民法总论》（第四版），法律出版社2011年版，第30页。

般交易条款法”，Allgemeine Geschäftsbedingung，法国民法称“附随合同”，contrats d'adhesion）等，虽然在程序上是通过案例进入法律的，但这些制度演变的背后都是法哲学起了重要的作用，如关于法律与道德的关系的讨论即是。

将学说引入立法和司法的过程与新自然法学说有着重要的关联。庞德指出，“现在自然法的任务不是给我们一批理想的普遍立法，而是给我们一种对实在法中的理想成分的鉴定”。“我们所要的并不是一种企图削足适履地强行使法律适合于它的体系的法律哲学，也不是一种限于方法论之中的、企图通过证明它具有自己的可以测定一切社会生活现象的专门方法，来为一门关于社会的科学进行辩护的法律社会学，我们所要的不过是一种知道如何利用哲学的社会学和一种指导如何利用社会哲学和哲学社会学的社会学法学。”①

总之，法学在任何一个现代国家都是一门重要的独立学问，虽然学说通常不是法源，但是，任何一个国家在立法、法律适用乃至法律职业人员的培养上都依赖于民法学说。学说可以推动立法，同时也不断通过批评而使法符合正义，对法作出有价值的判断。② 法学学说与判例相结合，特别能够促进法律的新发展和审判的进行。③

小　结

应当说，在实在法的层面上，法律的唯一渊源就是成文的法律规则体系。但是，法律不只是实在法，也是一种历史的和社会的现象。因此，法律不仅有着自身的逻辑体系，也必须符合自古以来人们对于公平正义的要求，不能背离人们赖以生存的传统和价值观。因此，法律的渊源不仅是规则，也来自于道德原则、习惯、判例和法学学说。其中，道德和法学学说是一种潜在的法律渊源，它们通常会以某种形式——如法律原则而存在，其作用贯穿着立法、司法的全过程；而习惯在多数国家的成文民法中都有明确的规定，是一种法定渊源，其适用的困难在于如何判断其存在。在这方面，商业惯例

① ［美］罗斯科·庞德，《通过法律的社会控制》，沈宗灵译，商务印书馆 2010 年版，第 4 页。

② ［法］雅克·盖斯旦、吉勒·古博，《法国民法总论》，陈鹏等译，法律出版社 2004 年版，第 506 页。

③ 王泽鉴，《民法总则》，北京大学出版社 2009 年版，第 58 页。

倒是十分明确的，具有确定性。最后，司法判例是英美法系国家的正式法律渊源，甚至是唯一渊源，但在大陆法系国家中，判例是一种新兴的法律渊源，它不能直接写进民法典规范中，却对民法具体规则的解释和适用和发展提供着重要的例证。

第五章　民法方法论精解

"'方法'意指通往某一目标的路径。"

——［德］齐佩利乌斯[1]

民法用来调整人们的民事行为的法律效果，并解决民事纠纷。民法总则是一些制度的共性集合，也是一种方法论。作为方法论的民法有两个分析模型，一个是法律关系，一个是法律行为。[2] 在具体运用这两个分析模型来分析案件事实时，必须运用非形式逻辑的方法重新构建社会关系，以使其符合民事法律关系的性质和诸要件的要求；同时提取法律行为和具体事件，以确定影响民事法律关系发展变化的基本因素（法律事实）。而在这个建构过程中，最基本的工具就是由语言表达的概念、原则和规范，如何排除语言的歧义、保证语言表达（即概念）的准确性，这是保持整个法律关系逻辑建构统一性的重要前提。

第一节　民事法律关系的建构方法

"在我们由以出发的格式塔中，有深度的不是含义的观念而是结构的观念，是一种观念与一种存在的难以觉察的结合，……"[3]

——莫里斯·梅洛·庞蒂

---

① ［德］齐佩利乌斯，《法学方法论》，金振豹译，法律出版社 2009 年版，第 1 页。

② 傅静坤，《民法总则》，中山大学出版社 2014 年 4 月版，第 4 页。

③ ［法］莫里斯·梅洛·庞蒂，《行为的结构》，杨大春、张尧均译，商务印书馆 2010 年版，第 302 页。

民事法律关系是一种虚拟的社会关系，是真实的社会关系（事实）在逻辑领域的重新建构。在这个虚拟的逻辑结构中，每一个要素必须是准确的，并且所有要素的结合应符合法律关系结构的总体逻辑要求。在这个建构过程中，必须认真地遵循一定的步骤，才能使所建构的法律关系模型准确地反映实际的社会关系状况。

建构民事法律关系的人必须掌握足够的法律专业知识。事实上，任何一个法律关系的建构者都必须在头脑中储存一套民事法律关系体系，即所谓的“格式塔”。在这个格式塔中有各种各样的概念和原理，它们分别与不同的法律事实相对应，进而形成了“一种观念与一种存在的难以察觉的结合”。这个体系越完整细致，其所建构的法律关系就越符合实际。

一、民事法律关系的建构方法概说

首先，必须明确民事主体的数量及其牵连关系。

民事法律关系的第一要素即民事主体。要确立民事法律关系首先必须确定主体。民事法律关系的主体可以由自然人、法人和其他组织来承担，因此在分析争议所以产生的社会关系时就要注意其中的主体是什么、有几个。

不同的民事法律关系所需要的主体数量不同。物权是绝对权，因而物权法律关系通常只需要一个主体即可产生，而债权法律关系则一般需要两个以上的主体才能成立，婚姻家庭法律关系需要两个以上的民事主体才成立，代理关系需要两到三个主体，而继承则需要至少一名死者、一名生者。

在初步确立了法律关系的主体数量之后，还要确定每一个主体的行为能力如何，这个步骤是绝不能省略的。假设其中有一个民事主体欠缺必要的行为能力，则必须追加一个民事主体作为民事法律行为的辅助人，才能成立相应的民事法律关系。

民事法律关系的构建是通过牵连关系的联想过程实现的。所谓牵连关系，指的就是原社会关系中的关系人之所以互相联系在一起的原因。这个牵连关系通过语言的关联就可以基本建构起来。

如“甲向乙借款五万元用以购买汽车”，这句话中甲乙的主体地位及其间的关系是非常明确地通过语言表述出来的，符合借贷关系的事实构成，因而其法律关系的建构十分自然。

但是，如果语言的表述不清晰，则需要剔除无意义的部分。如某些案件中当事人的自述部分可能会包含一些情绪化的表达以及过于琐碎的陈述，这些都属于无意义的语言，不需要在建构法律关系时将其考虑进来，而应当剔除出去。

其次，必须准确界定法律关系的形式。

法律形式就是所有的法律观念共同形成的结构，每一个法律逻辑结构在最小的意义上都应当是完整的。而在某些复杂的民事活动中，当事人一般都会聘请律师或法律顾问参与活动，因此就使其行为从一开始就较为专业化。这样的活动，当事人之间的法律关系事先就被专业人士明确化了，并更可能具有法律行为和法律关系所要求的特定形式。

法律关系的形式并不是指法律行为的表达形式。就法律行为的表达形式（表意行为）而言，我国民法并没有明确要求法律行为具备特定的形式，比如订立合同的行为并不要求以要式的方式作出，口头合同、电子合同等形式均为法律承认的形式。然而，在具体的法律行为中，特别是涉及到不动产和较长期限的合同，以及内容较为复杂的合同，法律要求以书面的形式进行，个别的还要求以公证的方式进行。这样，某些行为在表达式上是完整的，已经具备了法律关系的要素，其中的主体、客体和内容都十分明晰地表达了出来。但是，即使在这种情况下，也需要对法律关系进行重新建构，即本着法律的实质要求进行重构。

当事人在进行民事活动时推定是本着自由和善意进行的，但由于其行为并不能为法律所直接控制，因而行为的效果如何还需另外根据法律来衡量。比如，我国《民法通则》中所规定的显失公平的合同、以合法形式掩盖非法目的的合同，就是当事人在利益的驱使下签订的不符合诚实信用原则的合同，这样的合同经过重构，是可撤销的合同，甚至可能是无效合同（在损害了社会公益的情况下）。

合同的目的（causa）在法律关系建构中无法起实质的作用，英美法上的对价（consideration）也有多样的表现形式，但是，在重新建构法律关系以确定合同的效力时，这两个因素都可以用来作为参考。合同目的，可以用来衡量当事人的内心真实意思；而后者，则可用来衡量交易是否公平。

在建构法律关系时，任何人都应当被作为理性的人看待。这个理性人首先是在经济学意义上的，即能够为自己利益计算的理性的人。但是，这个理性人同时也是一个推论或假设，必须认真地区分不同行为能力的人，以及不同的人所处的情境。比如，乘人之危的行为即便具备了法律形式也不能产生实质的效力。

最后，确定民事法律关系的范畴。

明确了法律关系的主体和形式以后，就可以确定民事法律关系所属的范畴。民法上的范畴可以分为人格权法、身份法、物权法和债法等。对于所要确立的民事法律关系，当事人可能有所预期，这也是制度规范（格式塔）的期望。但是，当事人的预期与实际情况可能并不相符。因而，所有的事实关系都要比照民事法律关系的范畴进行重构。

民事法律关系的范畴在历史上是不断变化的。最初的罗马法把民法分为人法与物法，即关于人的法律和关于物的法律。人法基本包括人格、家庭等内容，而物法则是除人法以外所有其他的内容（主要包括今天的物权法和债权法，以及继承法）。1804年的《拿破仑法典》继承了罗马法的体例，将民法的全部内容分为三编，其中第一编是人法，第二编和第三编是物法（第二编是“财产及对于所有权的各种限制”，第三编是“取得财产的各种方法”）。这样的体例到了《德国民法典》发生了重大变化，即将民法的全部内容分为五编，包括总则、债权、物权、亲属和继承五个部分，而不再由人法或物法来统摄。此后随着《德国民法典》的传播，世界上有许多国家都采纳了这种体例，包括中国和日本等。

事实上，不论今天各国民法所采纳的是法国体例抑或是德国体例，民法的基本范畴都大体相当，特别是物权法和债权法的区别，自《拿破仑法典》时期就开始了。今天民法的基本范畴通常应包括这样五个部分，即主体制度（自然人、法人和非法人团体）、物权法、债权法、婚姻家庭法和继承法，民法上的所有问题都应在这五个范畴内得到分析和解决。因而，在建构法律关系时，必须明确所建构的法律关系是属于上述五个范畴中的哪一个。

不过，生活关系并不等于法律关系，没有人真的过着那样的规范化生活。规范是一个逻辑概念，而生活则是感情与理性相结合的复杂现实。实践中所产生的生活事实有时与法律无关，更多的时候会同时涉及几个不同范畴的民法规则，并需要提取为不同的民事法律关系。因此，必须就每一个生活事实进行认真的分析，将其所属的概念分别归入相应的范畴中，才能综合得出充分合理的法律关系逻辑结构。这样的法律关系可能是十分复杂的。恰如庞蒂所说，“在我们由以出发的格式塔中，有深度的不是含义的观念而是结构的观念，是一种观念与一种存在的难以觉察的结合”。

二、社会关系向民事法律关系的抽象化过程：情感、生活与观念

民法所调整的是人与人之间的社会关系，包括人身关系和财产关系，其

中人身关系又包括人格关系和身份关系。民事法律关系不是社会生活中的事实，而是通过法律逻辑将社会（生活）关系（beziehung）高度抽象化的结果。

在民事法律关系的建构过程中，最重要的方法就是抽象化，即剔除社会生活中不必要的细节和感情因素，以免将感性与理性相混淆，进而将具体生活与规范化的生活相混淆。只有这样建立起来的法律关系才是充分理性化了的。但是，这样一来，法律与情感及生活事实似乎就被对立了起来。

法律思维是逻辑思维。在逻辑思维的结构中，观念是起点。[①] 而逻辑思维的过程就是从一个观念导向下一个观念的过程。法律逻辑的具体运作表现为从一个法律概念推演到下一个法律概念，而生活事实只是在法律化后才能供逻辑思维来使用。这样，如何处理具体事实与法律事实的逻辑建构的关系就是一个重要问题。

社会生活中的具体事实包括各种感情活动和生活实践，其特点是纷繁复杂、不可预测。法律事实则是法律上的概念，是能够导向特定的法律后果（民事法律关系的产生、变更和消灭）的特定法律事件或行为，是法律推理的逻辑动因。能够为制度提供可预见性的只有法律事实。

例如，当双方订立合同时，依据法律逻辑就应预测成立合同之债的法律关系。然而，“合同”这一概念在生活中和在法律上的认识是不同的。生活中的当事人在订立合同时可能并不了解《合同法》关于合同成立及生效的种种规定，即没有法律上的合同“概念”，但是双方也可以订立合同并按合同内容履行完毕。这样的合同因为没有经过法律的鉴别，没有引起需要法律介入解决的纠纷，因此其基本的性质仍然是生活事实，属于当事人自我规范的范畴，并非法律事实，自始至终没有法律介入。但是，如果双方就合同事实发生了纠纷并要求法律介入，则法官和律师必须以法律关系建构者的身份重新衡量具体的事实，以确认双方的关系。这时，双方订立和履行合同的行为就必须按照法律事实的要求去审视，看其是否能够成立法律上的合同关系，成立什么样的合同关系，有效还是效力有疑问，等等。

所谓法律事实，是按照相应的法律（制定法、判例法或习惯）能够成为法律逻辑基本构成的事实，包括事件和行为。这些事件和行为必须从生活中脱离出来，变成逻辑事实，才能够用以确认民事法律关系。

---

① ［德］胡塞尔，《形式逻辑和先验逻辑——逻辑理性批评研究》，李幼蒸译，中国人民大学出版社2012年版，第157页。

比如,《合同法》第十二条规定:“合同的内容由当事人约定,一般包括以下条款:(一)当事人的名称或者姓名和住所;(二)标的;(三)数量;(四)质量;(五)价款或者报酬;(六)履行期限、地点和方式;(七)违约责任;(八)解决争议的方法。”其中第(一)到第(八)的各项即为逻辑事实,是判断合同内容的根据。生活中的合同内容可能并不完全具备这样的逻辑事实,但如果合同双方要求法律介入他们之间的关系,则必须将他们之间的生活事实转换为各项逻辑事实,即看看他们之间的合同内容是否与上述各项法律事实相符合。如果符合则可以成立法律上的合同关系,否则不能成立。

区分生活事实与逻辑事实是法律职业工作者所必须完成的任务。相对于当事人的行为而言,法律关系建构者的区分活动在很大程度上是一种后发的逻辑活动。如合同双方当事人就订立的合同发生了误解,并对所达成的效果不满意而产生纠纷,此时,双方就会寻找法律解决的途径,而法律关系建构者也就在这时介入了。此时,无论是律师还是法官,都会依照法律对方的具体行为进行逻辑分析,以判断双方的合同是否符合法律规定的要件,以及双方的纠纷应如何解决。换言之,法律职业工作者就在这时开始重构双方之间的法律关系。

将当事人的生活事实重构为法律事实并上升为法律关系,要求法律职业工作者必须理性地分析和筛选有关的生活事实。由于法律工作者本身也处于生活的某种情境中,因此,在区分生活事实与逻辑事实的时候,分析主体便需要超越自身,投入到对象的生活中,并将其生活事实抽象化、法律化。能够做到这一点殊为不易。胡塞尔(E. Edmund Husserl)曾指出,必须将心理学与逻辑学加以区分,即将纷繁复杂的感情因素对逻辑运作的干扰阻挡在心理学层次上。[①] 据此,作为法律关系的建构者,必须不受自身以及对象的心理(感情)干扰,才能客观地判断事实。

所谓心理事实,是由各种感情活动组成的。作为法律职业工作者,首要的任务是在法律关系的建构过程中克服心理干扰,去除感情的杂念。但是,感情因素在先验逻辑的形成过程中并非毫无益处。康德在《纯粹理性批判》中指出:所有的感情杂念将会集中导向一个意识[②](观念),而这个意识就

---

① [德]胡塞尔,《形式逻辑和先验逻辑——逻辑理性批评研究》,李幼蒸译,中国人民大学出版社2012年版,第132页。

② [德]康德,《纯粹理性批判》,邓晓芒译,杨祖陶校,人民出版社2009年版,第85页。

是逻辑的起点。换言之，观念的基础是感情，没有感情的观念无法客观化。

如前所述，所有的法律关系都是建构在法律概念基础之上的，语言高度抽象化，似乎不适于表达感情。但是，这并不是说法律完全不顾及人的感情体验。法律是理性的，但并不是无情的。在每一个现有的理性观念和概念的形成过程中，感情都曾起着非常重要的作用。因为对于人来说，感官感觉“就在他自身里面，构成他的主体性（subjectivity）的本质”①。这样的认识主体必然提出“主观权利”② 的概念，而这些概念就构成了我们今天所使用的法律体系中的一块块基石。

由此可见，法律体系的各种主观权利的形成与人的感情息息相关。在人的感情受伤害时，当事人会产生一种要求受保护的本能，这种本能呼唤着主观法（权利）的出现。当然，感情如果是个别的，通常无法获得法律的保护，并且会妨碍主体自身清晰的意识和观念的形成。但是，当这种感受开始在多个主体身上显现出来，变成人们所认可的一般感情，那么法律必须要保护人的这种感情。例如，当第一个奴隶提出要求得到解放时，他（她）可能不会受到重视，并且其行为会被认为有违常情。但是，当所有的或大多数的奴隶都群情激愤地要求解放时，解放奴隶的法律就变成了必然。《美国宪法》第十三修正案的产生就是一个例证。

我们今天所规定的民事法律关系都是与主观权利相关联的。比如，所谓物权，指的是物权人与其他人之间的关系，而债权则是指特定的相对人之间的关系。建构民事法律关系的前提就是承认主观权利。为此，在头脑中形成主观权利的概念体系是必须的，即使不能完全理解这些概念背后的情感基础。

值得注意的是，现代民法已经开始直接将感情作为某些法律关系中的重要价值来衡量了。这似乎认为感情在法律中也有可能被视为理性的，即作为概念来看待。比如，侵权法会为当事人提供精神（感情）损害的损害赔偿。这一规范说明，民法对人的感情从来不是无动于衷的，而民法的抽象观念也绝不能与人的感性完全割裂开。

关于情感活动与法律的关系，下文关于情谊行为的论述中还将提及。

---

① ［英］尼古拉斯·汉弗里，《看见红色》，梁永安译，浙江大学出版社 2012 年版，第 9 页。

② ［法］雅克·盖斯坦、吉勒·古博，《法国民法总论》，陈鹏等译，法律出版社 2004 年版，第二编。

三、事实不足与法律不足

在建构法律关系的过程中，有些建构者可能会发现当事人提供的事实不足，或发现可适用的法律不足。无论是哪一种情况，建构者可能都无法整理出一个正确的法律关系，也无法得出解决纠纷的正确方法。

所谓事实不足，是可供分析的生活事实存在断裂。证据法学者可能会认为这个问题应由证据法来解决。但是，在民法方法论的范畴，事实不足并不直接导向证据法。解决事实不足的方法是进一步认识事实与法律的关联性。换言之，所谓的事实不足可能仅仅是一个“假象”。

比如，某甲与某乙先签订了一个委托合同，由某乙代理某甲进行证券的买卖，后来二人又签订了一个借款合同，说的是某乙向某甲借款用以购买股票。后来股价跌落，二人发生纠纷。这样的两个合同是同时有效还是仅仅应当承认其中一个合同呢？

如果按照委托合同，则某乙进行的活动为代理，其买卖股票的后果都应由被代理人承担；如果按照借款合同，则某乙作为实际购买人不仅要还款，还要支付利息。两种不同的判断会导致截然不同的两种结果，这就需要法律关系的建构者认真考虑所有的事实的性质。

在本例中，双方签订的两个合同都是生活事实，不能直接作为法律事实来接受。其中前一个合同未履行完毕，又签订了后一个合同，这就使生活事实发生了断裂，当事人的活动前后矛盾。作为法律关系的建构者，此时不必求助于证据法，而应在现有事实中进行正确判断。实际上，两个事实中有一个是假象，即后来签订的借款合同。这个合同的存在改变了双方的关系，直接干扰了前一合同的履行，并导致了纠纷产生。因此，法律关系建构者不能直接承认这两个合同，而必须重新按照合同法的要求来建构双方之间的法律关系。

某甲和某乙之间的事实生活关系只有一个，即某乙用某甲的证券账户购买了股票。由于证券账户是用某甲的名字，因此所有的证券交易行为都直接对某甲发生效力。某乙代某甲进行证券交易只要符合证券交易法的规定，则该所有的买卖都应发生法律效力，即代理有效。至于二人后来签订的借款合同，是双方就已经发生的代理行为重新界定。如果二人不发生后来的争议，法律自不必去干预。但二人求助法律以后，就只能按照法律规定建构法律关系。这样，后来二人的借款合同不符合法律要件的要求，因而也不能转化为法律上的借款合同。

所以，本例中并不存在事实不足的问题，而是必须正确地确立事实与法律之间的关联。

那么，本例中是否存在法律的不足呢？甲乙二人先后订立了两个合同，前一个名为委托合同，后一个名为借款合同，但实际上两个做的只是一件事情，即通过甲的证券账户进行证券交易。整个交易是由某乙进行的，但是以某甲的名义，这样的事实仅符合委托合同的要件，因此委托合同在法律上是有效的，双方之间的代理关系也可以建立。然而，双方又在交易过程中另行签订了一个合同，即借款合同，其意图是保护某甲的利益，使其在任何情况下都不会遭受损失。

应当说，双方的意图如何是法律所不问的，但双方所签订的借款合同是否能够取得法律上的效力就必须根据法律规定来进行。我国合同法上关于借款合同的规定是就未来的借款行为规定的，即只有在合同订立之后才能发生金钱的所有权的转移。但是在本例中，双方不存在金钱的所有权转移问题，一切都仅在某甲的股票账户中进行。这样的话，就不是法律存在不足的问题，而是事实与法律相悖的问题。

所谓法律不足，指的是法律就相关的生活事实没有法律规定或法律规定不完善。应当说，在成文法国家，法律总是存在着某种程度的漏洞（Gapping hole），因为法律总是落后于生活现实的发展；法律是“死”的，生活是“活”的。因此，在民法上存在着一个重要的法技术，即漏洞补充。[①] 漏洞补充的方法可以是类推适用，也可以是通过民法的基本原则、习惯和惯例等来补充。就生活事实而言，由于存在着法律建构的过程，即每一种生活事实都要经过现行法的检索，如果发现法律没有相关的规定，则通过法律结构内部的漏洞补充的方法即可解决。比如甲乙双方订立餐饮合同，合同法上暂时没有相关的有名合同的规定，此时并不需要宣布餐饮合同无效，而可以通过合同法总则关于合同成立和生效要件的规定来衡量生活事实，或通过类推适用其他服务合同规则的方式加以判断。

就本例而言，合同法中有关于借款合同的规定，也允许自然人之间的借款关系的存在，但是甲乙双方的目的是想通过借款合同的形式来保证某甲的利益在任何情况下都不受损失，即以借款合同来推翻委托合同，这就不是法律漏洞的问题了。法律关系的建构只能严格根据法律和事实的关联性来确

---

① 梁慧星，《民法解释学》（第三版），法律出版社2009年版，第十二章。

定，因此，从甲乙双方的事实关系来看，只能认定为代理关系。

第二节　民事法律行为的提取

“事实上只有实体的原子，也就是实在而绝对没有部分的单元，才是行动的根源，才是构成事物的绝对的最初本原，而且可以说是把实体性的东西分析到最后所得到的元素。”

——莱布尼茨①

在建构法律关系的过程中，法律行为的提取是必经阶段。法律行为是法律事实的基本成分，是生活行为的法律化。民事法律关系作为一个系统，在确定了主体之后，接下来的任务就是提取主体的行为单元，以便确定主体的行为性质。

生活行为与法律行为的区别是宽广的实体与相对稳定的单元的区别。生活行为并没有一个特别的法律界限，行为的方式、方法和种类内容不可计数，并始终在发展中；而法律行为则是形而上学的概念，这个概念是依据事实而建立的，但不是事实本身。“事实上只有实体的原子，也就是实在而绝对没有部分的单元，才是行动的根源，才是构成事务的绝对的最初本原，而且可以说是把实体性的东西分析到最后所得到的元素。”法律行为就是依据生活事实而在法律框架内提取的事实单元。

法律行为有广义和狭义之分。广义的法律行为包括合法行为，也包括不法行为。不法行为就是侵权行为，是引起侵权之债发生的法律事实。合法行为可以表现为多种形式，包括意思表示行为、准法律行为和事实行为，可引起多种法律关系的产生，是民事主体进行民事活动的基本方式，此外，还有不必然引起法律关系发生的情谊行为。尽量完整地审视生活行为并将其升华为法律行为之一种（一个单元），才能够建构起正确的民事法律关系。

一、作为意思表示的法律行为

意思表示行为是最狭义的民事法律行为，也是最典型的法律行为，指的

---

① ［德］莱布尼茨，《新系统及其说明》，陈修斋译，商务印书馆2005年版，第7页。

是行为主体有意实施的民事法律行为。这里的“意思表示”是指行为人在行为时已经明确地知道自己将要通过此种行为进入某种特定的民事法律关系，换言之，行为人的意旨在于将现在以及将来的生活关系纳入民事法律的调整范围。

通常，生活范畴与法律范畴是两个截然不同的范畴，但是，有些生活行为是被法律规定了的，因而如要求其产生法律上的效力，必须符合法律范畴中的各种要求。关于行为与法律的关联性，也许从刑法的角度可以得到更明晰的图像。比如，驾车行为是一般的生活行为，但我国《刑法》将“醉驾”作为犯罪行为（《刑法》第133条第二款），因此如果某人醉酒后驾驶汽车出行，则构成犯罪。这时的犯罪行为的确定是与当事人的意识无关的，即不管当事人当时的意识是否清醒，也不管当事人知道不知道这条法律，法律都将适用。

民法对生活范畴的介入则更为复杂。以上述行为为例，如果当事人醉驾时并没有造成交通事故，未造成他人的任何财产或人身损害，其行为也是犯罪行为；但是，如果驾驶人不仅酒驾，而且造成了交通事故，导致他人遭受了人身和财产损害，则其行为不仅构成犯罪，还构成民法上的侵权行为，应引起侵权之债法律关系。换言之，民法的适用是以行为是否造成了一定损害后果为限的。

意思表示行为与上述侵权行为有一个共同点，即都会引起一定的法律上的后果；而其分别在于，前者的后果是主动追求的，后者则不尽然。（同样的，故意侵权行为是故意追求对他人的损害后果，但过失则并不是故意追求。这里的故意和过失侵权与故意和过失犯罪是不同的，有不同的判断标准。）作为意思表示行为，行为人事先便应考虑到行为的后果，并以“作为”的方式予以实践；而侵权行为则可能是有意的，也可能是无意的。

民事法律关系的建构者在提取意思表示行为时应依照当事人的真意来判断。所谓当事人的真意，并不是当事人的自我表达，而应根据当事人之间的真实关系依法来判断。

此处以合同法为例。合同法的基本原则是契约自由，即只要法无禁止，当事人可以根据自己的意志自由地进行契约活动，包括订立什么合同、与谁订立合同等都是自由的。然而，合同法还必须遵循民法上的其他原则，如诚实信用与公序良俗原则等。根据当事人的意思来构建法律关系，必须同时符合民法的各项基本原则。此外，合同法上的某些具体规范如果是强制性的，也必须遵守。如公益性质的合同必须符合强制缔约的要求，格式合同条款必须不违反公平原则，等等。因此，一份合同是否能够发生当事人预期的效力，并不纯粹以当事人的意思为限。

意思表示行为还可能是其他形式，如处分行为。处分行为是物权行为（包括准物权行为），必须符合一定的形式要件。如为不动产便以登记为要件，如为动产则以交付为要件。判断物权行为的效力，必须根据这些要件来进行。

此外，遗嘱行为也是意思表示行为，也称为死因行为，因其行为的进行是在生前，但效力是在身后发生。遗嘱行为是单方行为，不需要继承人或受遗赠人表示同意。

最后考察身份行为。身份行为是一种特殊的意思表示行为，是用来确定当事人之间的身份关系的，如婚姻行为和收养行为即是。身份行为的目的在于确立身份关系，因此其内容是就双方将要建立的身份关系进行意思表示。身份行为必须受身份法的约束，其中的强制性要件必须得到遵守，禁止性要件不得违背，如对于年龄、性别的限制即是。另外，在民法的诸原则中，公序良俗原则在身份法中的地位至为重要，可以直接用来作为判断行为人意思表示是否生效的标准。

意思表示的当事人是有意进行民事法律行为，受法律约束的，因此，行为人通常必须具备完全民事行为能力，在某些情况下也可以由限制行为能力人进行。如果行为人不符合行为能力的强制性要求，其意思表示的真实性由其辅助人（由监护人担任）予以完善，否则就会遭到怀疑甚至被撤销。

二、准法律行为

有一些行为不是意思表示行为，但该行为与意思表示行为具有直接的联系（通常是作为法律行为的预备行为），可以从生活中提取出来，这种行为就是准法律行为。

准法律行为的表现形式多种多样，如与请求权行使或法律行为目的达成有关的催告和通知，包括履行催告、规定期限、代理人追认的催告、通知、瑕疵告知及其他告知（如关于期限开始的告知）等。具体来说，准法律行为分为意思通知、观念（事实）通知和感情表示。

首先，意思通知。所谓意思通知，是指为使进行中的意思表示得到完成而进行的某些补充性质的表示行为。这种行为所进行的不是一个完整的意思表示，但是为特定意思表示服务，因此也可称为准意思表示。

准意思表示行为有的仅仅约束自己，不要求对方答复；有的则要求对方限期答复。其中，通知和告知行为不要求对方答复，而催告行为则必须要求对方限期答复。无论是哪一种情况，行为人必须以对方可以在通常情况下能够了解的方式来进行。

我国民法上虽然没有明确出现准法律行为的概念，但在制度上是有这类行为的规定的，如《合同法》中关于撤回要约的通知的规定，以及关于催告的规定。根据这些法律规定，意思通知行为必须以一定的方式作出才能够生效。

《合同法》第十七条　要约可以撤回。撤回要约的通知应当在要约到达受要约人之前或者与要约同时到达受要约人。

此处应解释何为到达。由于准法律行为是为法律行为做准备，因此其到达的方式也是被法律行为规定了的。合同中的法律行为始于合同的订立，而衡量合同是否成立的标准是承诺，即在承诺到达对方或从承诺方发出时成立。以对话方式作出的意思表示在对话完成时即成立，而以书面形式作出的意思表示则以传递方式为准。传递方式由邮政系统进行的，包括信件、电报、电传等，以信件等到达对方有效地址（并由对方或其代理人、代表人签收）为准，或以信件等从承诺方发出并由邮政系统签收为准。至于其他方式，如电子邮件的方式是由电子系统提供即时收发证明，而传真则与电话一样，是即时到达的。撤回要约的通知必须以上述方式中的一种在要约到达对方之前到达受要约人。

《民法通则》第四十七条　限制民事行为能力人订立的合同，经法定代理人追认后，该合同有效，但纯获利益的合同或者与其年龄、智力、精神健康状况相适应而订立的合同，不必经法定代理人追认。相对人可以催告法定代理人在一个月内予以追认。法定代理人未作表示的，视为拒绝追认。合同被追认之前，善意相对人有撤销的权利。撤销应当以通知的方式作出。

虽然催告与撤销通知的法律规定并没有出现“到达”的字样，但其生效亦应以到达为准，具体标准已见上述。

其次，观念通知，也称为事实通知，其意义是当事人一方将某种已经完成的法律事实通知相对人，从而使该种事实对相对人生效。我国《合同法》第29条规定的承诺迟到的事实通知，以及第80条关于债权让与的通知，均为事实通知。在第29条，要约人将承诺迟到的事实通知受要约人时该承诺失效；而在第80条，当债权让与人将债权让与的事实通知债务人时，债务人应向受让人履行债务。

事实通知与意思通知的区别在于，意思通知是为某一个意思表示做意思上的补充和辅助，如催告监护人对未成年人所进行的民事行为表示追认或不予追认；而事实通知则是将一个意思表示行为已经完成或未完成的事实通知对方。因此，前者构成辅助行为，而后者则不构成。

最后，感情表示。法律是理性的，这几乎是公认的事实。但是，法律并非与感情完全无关。笔者在前文已经论述了作为主观权利的法与人类感情之间的必然联系，可以说，没有感情的人是不可能正确理解法律的。

除了这种法律建构上的联系，有学者认为某些感情表示经过法律的确认也可以发生一定的法律效力。比如，台湾地区“民法”第1053条即是，详见王泽鉴先生论著。[①]

总之，准法律行为虽然不能直接形成法律关系，但对于法律关系的形成有着重要的补充作用。

三、事实行为

事实行为本身不具备意思表示要素，但可因适法性而产生法律上的后果，即某种事实的状态经过一段时间发生法律所特别规定的效力。此种情形下，行为人不需要有意思能力，只要其实施的行为符合法律的规范要件，则不管当事人主观上是否有发生、变更或消灭某一民事法律关系的意思，都会由于法律的规定而引起一定的民事法律后果。例如，无因管理、先占、添附、拾得遗失物、发现埋藏物等，均属于事实行为。

事实行为是一种理论上的概念，我国《民法通则》和《物权法》上均有相关的制度规定，如第93条关于无因管理的规定和第109条关于拾得遗失物的规定：

《民法通则》第九十三条　没有法定的或者约定的义务，为避免他人利益受损失进行管理或者服务的，有权要求受益人偿付由此而支付的必要费用。

《物权法》第一百零九条　拾得遗失物，应当返还权利人。拾得人应当及时通知权利人领取，或者送交公安等有关部门。

作为事实行为，行为人不能也不需要具体判断行为的效果，因为其所从事的是无法立即确立明确的对象的行为，所以无法立即建立明确的法律关

---

① 王泽鉴，《民法总则》，北京大学出版社2009年版，第257页。

系。但是，作为法律关系的建构者，法律不仅要承认那些对象明确的法律行为的效力，也应为潜在的法律行为对象和法律关系留有余地。进行事实行为的一方多是为某种正当价值判断进行的，如无因管理是为避免他人的人身或财产损失而进行的，拾得遗失物是为保全他人的财产而进行的。这类行为表面上没有经济学上所谓自利的理性人的行为特征，但法律必须鼓励乃至保护这类行为，从而纠正过度理性可能产生的偏颇。

同样的法律关系建构行为还有对情谊行为的特殊处理。

四、情谊行为

人们在生活中除了进行法律行为，还要进行大量的法律行为以外的其他行为，其中，情谊行为就是重要的一类。所谓情谊行为，其特点在于行为人均不以发生法律关系为目的，并无受法律约束并在法律上产生效力的意思，而只是为增进友情。人是理性的，但同时也是感性的，人们之间的关系首先是生活关系，其中充满了感情的成分，而后才能被法律抽象为法律关系，并且，其中有相当一部分生活关系内容是无法抽象为法律关系的。

情谊行为是十分常见的一种生活行为，是人们为了表示感情（好意）而进行的特定的社交活动，台湾地区“民法”上又称为“好意惠施行为”。这种情谊行为不限于朋友之间，即便是陌生人之间也可能会有情谊行为，如搭顺风车即是。情谊行为在外观上似乎与无因管理有些相似，即都是没有约定而为他人利益进行一定的行为，但区别在于，无因管理人进行的是事实行为，即如浇花、收获果实等行为，本身不能定义为法律行为，不需要行为人有意思表示能力，直接依法成立一定的法律关系；而情谊行为的施惠人所进行的往往是惠及他人的法律行为，但不要求与其建立新的法律关系，如搭车的施惠人所提供的施惠行为是驾驶同乘行为，驾驶员和车主必须受一系列法律的调整和约束，如应达到法定年龄并通过考试，要遵守交通规则，承担侵权责任，等等。另外，好意惠施行为通常不要求对方提供报酬，而无因管理人事后可以要求报酬或补偿。

情谊行为是人与人之间表达善意情感的行为，双方之间无意建立任何法律上的关系，但法律并不能始终对此置之不理。法律对于好意惠施行为的介入与否取决于施惠行为本身的效果，如果施惠行为依法顺利完成，则不需要法律在任何层次上的介入，但是，如果施惠行为没有依法顺利完成，如驾车时发生了交通事故，则引起的后果常常包括对受惠人的损害及相关的法律责任是否承担的问题，此时便需要在施惠人和受惠人之间进行权衡，以免产生不公平。

施惠行为所引起的法律责任一般应由受惠人自行承担，这是本着“受其利者任其害”的礼仪习惯。如某人请客但客人吃不惯因此感到不舒服送院治疗，这时请客人并不承担责任。法律此时的不作为不是为了放任，而是为了孕育善良民风，以免人人陷于纷争，纠葛不断，社会不安。但是，如果施惠人在施惠过程中确有故意或重大的过失而导致了受惠人的人身或财产损害，则施惠人应承担必要的民事责任。此时法律的介入是为了防止施惠行为的滥用，保障人们的人身和财产安全。

综上所述，认识引起民事法律关系的各种不同的法律行为，注意在生活中区分并提取它们，对于建立和发展必要的民事法律关系、解决民事纠纷是十分重要的。

第三节　法律语言

“我怎样认出这种颜色是红的？——一种回答会是：‘我学会了汉语。’”

——［英］路德维希·维特根斯坦①

在民事法律关系的建构过程中，概念起着最基本的作用。而要保证民事法律关系得以正确恰当地构建，必须保证每一个作为前提的概念都是等值的。这个任务只能由语言的陈述和分析来完成。而整个法律规范体系实际上也就是一个语言体系，“这一层语词外衣使制定法（gesetzesrecht）成为语义学（semantik）”②。

一、法律语言概说

法律语言是语言中的一个特殊系统，它依赖于普通语言学，又有自己的规律。无论是用词还是语法，法律语言要求必须最大限度地做到精确。作为

① ［英］路德维希·维特根斯坦，《哲学研究》，陈嘉映译，上海人民出版社2005年版，第138页。

② ［德］齐佩利乌斯，《法学方法论》，金振豹译，法律出版社2009年版，第2－3页。

一个比较的系统，法律语言与文学语言是相反的，文学语言充满了想象和跳跃，而法律语言则以叙述和论说为主。

对于语言的产生，有象声与象形两种学说，但是，索绪尔从根本上反对这种二元论的说法，认为起码有五六个根本的真相。[1] 因此，必须将意义和形式结合起来，才能反映语言的事实。而在这个过程中，必须首先存在着观点，然后才是事实。[2] 这就是语言的同一性的来源。

作为法律语言，同一性问题非常重要。法律逻辑始于概念，而概念建构于语言。法律语言的概念性要求是，同一个表达式，在任何情况下都是不会改变的。比如，合同的概念可能有许多个不同的表达式，学生答卷上的答案五花八门，但是正确的定义只有一个，即法律认为正确的那一个。

不同法系和国家的法律概念表达并不完全相同。比如，在大陆法上，《法国民法典》和《德国民法典》的合同定义分别是：

《法国民法典》第1101条　契约为一种合意，依此合意，一人或数人对于其他一人或数人负担给付、作为或不作为的债务。

《德国民法典》第145条　向他人发出订立合同的要约的人，受要约的约束，但要约人已排除要约的约束力的除外。

上述两部民法典都是在世界范围内有深远影响的法典，这两个条款也不能等同于合同的法理定义。但是，这些规定表达了关于合同的最低要求。在《法国民法典》上的该条款，合同被表述为一种“合意”，即双方的意思表示一致，可引起合同（给付）之债；而在《德国民法典》的该条款，合同是根据其技术特征被表述为“要约”（和承诺），因为所有的合同均始于要约。按照法律概念同一性的要求，这两个“定义”在形式上（字面上）是明显不同的。但是，语言判断的第一要义并不是形式，而是意义，或者说是观念。在这两个定义中，合同的观念均是存在的，只是，《法国民法典》将“合意”定义为契约，而《德国民法典》则将“要约”定义为契约，二者的表述形式的不同源于其介入点的不同，《法国民法典》是将契约作为一个完整的关系看待，而《德国民法典》则是动态地看待契约关系的生成，从开始点切入，二者并没有根本意义上的冲突。

再看英美法上的合同定义。作为判例法体系，合同的定义有两种，一种

---

① ［瑞士］费尔迪南·德·索绪尔，《普通语言学手稿》，于秀英译，南京大学出版社2011年版，第3页。

② 同上，第5页。

是由判例归纳而来的，即《美国合同法整编（第二次）》的定义：“契约乃为一个允诺（promise）或一组之允诺，违反此一允诺时，法律给予救济，或其对允诺之履行，法律在某些情况下视之为一项义务。”[①] 另一种则是经特雷泰尔（Treitel）总结而由《美国统一商法典》（UCC）所采纳的定义：“契约，是发生由法律强制或认可的义务的协议（agreement）。”[②]

根据上述这两个定义，前者将契约定义为“允诺”（也有译为“约定”，见杨桢译本），后者则将契约定义为“协议”，二者在字面上是完全不同的。但是，同样的问题来了，字面上的不同会导致意义的不同吗？作为允诺或约定，前一个定义类似于前述《德国民法典》的规定，即注重技术性，从契约成立的过程（允诺）来看契约的定义；而后一个定义类似于前述《法国民法典》的规定，即注重由合意（协议）来表达的一个完整的关系，并经由合意引起契约之债。前文已经对法、德两国民法典的定义进行了比较，说明这两个定义都能表达契约的意义，因此，英美法上的这两个定义同样阐释了契约的意义，出发点不同。

综上所述，笔者想要指出的是，法律语言不是简单同一性相加的结果，而是价值同一性的反映。因此，法学试卷上关于契约定义的五花八门的答案，只要其语言所传达出来的意义正确反映了契约的合意（协议）性质，或明确指出要约和承诺（允诺）可构成契约，则答案就是正确的。

然而，法律语言的要求并不仅止于此。法律语言要求精确，因此法律关系的建构者必须在普通语言的基础上更进一步地锤炼自己的语言，才能够使语言表达更加符合法律关系的实质和法律的要求。事实上，法学教育的过程在某种程度上就是一个锤炼法律语言的过程。

那么，怎样使语言表达更加专业化呢？在回答这个问题之前，我们可以提出这样一个简单的问题，一朵红色的玫瑰花是怎样为人所认识并表达出来的？对此，维特根斯坦说：“我怎样认出这种颜色是红的？—— 一种回答会是：‘我学会了汉语。’”此句的含义是，没有人天生就能认出一朵红色的玫瑰花，而要用汉语中的“红色”来指认玫瑰花的颜色，必须经过学习“红色”的意义方能达到。同理，法律观念就是那所谓的“红色”，认识红色并能够用红色指认一朵红色的玫瑰花，必须经过一定时间的学习和训练。通过

---

① 杨桢，《英美契约法论》（修订版），北京大学出版社2000年版，第1页。

② ［日本］望月礼二郎，《英美法》（新版），郭建、王仲涛译，商务印书馆2005年版，第287页。

这样的学习和训练，一个法律关系的建构者才能够被培养成一个语言精确的专业人士。这也就是为什么在面对某一法律关系的建构任务时，系统研习过法律的人会比从未系统研习过法律的人更加得心应手，因为前者的头脑中有一个由专业术语构成的“格式塔”。

精确的法律语言必须能够正确地反映观念与事实之间的联系。仍以合同法为例。我国当代民法将当事人之间的合意及其所引起的债称为“合同”，但是，在我国古代乃至近现代民法上，这个表达式是“契约”，而在翻译别国民法时，学界习惯上也称为“契约法”。那么，到底是“合同”更接近概念本质还是“契约”更接近概念本质呢？这就涉及语词与概念的同一性问题。[①]

语词并不是概念本身，只是它的表达式，同一个概念可能有多个语词来表达。语词与概念的同一性并不过分要求语言表达式的同一性，但要求法律关系建构者能够清楚地区分语词所代表的观念意义。比如上述“合同”与“契约”的问题。“合同”一词在当代的出现是在1982年7月1日实施的《经济合同法》中，其中的表达式是“经济合同法”，因为该法调整的是法人之间的经济合同关系。此后又有《涉外经济合同法》（1985）和《技术合同法》（1987）相继颁布实施，分别调整有涉外关系的涉外经济合同和技术开发与转让合同。1999年，我国现行《合同法》颁布实施，从而使“合同”一词第一次去除了定语，作为单独表达式。这一表达式使作为语词的“合同”与合同（或契约）的法律观念高度贴切。

但是，在我国的法制史上，合同观念的表达式并不是一直用“合同”二字来担当的。回溯到西周时期，当时的合同叫做“质剂”和“傅别”，而债的关系叫做“责”。[②] 到了隋唐时期则出现了“契约”一词，凡买卖、借贷、抵押、租赁、委托和承揽等，都必须通过契约来进行。民国政府在1931年颁布实施的《民法》中，第二编第一章第一节第一款即为“契约”，指根据当事人相互意思表示一致的状态而确定契约关系。由此可见，虽然我国历史上关于契约或合同的表达式有诸多的变化，但最贴近现代的表达式是“契约”。当然，其意义是与今天《合同法》中的合同完全一致的。

那么，就同一法律关系来说，合同与契约两种表达式的并存是否是正常的呢？

---

① ［德］齐佩利乌斯，《法学方法论》，金振豹译，法律出版社2009年版，第29页。

② 曾宪义主编，《中国法制史》（第二版），北京大学出版社2009年版，第51页。

外国民法上关于契约或合同的表达式一般是“contract”，国内译为“契约”，也可译为“合同”。但是，contract 在英语世界里并不是契约（或合同）关系的唯一表达式，还有 covenant（或 deed of covenant），一般翻译为“契据”，其实质的意义是“盖印契约”，即不需要对价（consideration）的契约；另外还有简约（simple contract），需要有对价才能够生效。

此处需要指出的是，在国外，“契约”一词不仅在民法上使用，在神学、政治学等范畴也有使用。在神学上，契约的表达式是 covenant（也是上述盖印契约的来源），最早始自《圣经》关于人与神的约定。后来，卢梭的《社会契约论》（*Du Contrat Social*）将契约观念政治化，用于政府与人民的约定，作为近代政府政治的基础。在建构民事法律关系时，必须将这两种情况予以排除，从而将语词的有效范围限定于私法的领域。

总之，语词与概念的同一性的决定因素在于观念与语词在具体时空中的意义的一致性。就像黑格尔所认为的那样，世界历史是一个过程，在这个过程中，客观理性得以逐步地具体化，而法律不过是其直接的反映罢了。[①] 而那些在历史上用以表达某一法律观念的词语，若干年以后可能会消失，那保留下来的，或新近创造的，就成为法律概念的最终表达。“契约”与“合同”这两种表达式在汉语的语境下都与现代民法上的合同观念一致，都可以表达“协议”（agreement）的本质，但是二者在中国法制史的进程中分别在不同阶段表达着合同的观念。

二、消除语言的歧义

法律概念是用语词来表达的，法律关系的建构也必须通过语言来进行，但是，语词常常存在着多种涵义，只有在消除歧义后才能够抵达法律真意。上文中所提及的“契约”与“合同”即是一例。那么，如何消除语言的歧义呢？首先是采取历史研究的方法，如上述对契约与合同的词义在历史过程中的演变的研究，这样的方法可以让我们了解语词与概念之间的关联的发展过程。但是，为消除语言在当下的歧义，弥补语词的不足，还必须借助其他方法，即新创专门化的法律语言，发明新的法律术语。此外，比较研究、跨学科分析的方法都对消除语言的歧义有着重要的作用。

---

① ［德］齐佩利乌斯，《法学方法论》，金振豹译，法律出版社 2009 年版，第 33 页。

（一）历史研究的方法

法律语言是依赖于普通语言发展起来的。在历史发展的过程中，法律关系的建构者陆续创造了属于法律范畴专用的语言——法律术语，并通过这些法律术语来表示各种法律概念，如监护、债、时效等。迄今为止，各国都已经形成了专门的法律术语体系，并藉此形成了法律规范体系，以适用于实体法和程序法的立法、司法的全部过程。

法律术语的最古老的创造者是罗马法，我们今天所使用的很多法律术语最初都来自罗马法。随着历史的变迁，特别是由于拉丁文的弃用，有些罗马法的术语消失了，但是也有一些最基本的保留了下来，如民法（jus civile）、善意（bona fide）、欺诈（fraudi）等等。在中世纪初期到中期，由于罗马法的湮灭，导致法典化的语言体系灭失，民法的残片仅存在于知名或不知名的个别人（很多是教士）的解释中。[①] 在中世纪后期，由于罗马法典的再发现，注释法学派进行了大规模法典注释活动。在这个过程中，很多罗马法上的术语被重新解释和定义，从而形成了罗马在中古时期的新的文献版本。

中世纪结束后，文艺复兴席卷了欧洲，启蒙时期的法律学家们对民法又进行了新的改造。其中，格老秀斯第一个系统地对罗马私法进行了重新论述。而在启蒙运动的引导下，《法国民法典》诞生，奠定了近代民法的话语体系。我们今天民法中的大多数术语都来自法国民法。而由于语言简洁优美，该法典的传播也遍及了世界各地，成为许多国家现代民法的范本。

在《法国民法典》之后，新兴的德国在法律语言的创造上作出了特殊的贡献。德国的民法兴起于启蒙时期末期，继承了格老秀斯法学思想的普芬道夫对整个私法体系以及契约法律思想进行了系统的研究和论述，从而直接影响了德国的立法体例（总则和分则分别立法）和立法语言。

德国对法律语言的特殊贡献是通过《德国民法典》完成的。在《德国民法典》以前，西方世界的民法语言均源自罗马法，至《法国民法典》诞生，其语言体系也仍然带有明显的罗马法特征。但是，后来的《德国民法典》创造了出了一系列特殊的民法术语，并由此建立了全新的民法体系，如法律关系（体系）、法律行为（体系）、物权行为等等。有学者指出，在《德国民法典》中，语词的应用达到了相当精确的程度："每个概念用一个

---

① ［英］保罗·维诺格拉多夫，《中世纪欧洲的罗马法》，钟云龙译，中国政法大学出版社2010年版，第26页。

词去表达，反转来，每个词只表达一个概念，不同的词所表达的概念不同。”①

《德国民法典》的语言创造性体现在整部法典的各个部分，在此仅以“总则”为例加以分析。

《德国民法典》的总则编共分为七章，包括人，物和动物，法律行为，期间、期日，消灭时效，权利的行使、自卫、自助，担保的提供。这七章的内容分类已经成为许多国家和地区民法总则的主题，而其中的许多条款也是法律概念的最准确的定义，如第二章“物”的几乎全部条款都是定义，例如第90条“物”：“法律意义上的物，仅为有体的标的。”第91条“代替物”：“法律意义上的代替物，是指交易上通常按照数量、大小或重量来确定的动产。”通过这样的定义，法典就可以达到一个词对应一个概念、一个概念指向一个词的效果，从而最大限度地消除法律语言的歧义。

虽然《德国民法典》并没有像《法国民法典》那样影响了许多国家和地区的民事立法，但是，在继受了德国民法的国家和地区，其法律语言都体现出一定的精确性追求，如日本即是。

我国民法是在民国时期继受的德国法，而1986年的《民法通则》也延续了这个传统，因此，德国民法无论是在体系上还是在概念上都影响着我国现行民法体系。但是，就语言精确性而言，我国民法的专业化过程还处在初级阶段。这一方面是由于我国的民事立法在体系和时间上的分散化扰乱了法律语言的系统建设，另一方面是由于我国民法不仅受到德国民法的影响，还在很大程度上受到了法国民法、瑞士民法、意大利民法和英美法的影响。由于法律语言在每一个国家都有一个封闭的系统，因此，在借鉴这些不同国家的民法时，法律术语的发育就呈现出一种不协调的状况。

为此，必须引出第二种消除法律语言歧义的方法，即比较法方法。

（二）比较法方法

比较法方法是在二十世纪六十年代开始兴起的一种法学研究方法，到现在已经成为一个专门的法学学科，其代表人物是德国法学家茨威格特，而其代表作是《比较法总论》。② 比较法的首要任务是进行法律制度的横向比较，从而发现不同制度的精义。

---

① 谢怀栻，《大陆法国家民法典研究》，载于《外国法译评》1994年第4期，第15页。

② ［德］K. 茨威格特，H. 克茨，《比较法总论》，潘汉典等译，法律出版社2003年版。

比较法方法与一般的比较方法不同。一般的比较方法是预设一个标准（定量或定性），并选取两个以上的对象进行对比分析。这种方法广泛适用于科学和人文社会科学的各个领域。比较法方法与比较分析方法的不同在于前者是制度比较，是不预设标准的开放性比较。这就使比较法逃脱了仅仅作为方法论的命运，而成为法学研究的一个分支。

比较法在我国的兴起是晚近才发生的，根源在于国际化对我国的影响。随着不同国家间社会科学成果的传播，我国对国外法学的了解逐渐增多，因此，出现了在不同法系间进行比较的学术倾向。这种比较研究的范围十分广泛，而其目的一般只有一个，就是在不同制度之间比较并作出适合本国情况的取舍。比如，关于我国未来的民法典的起草应当采取何种体例，就有过十分激烈的比较法范畴的争论。①

然而，比较法方法的运用并不仅限于制度结构的比较。制度是建立在概念体系基础上的，因此，对不同的概念进行精确定义就是制度建设的第一步——就像《德国民法典》曾经作的那样。但是，如上所述，由于我国法律制度呈现出不同的来源，因而，法律词语的统一也受到了相应的影响。这样，为保证词语与概念的一一对应，必须认真比较各国民法制度内容，明确不同概念之间的关系，从而使相应的概念在我国的语境中得到正确理解和表达。

我国目前的民法体系包括《民法通则》《合同法》《物权法》和《侵权责任法》等基本法律，这些法律中的概念和术语存在着不同程度上的冲突。比如，《民法通则》第五章是关于民事权利的规定，共分为四节，其中第一节是“财产所有权和与财产所有权有关的财产权”，但在《物权法》中，相应的内容实际上是有关物的所有权和用益物权的规定。这样的术语差异就需要通过比较法的方法加以解释和理解。

按照《民法通则》第七十五条的规定，“公民的个人财产，包括公民的合法收入、房屋、储蓄、生活用品、文物、图书资料、林木、牲畜和法律允许公民所有的生产资料以及其他合法财产”。就该条列举而言，所谓“财产”就是《物权法》上的“物”，包括“动产”和“不动产”；而该条后半句的“生产资料以及其他合法财产”指向不明确。不过，既然该章第二节、第三节、第四节分别是债权、知识产权和人身权的规定，因此这些生产资料以及其他合法财产就仍应属于有体物的范畴。这样，所谓“财产所有权”（第七十一条）实质上就是《物权法》上的物的“所有权”（第三十九条），

① 梁慧星，《为中国民法典而斗争》，法律出版社 2002 年版。

而第一节的规定就是《物权法》第二编的简要内容。

为什么在《民法通则》中没有出现物权而出现了财产权呢？《民法通则》的制定主要受《苏俄民法典》和《匈牙利民法典》的影响，[①] 但是关于这一点并没有详细的记载，但在此不妨做一个比较法的分析。财产（property）和财产权（property rights）按字面意思似乎来自于英美法，同样的，英美法上似乎也并没有“物权法”，而只有“财产法”（property law）。然而，这实际上是一种语词翻译和概念认识上的错误。英美法不仅有物权（property right），而且也将物分为动产和不动产两类，其中动产是 personal property，不动产是 real property。不过，对于 property 的意义，英语世界中有两种涵义，一种已如上述，是狭义，即指物，或物权；另一种是广义，即不仅指物和物权（有形财产、有体物），也指智慧财产（intellectual property），又称无形财产、知识产权。因此，说《民法通则》中的“财产所有权”概念和用语来自于英美法在逻辑上是不成立的，其中的误解颇多。

《民法通则》的这种编排似乎与《法国民法典》（李浩培译本为《拿破仑法典》）相关，因为《法国民法典》第二编为“财产及对于所有权的各种限制”，第三编为“取得财产的各种方法”。其中，第二编的内容包括“财产分类”“所有权”“用益权、使用权及居住权”和“役权或地役权”，第三编包括继承和各种债。而在第二编第一章“财产分类”中，开宗明义的第一条即表示财产为动产和不动产：“第 516 条　财产或为动产，或为不动产。”可见，在《法国民法典》中，财产即为有体物，与我国《民法通则》上的财产是一个概念。

在《物权法》的制定过程中，曾经发生过关于制定《物权法》还是《财产法》之争。[②] 这个争论最后以《物权法》的制定告终。可以肯定的是，物权与财产权的意义并没有它们的字面意义那样不同。在不久的将来，在中文语境下将两个词语统一起来表达中国民法上的同一个概念，是顺理成章的事情。[③]

尽管财产与物在物权法范畴的语义差别并没有想象的那么大，但是，在民事法律关系的建构中，财产权与人身权的区别、财产关系与人身关系的区

---

① 梁慧星，《中国民事立法评说》，法律出版社 2010 年版，第 9 页。

② 梁慧星，《为中国民法典而斗争》，法律出版社 2002 年版，第 76 页。

③ 在梁慧星先生主编的《中国民法典草案建议稿》中，整部法典草案分为七章：第一编总则、第二编物权、第三编债权总则、第四编合同、第五编侵权行为、第六编亲属、第七编继承。见梁慧星主编，《中国民法典草案建议稿》（第三版），法律出版社 2013 年版。

别仍是存在的。那么，此时的“财产”指的又是什么呢？分析这个问题需要用第三种方法，即跨学科分析的方法。

（三）跨学科分析的方法

所谓跨学科分析的方法，即利用其他社会科学学科、人文学科乃至于科学技术方法来解释法学词语和概念，消除歧义。

民法是源自罗马市民法的古老制度，民法学也是一门古老的学问，但是，民法与其他学科的联系自始就存在，特别是哲学和史学。本书的前几章对民法的哲学基础和历史流变进行了论述，指出了哲学与史学对民法学发展的影响。事实上，现代法学学科中的法理学、法律史学的存在就是这种影响的结果，而德国民法学的成就很大程度上也应归功于以萨维尼为首的历史法学派的影响。不过，随着人类社会状况和认识水平的巨变，能够影响法学的学科已经不仅限于哲学和史学，还包括医学、心理学和经济学等学科，特别是经济学与民法之间的联系日深，不容忽视。

美国经济学家诺思在《经济史上的结构和变革》中指出，法律就是经济行为的约束规范。① 由此，一个国家的经济结构就是由法律制度决定的，而法律制度本身的结构则是经济关系的直接反映。这个法律制度包括宪法、民法等各种法律。其中，宪法规定的是产权的基本结构，而其他法律则是保障宪法目的实现的具体规范行为准则，如契约行为准则等。② 作为具体规范准则，民法在经济结构建设中起着十分重要的作用。

以《德国民法典》为例。《德国民法典》共分为五编，第一编是“总则”，第二编是“债务关系法”，第三编是“物权法”，第四编是“亲属法”，第五编是“继承法”。这个结构改变了《法国民法典》的三编结构，以总则统领法典，全部内容以法律关系为中心，编为债权关系、物权关系、亲属关系和继承关系等四编。在这四种法律关系中，前两种是财产关系，第三种是人身关系，第四种则是以人身关系为基础的财产关系。由此，《德国民法典》将现代国家的基本社会关系通过区别为财产关系与人身关系而纳入了制度框架，而主观权利体系也随之由财产权和人身权两个类型组成。

有观点认为，《德国民法典》把财产关系放在法典的前半部分似乎代表

---

① ［美］道格拉斯·C. 诺思，《经济史上的结构和变革》，厉以平译，商务印书馆 2009 年版，第 22－23 页。

② 同上，第 229 页。

着德国民法对财产关系的重视胜过对人身关系的重视，甚至认为这样的结构颠倒了"人"和"物"的主次关系，没有体现出人的尊严。[①] 是这样吗?

其实，民法的一切关系都是以"人"为中心的，即便是财产关系也是如此。财产关系是社会经济关系在法律制度上的反映，是人与人之间就财产的所有和交换而引起的制度关系，包括物权关系和债权关系（特别是契约关系)。称其为财产关系，是要与旨在建立人与人之间的人格和身份关系的人身关系区别开来，以便使二者可以有不同的行为规则，甚至可以在民法基本原则的适用上有所不同。这样的编排注意到了社会关系的不同功能属性，实际上是对人性和人权的进一步尊重。

从《德国民法典》制定时的经济和社会背景来看，当时正是资本主义经济飞速发展的时期，德国也刚刚统一，因此，经济学上的国家主义要求将财产的所有和流转方式做一个系统的安排。毫无疑问，法典做到了。《德国民法典》将财产关系置于法典的前半部分绝不是轻视人的权利，而是对人们的经济权属（如所有权）和经济活动（如契约行为）自由的直接肯定，是"从身份到契约"[②] 运动的要求的具体体现。

综上所述，民法的概念是由语言来表达的，概念的意义与语言的精确性密切相关。因此，消除语言的歧义是保证法律概念精确性的重要手段。为了做到这一点，必须通过不同的方法，包括历史研究的方法、比较法的方法，以及跨学科分析的方法。

小　　结

民法方法论是民法理论赖以形成及应用的核心工具。民法的理论是围绕法律关系和法律行为建构起来的，因此法律关系和法律行为就是民法的两个基本理论模型。此外，法律的语言是民法概念体系得以形成的基石。民法语言造就了民法制度的格式塔。

---

① 梁慧星，《为中国民法典而斗争》，法律出版社 2002 年版，第 41 页。

② ［英］梅因，《古代法》，沈景一译，商务印书馆 1984 年版，第 97 页。

第六章　民法解释论精解

“既了然于念，则与之相当者自不难迎刃而解。”

——［英］霍布斯[①]

在大陆法系，民法表现为严谨的法律文本，即民法典，而民法典的全部内容就是由概念和术语构成的规范体系。这样的规范体系作为一个语义学文本，无疑是需要解释的，而且其正确的解释直接关系到法律适用的效果及正义的个案实现。因此，本章将深入探讨各种民法解释方法，通过对文义解释、体系解释、目的解释和漏洞补充方法的详细论述，并结合普通法体制下英美法对判例法和制定法等法律文本的解释方法，指出民法的解释方法是以文义为基础的，但不能拘泥于文字，而必须从语言与观念的联系以及民法的体系和目的来理解每一个条文的内涵，从而明确民法作为一个制度规范整体必须通过多种解释方法来实现其意义，并在个案中得到恰当的适用。

第一节　民法的解释和适用概说

“审判员借口没有法律或法律不明确不完备而拒绝受理者，得依拒绝审判罪追诉之。”

——《法国民法典》第四条

似乎有一种观点认为，只要法律制定得足够完备，那么法律的目的和正义就会自动实现。因此，国家应当倾注其全部可能的力量去制定最完美的法

① ［英］霍布斯，《法律要义——自然法与民约法》，张书友译，中国法制出版社 2010 年版，上卷 6 页。

律。但是，正如卢梭所说，“要为人类制定法律，简直是需要神明。”① 没有哪一部法律是十分完美的，这是制定法本身的局限，任何一个立法者都不可能预见到每一种现实生活中的情况，何况还要考虑到语言本身可能带来的歧义。但是，不能因为法律不完善就拒绝审判。《法国民法典》第四条明确规定：“审判员借口没有法律或法律不明确不完备而拒绝受理者，得依拒绝审判罪追诉之。”因此，在法律制定出来以后，就需要通过法律解释的方法来具体适用法律。而经由这样的过程，法律解释就直接决定着法律的总体内容及其适用的效果。

一、民法解释学的渊源与发展

民法的发展与法解释学密不可分。关于法律解释的学问，学者一般称之为法解释学（如注释法学）或作为法学方法论的一个单元（如萨维尼的《法学方法论讲义》即是）。民法是实在法，是书面理性的体现，由一系列的专业术语结合而成种种专门的制度。由于民法的专业术语和制度均建立在专门的知识体系基础之上，因此在适用中必须经过解释才能为普通民众所了解和认同。事实上，无论在哪一个国家或地区，司法的过程就是一个解释和适用法律的过程。

法解释学所注重的是对法学文本的研究，包括对概念和概念体系的注释和研究。我国古代就有法律解释。1975 年湖北云梦睡虎地出土的秦简中就有《法律问答》，是为我国最早的法律注释作品。此套法律解释的传统未断，并于清末正式形成了司法解释制度。我国现代民法上最早的法解释学著作为梁慧星先生的《民法解释学》，② 其中对自罗马法以来的各个民法解释学流派及其观点进行了研究，并对民法的具体解释方法进行了论述。

世界上最早对民法进行解释是在罗马法时期。当时的法学家解释可以直接被作为民法的法源，因此罗马法又被称为法学家的法（juristenrecht）。③ 此后随着罗马的衰落直至灭亡，罗马法的文本遗失，直到十二世纪，由于罗马法的再发现，在意大利的波伦亚（又译为博洛尼亚，Bologna）形成了对

---

① ［法］卢梭，《社会契约论》，何兆武译，商务印书馆 1994 年版，第 53 页。

② 梁慧星，《民法解释学》，中国政法大学出版社 1995 年版。

③ 同②，第 3 页。另见前文关于民法发展历史中关于罗马法的章节。

《罗马法大全》（*Corpus Iuris*）进行研究和解释的“注释法学派”（glossatores）。[①] 注释法学派的工作后来被注解法学派（commentaria）接替，后者从十三世纪一直延续到十六世纪。[②]

继中世纪的法解释学之后称霸欧洲的是法国的法解释学，他们在罗马法的文本之外，采用实用主义的解释方法，对法国的习惯法进行解释和研究，并在两个世纪里形成了如杜摩兰（Dumoulin）、多马（Domat）等重要的学者群体，从而形成了法国法的一般思想，[③] 这种思想直接影响了《法国民法典》的内容和体例。

作为世界上第一部近代民法典，《法国民法典》确立了民法的解释和适用的一般规则。起草者在《法国民法典》的总则部分对法律的效力范围及其适用方法进行了规定，确立了包括民法的时间和地域适用原则、属人原则和物之所在地法原则、公序良俗原则，以及无正当理由不得拒绝审判和具体案件具体处理的原则（见《法国民法典》第1－6条）。这样的规定表明，法律非经解释是不能适用的，而法律解释需要依据一定的原则。

在《法国民法典》之后，《意大利民法典》在法律中规定了民法解释和适用的基本方法，即第12条：

《意大利民法典》第12条　【法律的解释】在适用法律时，只能根据上下文的关系，按照词句的原意和立法者的意图（参阅第1362条及后条）进行解释，而不能赋予法律另外的涵义。

在无法根据一项明确的规则解决歧义的情况下，应当根据调整类似情况或者类似领域的规则（参阅本法一般原则第14条）进行确定；如果仍然存在疑问，则应当根据国家法制的一般原则加以确定。

该条第一款将民法的解释与适用明确结合起来，指出了民法的文义解释（此句的原意）、体系解释（上下文关系）和目的解释（立法者的意图）等三项基本解释方法；而第二款则就可能产生歧义的规则意思的确定提出了类推适用和漏洞补充的方法。可以说，《意大利民法典》的这一规定是具有极大的历史精神和现代意义的，它一方面继承了自罗马法以来的法解释学传统，另一方面以立法的形式赋予了法解释学在现代民法上的地位。

---

① 梁慧星，《民法解释学》（第三版）中，中国政法大学出版社1995年版，第18页。
② 同①，第22页。
③ 同①，第27－30页。

二、民法的有权解释概说

如上所述，民法解释的近代立法基础是《法国民法典》规定的，即法官不得以法无明文规定或有漏洞为由拒绝审理民事案件。这一规定实际上明确了通过法律解释弥补法律漏洞是法院的职责之一，后来各国的司法解释均来源于此。应当说，作为常用的有权解释，司法解释是主要的。但是，从各国的立法发展史来看，立法和行政机关在特殊情况下也拥有法律解释的权力。

（一）立法解释

在成文法国家，对法律进行立法解释似乎是一个很好的选择。因为，立法机关是法律的制定颁布者，对法律的实施目的最为清楚。然而，法国的实践表明，这个选择是失败的。

在法国大革命以前，法律的解释统一由立法机关以国王的名义进行，特别是那种应急解释（référé législatif），其用意在于把司法程序中的某个问题提交给这个机关来进行解释。这一制度后来被大革命以后的政府所沿用，并伴以司法解释，但该制度在1837年被明令废止。①

法国学者认为，立法解释的最大特点在于是由立法机关来进行解释，而这个机关同时拥有着法律的修改权。因此，虽然有司法机关的司法解释作为例子，但立法机关完全可以置之不理，甚至，立法解释常常是为了反对司法解释才提出的。这就是所谓“解释性法律”。该种法律的来源是《法国民法典》草案的第2条，即所谓“过渡性法律”，然而该条最终没有被写进法典。② 由于这种解释性法律实际上是法律的再创造，因此，作为立法机关本可以通过修改法律来进行这项任务。这就使立法解释最终退出了法国法律解释的舞台。

不过，在日本民事立法史上有一个时期十分特殊，并动用了紧急过渡性法律来对民法进行解释。这就是在第二次世界大战以后，由于新宪法的颁布，其中第13条“凡国民之人格，均受尊重”的规定与当时的日本民法不相适应。因此，立法机关在1947年4月19日制定了《日本国宪法施行后民

---

① ［法］雅克·盖斯旦、吉勒·古博，《法国民法总论》，陈鹏等译，法律出版社2004年版，第355页。

② 同①，第322页。

法应急措置之法律》，其中第 1 条规定，“本法律之目的，在于新宪法实行后，就民法方面，以个人之尊严与两性之本质的平等为基础，为应急的措施。”之后，在 1948 年 1 月 1 日起正式施行的《改正民法一部分之法律》，在民法设置了第 1 条之二：“对于本法，应以个人尊严及两性实质的平等为本旨而解释之。”由此可见，在法律修改的过程中，立法应急解释作为过渡性法律还是可以起到一定的作用的。

关于立法解释还需要考虑的一个问题是立法理由书。在《法国民法典》起草时，起草人就草案所做的说明即为立法理由书，后来的《德国民法典》《日本民法典》等都在提交草案的同时提交了立法理由书。立法理由书与法律生效后的立法解释有一个本质上的差异，即其效力是不同的。立法理由书是起草人为立法者——国家权力机关提供的参考文献，说明法律规则的来源及其目的；而立法解释则是在法律生效以后由有权解释机关对法律不清楚之处或法律适用问题进行的统一解释，是有效的过渡性法律。事实上，在《德国民法典》以后，过渡性法律已经演变为法律的一部分，成为某些法律的“法律适用法”，或称为“施行法”，以一次性地解决法律适用中的某些问题，如台湾《民法总则施行法》（2009）即是。而立法理由书尽管在很多国家都是可以出版的，但由于没有被赋予法律效力，因此其解释仅仅有学理上的意义。

在我国，立法解释在国家的法律中有明确规定，具体包括《中华人民共和国立法法》《中华人民共和国全国人民代表大会组织法》和《中华人民共和国全国人民代表大会常务委员会议事规则》等。根据这些法律的规定，我国的立法解释须根据相关的程序进行，即首先由有权提请解释的人员或机关提出申请（应制定解释草案），然后交给全国人大常委会审议。可以提请解释的机关和人员有国务院、中央军委、最高人民法院、最高人民检察院、全国人大各专门委员会、地方人大（省、直辖市、自治区）常委会、全国人大委员长会议、有权以个人名义提请解释的常委会委员等。由于这个程序要求十分严格，且需要调动的人员很多，因此其运用比较有限。到目前为止，我国立法机关只对个别法律有过相应的立法解释。如在公法的层面上，2004 年 4 月 6 日，第十届全国人大八次会议审议通过了经委员长会议提请审议并通过了《关于〈中华人民共和国香港特别行政区基本法〉附件一第七条和附件二第三条的解释》；在私法层面上，在《中华人民共和国消费者权益保护法》颁布后，各地方人大纷纷制定在本地区实施该法的具体办法，如《北京市实施〈中华人民共和国消费者权益保护法〉办法》（1997），《深圳经济特区实施〈中华人民共和国消费者权益保护法〉办法》（2005 修正），《福建省实施〈中华人民共和国消费者权益保护法〉办法》（2005 修正），等等。

根据上述法国、日本以及我国的共同经验，由于立法机关的特殊地位，并不能对法律进行经常性的解释，只能在特殊（应急）情况下才可以动用。因此，对于民法这样的日常性法律的适用，还应当采用司法解释。

（二）司法解释

在立法解释以外，最有效的法律解释方法就是司法解释。事实上，法国的立法解释一直伴随着司法解释，而判例在现代更成为阐释《法国民法典》的最有效的工具。

在法律传统上，大陆法与英美法最大的区别就是对判例的态度。在后者，判例是最为重要的法源，甚至是早期法律的唯一法源；但在前者，成文法作为书面理性是法律的唯一渊源，实证法学（positive law，也称为实在法学、实定法学）就是在此基础上发展起来的，并反过来促进了成文化法律的推广。应当说，两种不同的法律体系在二十世纪以前是格格不入的。但到了二十世纪以后，特别是第二次世界大战以后，世界一体化的发展以及其他社会学方法在法学研究上的应用，使人们在法律渊源问题的认识上有了很大的进展。于是，司法解释和判例作为实定法的补充得到了重视。

《法国民法典》第 4 条原本就授予了法院和法官以解释法律的权力，这种解释和适用法律的功能就是法官造法功能。但是，这种功能并不是从一开始就发育健全了的，而是逐渐发展并完善起来的。到二十世纪后半叶以后，法国学者甚至认为，"诉讼可能是一种'社会病理学'（une pathologie sociale）"，"'司法活动的结果不仅是解决现实纠纷，它还有助于建立司法之外的法律生活'"。"判例是实体法的一种正式渊源，因为从制度上讲，最高法院有权要求下级法院服从其对法律的解释。因此最高人民法院的解释被融入法律之中，成为法律的必要补充。"① 今天，中国学者可以发现，在《法国民法典》2004 年第 103 版中译本的每一条法律后面，都有一系列的司法判例，用以解释、明确和扩充条文的意义和适用方法。

当然，在司法解释方面，中国近代史上已有实践。"戊戌变法"的一个成果是作为清王朝最高审判机关的大理院的成立，而大理院的一项重要职能

---

① ［法］雅克·盖斯旦、吉勒·古博，《法国民法总论》，陈鹏等译，法律出版社 2004 年版，第 356、358 页。

就是对各地法院的请示进行回复。大理院及该项司法解释职能一直持续到北洋政府和民国时期。到了当代，中国在司法解释方面也作出了一系列独特的创造，其中包括最高人民法院为每一部新颁布的法律所做的司法解释，如《最高人民法院关于贯彻执行〈民法通则〉若干问题的意见》（1990）即是。另外，最高人民法院已经建立了案例指导制度，从而使司法解释成为重要的法源。

（三）行政解释

所谓行政解释，就是由政府部门对法律和法规进行解释的制度。在每一个成文法国家都存在着多种形态的成文法，在私法领域，除民法典之外，还有一些特别法，这些特别法既包括法律，也包括法规。我国即是如此。前者如《合同法》《劳动合同法》《消费者权益保护法》等；后者则常常为前者的实施细则或条例，如国务院为实施《劳动合同法》而制定颁布的《劳动合同法实施条例》（2008 年 9 月 3 日公布）。此外，中国为实施在 1982 年 7 月 1 日到 1999 年 10 月 1 日期间内有效的《经济合同法》，分别由国务院各直属管辖机关制定了关于航空货物运输、铁路货物运输、水路货物运输乃至于公路货物运输合同的行政法规，包括铁道部发布的《铁路货物运输合同实施细则》（1986 年国务院批准，1183 号），交通部发布的《水路货物运输合同实施细则》（1986 年 12 月 1 日国务院批准）等。这些法规一方面是法律的延伸，另一方面作为法律内容的扩展、具体化和法律适用方法而得到了司法机关的高度重视。同时，这些法规中也都规定了由发布部门进行解释的条款，从而使行政解释得以广泛存在。比如，最高人民法院曾于 1994 年 12 月 5 日要求铁道部对《铁路货物运输合同实施细则》第 10 条进行解释（法函［1994］70 号）。

在法国，行政解释包括行政通报（les circulaires et instructions de service）和政府部委对议员书面质询的答复。其中，前者是大量存在的，因为“行政机关作为法律草案的最初起草者，在法律草案中用语模糊且一般化，以便给自己保留通过政府实施法令或者通报的行使，来明确法律的余地”①。而后者则只是单纯的意见（un simple avis），即虽然来自部长并公布于政府公报，但并没有直接的约束力。目前，通报作为带有实体法解释或者行政程序说明

---

① ［法］雅克·盖斯旦、吉勒·古博，《法国民法总论》，陈鹏等译，法律出版社 2004 年版，第 357 页。

的指令、指示、通知和答复，必须在至少三月一期的官方公报（bulletin officiel）上公布，因此，通报在法国已经成为正式的法源。

总之，正如凯尔森所说，“法律解释乃一伴随法律从高阶到低阶创制过程之智识活动。在解释制定法之典型个案中，所欲解决之问题乃是如何将一般规范（制定法）适用于案件事实，其结果便是创制一条个别规范（司法裁判或行政行为）”①。法律不可能直接作用于人，要在具体的法律执行过程中体现出来。可以说，法律解释的重要性直接关系到公平和正义的理念的实现。

第二节　民法的解释方法

“理解一部法律，意味着将与该法律所用词语所指称之所有一般性观念内容归于该词语之下。”

——［德］齐佩利乌斯

关于民法的解释方法有很多种，包括文义解释、体系解释、法意解释、扩张解释、限缩解释、当然解释、目的解释、合宪性解释、比较法解释、社会学解释、漏洞补充和类推等。② 但是，其中最重要的解释方法即文义解释、体系解释、目的解释和漏洞补充等，以下将对这几种解释方法加以论述。

一、文义解释

萨维尼曾经对法解释学方法的分类发表意见，认为单纯地分为立法解释与学理解释，或扩张解释与限缩解释是不可取的，法律解释只能放在语文视角下进行重构性的解释，即通过对法律文本的逻辑、语法和历史进行整体解释。③ 他指出，法律“解释的最高任务是深层次的考证。易言之，将毁损残缺的文本恢复原状，通过解释本身对解释的素材进行重构。……然而，它的

① ［奥］凯尔森，《纯粹法理论》，张书友译，中国法制出版社 2008 年版，第 97 页。

② 梁慧星，《民法解释学》（第三版），法律出版社 2009 年版，第三编。

③ ［德］萨维尼，《萨维尼法学方法论讲义与格林笔记》，杨代雄译，法律出版社 2008 年版，第 7－8 页。

前提是文本的某些部分已经遗失或毁损，必须依据文本的‘有机整体性原则’，借助于文本的其他部分再现遗失或毁损部分的真实面貌”[①]。

纵观萨维尼的上述论断，一方面，萨维尼提出的整体解释方法是非常正确的，即无论是逻辑、语法还是历史的确都是研究法律文本（任何文本）的必要要素。但是另一方面应该注意的是，萨维尼所处的时代的一个重要任务是查找和修复散佚的罗马法文本，因此上述关于“重构”的方法就显得十分重要。而在现代，特别是我国当代，法律文本并不存在残缺不全的状况，解释者所面临的任务也就与萨维尼那个时代多少有些不同。

在今天，需要对法律进行解释的人主要是法官，而这一解释的第一位的任务并不是重构，而是根据文义来正确地理解法律文本。正如德国学者齐佩利乌斯所说：“理解一部法律，意味着将与该法律所用词语所指称之所有一般性观念内容归于该词语之下。”[②]

“文义解释，又称语义解释，指按照法律条文用语之文义及通常使用方式，以阐释法律之意义内容。”[③] 这一定义所强调的解释方法是按照文字的通常意义去理解法律文本。所谓词语的通常意义，首先是指在非专业化的环境中的那个意义，如人、财产、动物，都必须按照通常环境下人们的一般理解去加以解释。然而，当涉及专业性的术语时，显然不能使用这种通常解释方法，而必须按照专业解释方法，也即利用在专业领域内广为接受的通说来理解。这个“通说”，以其在学术领域被接受的程度来判断（此处请参见前文关于学说作为法律渊源的论述）。

比如，我国《物权法》第八十四条规定，“不动产的相邻权利人应当按照有利生产、方便生活、团结互助、公平合理的原则，正确处理相邻关系”。这一表述中需要进行一般的通常解释的词语为后半段，即“有利生产、方便生活、团结互助、公平合理”；而需要进行专业化解释的概念有“不动产”“相邻权利人”和“相邻关系”，这三个概念必须按照物权法上的通常意义来进行解释，即法律规定、司法解释和学者的通说。

文义解释并不仅限于对词语的解释。一条完整的法律规定不能仅凭字词的解释就能够明确其意义，而必须要对字词所在的整体文字结构进行解释。

---

① ［德］萨维尼，《萨维尼法学方法论讲义与格林笔记》，杨代雄译，法律出版社 2008 年版，第 9 页。

② ［德］齐佩利乌斯，《法学方法论》，金振豹译，法律出版社 2009 年版，第 30 页。

③ 梁慧星，《民法解释学》（第三版），法律出版社 2009 年版，第 216 页。

这个整体文字结构是用逻辑和语法联系起来的，因此，要采用萨维尼所说的逻辑和语法因素来解决文字结构的意义。

在民法发展的历史上，最强调法律的逻辑结构的是概念法学（begriffsjurisprudenz）。概念法学建立在黑格尔的法哲学思想基础上，将实定法视为唯一的法，[①] 并将其作为一个有机联系的整体，可经过解释而产生出新的具体规范。但是，纯粹法学家却将概念法学视为"自然法的残羹冷炙"，只不过是披上了"概念的外衣"。[②] 并且，纯粹法学家反对概念法学的诸种解释方法，如文义解释、立法意图解释、反对解释（argumentum a contrario）以及类推（analog）等解释方法；也否认法律漏洞（lücken）的存在。[③] 纯粹法理论认为法律本身始终是完善的，法律解释只能是"一种伴随法律从高阶到低阶创制过程之智识活动。在解释制定法之典型个案中，所欲解决之问题乃是如何将一般规范（制定法）适用于案件事实，其结果便是创制一条个别规范（司法裁判或行政行为）。此外尚有对宪法之解释，当宪法适用于较低位阶，诸如立法程序、紧急命令或实施其他直接由宪法授权之行为时，便须解释，此为合宪性解释（verfassungskonforme gesetzesauslegung）。诸如司法裁判、行政命令、私法行为等个别规范当然也皆须解释。一言以蔽之，一切规范从高阶到低阶之创制与适用过程中皆须解释"[④]。易言之，纯粹法学要求在现有的法律结构之内解释法律，并且要按照法律的高低位阶来解释法律，特别是要进行合宪性解释。

由于概念法学特别是纯粹法学对法律的逻辑结构过分强调及依赖之嫌，引起了后来的利益法学派、自由法学派等的批判。拉伦茨曾尖锐地指出，"'概念法学'过高地估计了一般概念以及根据这类一般概念的隶属关系形成的逻辑体系对发现法律和理解法律的意义。在概念法学看来，适用法律规范的全部过程，本质上就是将某个生活事实归入某个法律概念之下（归类）。……只要依据这一过程不断操作下去，就可以找到私法制度中最一般的概念，如（法律意义上的）人、权利和法律行为等。'概念法学'的基本理念，是要创制出一个由法学概念组成的封闭的系统"[⑤]。

每一个实事求是的人都知道，立法者不可能把每一个生活事实都法律

---

① ［德］黑格尔，《法哲学原理》，范扬、张企泰译，商务印书馆2010年版，第4页。

② ［奥］凯尔森，《纯粹法理论》，张书友译，第66页。

③ 同②，第100－102页。

④ 同②，第97页。

⑤ ［德］卡尔·拉伦茨，《德国民法通论》，王晓晔等译，法律出版社2003年版，第96页。

化，从而，法律的适用也绝不可能像概念法学所说的那样有一个绝对完整的结构供人来运算，不然，正义真的就可以自动实现了。但是，不可否认的是，一个相对封闭的结构还是存在的，也就是说，法律的逻辑结构虽然不是完全封闭的数学化的结构，但也有着自己的逻辑形式，对这一逻辑形式必须按照它自己的规律进行解释。

法律的规范结构不是普通的逻辑结构，而是以语义为基础的非形式逻辑结构。在这一结构当中，最重要的不是词语的字面意思，而是其本应有的意思。正如霍姆斯就英美法所说的，法不是逻辑，而是经验。只有凭借人类经验才能够确定词语的恰当涵义。

比如，在《英国法律解释法》（*Interpretation Act*，1978，以下简称《解释法》）中有这样一条解释规则：

（6）在任何法律中，除非法律有相反规定，

（a）词语中含男性的意思，解释得包括女性；

（b）词语中含女性的意思，解释得包括男性；

（c）词语单数形式解释得包括复数形式，词语复数形式解释得包括单数形式。

上述的解释规则是典型的语义解释，但绝不是根据字面意思来确定的。英语中的man有两个意思，一个是“男人”，一个是“人”；而英语的人称按性别来区分，如he指男性的“他”，she指女性的“她”；同时，英语中的单词有单数和复数之分，单数为man（一个人），复数为men（许多人）。而《解释法》显然考虑到法律是为所有人制定的，因此在上述三种情况下均取最广泛的“人们”的意思，并适用于每一个具体的“人”。

就中国法律的解释来说，语词的文义解释首先需要按照汉语的通常语法逻辑来解释。如果一条法律的语法不清晰，它所传达的意思自然是不明确的。然而，语法不清晰的法律依然可以得到解释。作为法律的解释者，可以从正确的语法出发，对这个法律条款进行语法重构，以探究其真意。具体来说，就是在明确具体概念（词义）的基础上，对连接这些概念的语法关系进行分析和调整，从而得出可能的结论。这种可能性无需是唯一正确的，[1] 只要是合理的和有意义的即可。

所谓合理和有意义，是语言形式的唯一要求。“试想一下，如果形式既贫乏，又含混不清，思想就不可能在广阔的言语领域里自由驰骋，而是不得

---

[1] ［奥］凯尔森，《纯粹法理论》，张书友译，中国法制出版社2008年版。

不接受一种简单的、满足于少数停顿的长句结构（periodenbau）。即便已经拥有了大量区分明晰、表述精确的语法形式，为了使词语的接合完善起来，语言也还需要具有一种内在的、生动的追求（trieb），即谋求建立起更长、意思更曲折、更富有激情的句子构造。"[①] 语言形式可以表达思想，但是这并不是说任何一个语言形式结构都是思想，表面华丽、语法复杂的语言结构，很可能毫无意义，因为华丽的实质可能是空洞，复杂的实质可能是谬误。

所有的语言形式都有着一定的共同性，比如文学语言与法律语言。但是，作为最常见的文本，法律文本与文学文本有着本质的区别，充满想象的文学与严谨的法学似乎是格格不入的。但事实上，作为语言文本，二者没有差别，即都应当传达有意义的思想，否则就是伪文学、伪法律。然而，经验又表明，同样的文本（特别是文学文本）在不同的解释者那里，完全可能得到不同的理解。而即便是残缺不全的文本，也可以通过语言自身的逻辑结构和外在的因素被补充完整。

在这里应提到解构主义（theory of deconstruction）的影响。如同前文所述，法律的逻辑结构是开放的，而解构主义就是从这一点出发，对所有体制都展开解构，其目的是"让它向着自身的未来开放。一个体制于其创建之时刻中的悖论，即是一方面它开辟了某种新的东西，另一方面它也集成了某种东西。……所以，你既要遵循规则，又要发明新的规则、新的规范、新的标准、新的法则"。对此，德里达（Jacque Derrida，1930—2004）称其为法律的力量。[②]

应当说，解构主义对法律解释——特别是文义解释是有着正面的影响的，即任何概念都可以解构。但是，解构主义的手术刀最后伸向了正义本身，德里达认为"正义也蕴含着非聚合、离散、异质性，与自身的非同一性、无尽的不完备性、无限的超越性。所以，对正义的召唤才永远、永远都不能完全得到回答。所以，没有人能够说'我是正义的'"[③]。这样，解构主义几乎重新回到了它自己的一个假设，即"所有文本都象征着其自身的不可

---

① ［德］威廉·冯·洪堡特，《论人类语言结构的差异及其对人类精神发展的影响》，姚小平译，商务印书馆2008年版，第109页。

② ［法］雅克·德里达，《解构与思想的未来》，夏可君等译，吉林人民出版社2006年版，第41－42页。

③ 同②，第52页。

读性”[1]。这真是有些不可知论的意味了。

不过，法律解释在解构主义的正面影响下，一度成为美国法律学术中的热门话题，并最后被波斯纳（Richard A Posner，1939—）归结为两个命题，第一，“解释总是相对于目的而言的，但目的不是由解释过程本身给定的，而是从外部带进来的、并且指导解释过程”。第二，“如果把解释变成自觉的，解释不会有太大改善，或者可能根本没有改善，就像一个人学了语言学而阅读能力不会提高一样。解释一个书面或口头陈述、一个梦、一部音乐作品、一幅画、一首诗或一个法律文件，是一种自然的、直觉的、‘本能的’人类（而且不仅仅是人类）活动，而不是有意识地遵守规则的活动。……对于文件而言，不论是文学还是法律文件，‘解释’仅仅是指阅读，以得出自己感兴趣的任何意思。这种意思可能与作者所设计的意思重合，但它也同样可能是读者出于与作者心里想的东西毫不相干的原因想要赋予文本的一种含义”[2]。这两个命题中的前一个实际上可以归入到法律的目的解释方法中，而后者则仍然是文义解释。

波斯纳最后彻底切断了解构主义与法律解释的关系，他说，“法律中的解构是指在法律推理或法律原则中指出潜在的矛盾。……作为一个单独的分析方法而不是一个表示文本怀疑主义的时髦词汇，法律解构与文本解释并没有什么特别关系”[3]。

因此，法律解释就是文义解释，只不过这种文义解释必须按照洪堡特所说的那样，要在理解的基础上进行解释，以探明那包含在法律逻辑结构中的思想和意义，而不是拘泥于语言形式本身。

在文义解释中最后应该注意的一个问题是语境（context）。[4] 所谓语境，即汉语中所说的上下文（discourse），有广义和狭义之分。从广义上讲，它指的是语言得以产生的社会和历史背景，而用在文本解释上就是对文本赖以产生的社会和历史背景进行解释。这种广义的语境对应着的法律解释方法为历史解释和社会学解释，如我国第一部《婚姻法》就是为了消灭买卖婚姻、实现男女平等而颁布的。从立法是立法者有意识的思想活动来说，每一个法

---

① ［美］理查德·A. 波斯纳，《法律与文学》（增订版），李国庆译，中国政法大学出版社 2002 年版，第 277 页。

② 同①，第 278 - 280 页。

③ 同①，第 284 - 285 页。

④ “语境”的完整表述是 context of situation，是由波兰语言学家马林诺夫斯基在 1923 年的一篇论文《论意义的意义》的一个补注中提出的。

律文本都应有它本来的含义，而要理解这个本来的含义，必须要根据文本所在的历史和社会背景来理解。

狭义上的语境是指语言系统环境，即上下文和语法关系。在这个意义上，本来的文义解释（包括逻辑、语法）即可处理（下文将探讨的体系解释在此种意义上也包括在内）。但是，在涉及翻译语言时，语境就有了更加重要的意义。由于现代民法采用了大量的法律移植技术，因此在本国法律中往往包含着数量不等的外国的术语，且在将此类术语翻译为本国语言时，可能会与本国的语言有隔膜，导致难以理解。由于民法是从罗马法发展而来的法律，因此其中大量的术语是在汉语的语境中无法理解的，如我国民法上的抗辩权、形成权等概念就是如此。在这种情况下，必须将该类术语还原到其本来的语境中，了解该术语在其原来的法律文本中是何意思，然后才能得到真正的理解。当然，要掌握这一方法最好的办法就是掌握一门外语，正如洪堡特所说，“学会一种外语就意味着在业已形成的世界观的领域里赢得一个新的立足点”①。但是，如果不能掌握外语，通过翻译成中文的学术著作也可以更多地了解有关的概念术语所在的语境，从而对其作出适当的理解。

当然，在更广泛的意义上，语境实际上就是指整个的解释背景，而解释本身反而变成了一种现象，此时的解释学实际上变成了现象学。② 由于本书篇幅所限，笔者对此将不予讨论。

二、体系解释

体系解释（systematische auslegung）实际上是从文义解释方法中的语境解释衍生出来的一种解释方法，即根据法律条款在整部法律中的体系位置，如编、章、节、条、款（项）的前后关联位置及其结构意义来阐明其法律规范意旨的解释方法。在这里，纯粹法学的按法律位阶来解释法律的方法有一定的帮助。而萨维尼则将这种解释方法称为普遍解释或整体解释原则，相对应的单纯文义解释则是个殊性解释。③

法律规范是由词句有机结合所组成的，这些词句并不是孤立的，而是与

---

① ［德］威廉·冯·洪堡特，《论人类语言结构的差异及其对人类精神发展的影响》，姚小平译，商务印书馆2008年版，第72页。

② 请参见，陈嘉映，《海德格尔哲学概论》，三联书店1995年版，第五章第六节。

③ ［德］萨维尼，《萨维尼法学方法论讲义与格林笔记》，杨代雄译，法律出版社2008年版，第11－13页。

上下文有着密切的联系，只有以法律条款与整个法律体系上的关联性，才能探求其词语的规范意义。如《公司法》上规定的股东，就其本法的体系内意义而言，应指投资设立公司的投资人和设立人。但是，什么样的人才能充当投资人或设立人呢？这就要通过本法的其他条款继续查明，并结合《民法通则》《合伙企业法》《合同法》等有关主体的相关规定来确定其为自然人或法人。

更进一步，一部法律不能孤立地完成法律调整的任务，而必须与其他的法律相结合。如我国《民法通则》是最早制定的民事法律，其中对民事主体、法律行为、民事责任等都有一般性的规定，但是，仅凭这一法律不足以完成法律调整的任务，而必须与《合同法》《物权法》《侵权责任法》等结合起来，才能构成一个调整民事法律关系的有机整体。当然，所有的民事法律规范都应在宪法的范围内，不得与宪法相冲突。对此，也可称为“合宪性解释”。

体系解释对于那些有较大疑义的法律条款的解释十分重要。如德国民法（债法）上关于“瑕疵担保责任”的立法设计，以及关于“履行不能”的设计，学者大多认为在法律体系上的地位十分特殊，即有时单独成立一种责任，有时又与违约责任联系适用，由于体系的混乱在法律适用上引起了无穷无尽的争端。在新债法中，这两种责任都归入了“一般违约法”，使违约责任的体系得到了统一。①

不过，与文义解释不同，体系性解释在解释意思表示时的作用并不大。因为，“与法律相反，意思表示往往并不处在更为广泛的关系之中，至少不处在另一方当事人可资识别的某种关系中”②。

三、目的解释

所谓目的解释（teleologische auslegung），是根据立法目的对法律文本予以解释的方法。这一解释方法是在文义解释的基础上发展起来的，特别是在根据文本自身的概念和体系无法了解某一法律条款的真实意义时，就必然得到应用。

现代法律通常都旨在达到某一个目的（zweck，源于希腊文 τ ελοζ），因

① 朱岩，《德国新债法——条文及官方解释》，法律出版社 2003 年版，第四章。

② ［德］迪特尔·梅迪库斯，《德国民法总论》，邵建东译，法律出版社 2001 年版，第 233 页。

此，这个法律目的（ratio legis）就是最重要的法律解释标准（auslegungskriterium）。与体系解释一样，目的解释也不能适用于具体法律行为（意思表示）的解释，因为一方的目的并非必然是另一方的目的。[①]

法律的最终目的是实现正义。所以，尽管正义在不同的历史时期有着不同的侧重点，但是，法律必须体现正义是不变的原则。“在某些情形下，数个法律规范按逻辑进行严格结合适用时，会反映出法律制度本身的缺陷：法律技术有时会走向其所追求的终极目的的反面。如果公共道德、社会关系的和谐以及正义将因此而受到严重威胁，则这种偏离应当得到矫正。”[②] 正如前文所述，无论如何，法律不是完全封闭的逻辑体系，必须经受社会的考验，特别是必须符合正义的要求。

其次，某一部法律所要达到的目的是解释法律的基本出发点。比如《物权法》的目的在于确立产权制度，建立平等的财产权保护体系，因此，在解释不同民事主体的物权时必须本着平等对待的原则；而《合同法》的目的在于建立自由、公平的交易体系，因此，对于合同双方的权利义务关系配置的解释就必须符合此目的要求。

目的解释在具体操作中的运用会产生两种解释方法，即扩张解释或限缩解释。萨维尼指出，根据法律的目的（立法理由，ratio legis），“人们把法律规则视为结论，而把立法理由视为［三段论］的大前提（obersaz），并且根据后者扩张或限缩前者的外延”[③]。然而，萨维尼认为这并非真正的解释（即关于逻辑、语法和历史的解释），而是实质解释。即便如此，此种解释方法也是必不可少的，而且直接形成了法律的类推适用（analogie）这种一般方法。

类推适用是“对于立法的补充，但它是立法的自我补充，而不是从外部把某种东西添加给立法”[④]。

对于类推适用、限缩解释或扩张解释应根据什么样的立法理由或法律目的，这一点可以从两个方面来理解。第一个方面是立法者在立法中自己添加

---

① ［德］迪特尔·梅迪库斯，《德国民法总论》，邵建东译，法律出版社 2001 年版，第 233 页。。

② ［法］雅克·盖斯旦、吉勒·古博，《法国民法总论》陈鹏等译，法律出版社 2004 年版，第 700 页。

③ ［德］萨维尼，《萨维尼法学方法论讲义与格林笔记》，杨代雄译，法律出版社 2008 年版，第 25 页。

④ 同③，第 27 页。

的立法理由，即前文所述每一部法律自身的立法理由。我国民事立法的每一部法律几乎都在第一条列出了立法理由，如《民法通则》第一条："为了保障公民、法人的合法的民事权益，正确调整民事关系，适应社会主义现代化建设事业发展的需要，根据宪法和我国实际情况，总结民事活动的实践经验，制定本法。"《合同法》第一条："为了保护合同当事人的合法权益，维护社会经济秩序，促进社会主义现代化建设，制定本法。"《物权法》第一条："为了维护国家基本经济制度，维护社会主义市场经济秩序，明确物的归属，发挥物的效用，保护权利人的物权，根据宪法，制定本法。"这些立法理由都是法律得以制定的目的，可以用来对法律进行解释乃至于类推。

第二个方面则是所有法律都必须实现的终极目的，即法律解释必须符合前文所述关于公平、正义等最基本的法律原则。应当说，不仅是正义，所有民法上的基本原则都可以作为目的解释的标准，如诚实信用原则、契约自由原则等等。

耶林于1877年发表《法的目的》一书，提倡目的解释，指出法律是人类意志的产物，有一定目的，受目的律支配，与以因果关系为基础，因而有必然因果关系的自然法则截然不同。故解释法律，必须要了解法律所欲实现何种目的，以此为出发点，加以解释，才能得其要领。目的为解释法律之最高准则。① 由于目的解释相对于文义解释而言是一种实质的解释方法，因此，大量具体的法律解释规则都是由于目的解释而产生的，包括下文的漏洞补充。

四、漏洞补充

根据法律目的来解释法律，属于法律解释的最高准则，而根据这一准则产生了民法上另一重要的具体解释方法，即漏洞补充。"如果根据某项规则的目的，根据该规则所依据的立法者的'计划'，法律中应该存在某项规定，但法律中恰恰缺少这项规定，这种情况下就存在着缺漏。"②

事实上，早在亚里士多德那里，法律漏洞一词就已经出现了。他说："法律制定一条规则，就会有一种例外。当法律的规定过于简单而有缺陷和

① 梁慧星，《民法解释学》（第三版），法律出版社2009年版，第228－229页。

② ［德］卡尔·拉伦茨，《德国民法通论》（上），王晓晔等译，法律出版社2003年版，第106页。

错误时，由例外来纠正这种缺陷和错误，来说出立法者自己如果身处其境会说出的东西，就是正确的。”① 亚里士多德的这种说法对于早期法律是正确的，因为早期希腊的法律都较为简略，甚至罗马早期的法律如《十二表法》也是简略的。但是，随着人类社会的发展，法律日益成熟，因而法律的文字及其解构都日益庞大并复杂了起来。

然而，即使这样，法律漏洞也还是存在的，只是衡量标准有了变化。正如哈特所承认的，在法律规则存在“开放结构”的情况下，法官们必定不可避免地要运用他们的裁量权去创制新法。他还指出，边缘性的法官造法是一件有益的事，它使法律规则的适用具有了弹性。② 所谓“开放性结构”，即上文所述法律逻辑结构的开放性。据此，即便现代法典是复杂的，甚至再复杂些，也无法容纳所有的生活事实。于是，在将抽象的法律适用于活生生的社会现实的时候，必然会发现法律漏洞的存在。此时就需要根据法律的目的来重新构造法律，或通过类推适用的方法补充法律漏洞。

所谓类推，与上文所述相同，其意义“是将法律中包含的适用于类似情况的规则准用于法律中未加规定的情况（个别类推）；或者从法律为规范相似的多种情况而统一制定的规则中导出一个一般原则，再将该一般原则适用于法律中未作规定的情况（总体类推）”。当然，“如果需要对一条规则加以限制，而立法者未作这种限制，则可通过‘目的性限缩’的方法得出这种限制，亦即将该规定的适用领域限定在其目的所需要的适当的范围内”③。

类推与推定不同。推定是民事诉讼法上的一个规则，而类推则是单纯就法解释而言的。但是，不能因此否定推定的法解释作用。如法国民法上的推定（présomption）机制就是鼓励法官造法的机制。比如，“从民法典第 1384 条第 1 款的对照管之物责任的引申推定，进而转为法定责任（responsabilité de plein droit）”④。这种推定方法具有极大的创造性，其目的在于督促立法者确立相关的一般原则。

但是，通过类推或推定而进行法律解释仍然必须首先遵循法律的各项基本原则，或称法律目的。上文说过，法律目的有终极目的和具体目的之分。

---

① ［古希腊］亚里士多德，《尼各马可伦理学》，廖申白译注，商务印书馆 2003 年版，第 161 页。

② H. L. A. Hart, *The Concept of Law*, Clarendon Press 1961, pp. 126 – 127.

③ 《德国民法通论》（上），王晓晔等译，法律出版社 2003 年版，第 106 页。

④ ［法］雅克·盖斯旦、吉勒·古博，《法国民法总论》，陈鹏等译，法律出版社 2004 年版，第 419 页。

作为漏洞补充的依据，法律的基本原则是法律目的的集中体现，类推（或推定）必须能够体现法律的基本原则。

在《德国民法典》中，法律原则是作为“一般条款”出现的，它们对民法的解释适用起着重大的作用。[①] 其中，“诚实信用”（157、242 条）、“善良风俗”（138、826 条）、“交易惯例”和“公平”（315、829、847 条）等都属于这样的一般条款。这些一般条款后来在日本、中国的第一部民法典乃至《民法通则》中都以“基本原则”的形式继承并发扬，对于民法的解释适用起着重要的作用。

此外，《德国民法典》还创造了一些“不确定概念”。[②] 包括“交易中应尽之注意”（第 276 条第 1 款）、“重大事由”（626 条等）等。这些“不确定概念”由于其概念外延的模糊性，在遇到现实生活中多种多样的案例的时候有一定的伸缩性。但是，这些“不确定概念”的适用必须在服从法律的基本原则条件下进行。

法国民法中将德国民法中的一般条款和不确定概念合称为“未确定内容的一般定义”（notions générales au contenu indéterminé），具体包括善良风俗、公共秩序、善良家父（le bon père de famille）、过错、紧急、诚信、衡平等。[③] 而新近的法律还包容了一些“故意含糊不清的框架概念（notions-cadres）”，如儿童利益、配偶利益或家庭利益等，要求法官解释并界定这些概念的内容（比如关于民法典第 1397 条将夫妻财产制的更改取决于家庭利益的规定中的家庭利益概念），[④] 从而能动地适用法律。

此外，法国民法上还有一种倾向是用格言或谚语来解决某些法律规则的相互冲突问题，如一般条款不减损特别条款（generalia specialibus non derogant）、特别条款减损一般条款（specialia generalibus derogant）、法律没有辨别之处不能进行辨别（ubi lex non distinguit, nec nos distinguere debemus），以及特别法要严格解释（exceptio stricti juris）等。[⑤] 这些格言或谚语在长期的历史中形成，即使没有直接的法律强制力，也对法官有一种原则的指导作用。

---

① 《德国民法通论》（上），王晓晔等译，法律出版社 2003 年版，第 34 页。

② 同①，第 35 页。

③ ［法］雅克·盖斯旦、吉勒·古博，《法国民法总论》，陈鹏等译，法律出版社 2004 年版，第 415 页。

④ 同③，第 416 页。

⑤ 同③，第 417－418 页。

值得注意的是德国和美国通过宪法的预留条款来解释和补充人格权漏洞的现象。在德国，1949 年《德国基本法》颁布实施之后，通过一系列德国联邦宪法法院所审结的判例（首个案例是 1954 年的 Schacht-Leserbrief 案【15】），德国的法学家们以基本法当中所规定的基本权（特别是第一条第一款的“人格尊严”的规定）作为基石，通过解释发展出了一般人格权，并且，将其归入到了《德国民法典》第 823 条的“其他权利”中。而在美国，《美国宪法》《第九修正案》作为“权利法案”的一部分，规定了一条解释规则：“本宪法对某些权利的列举，不得被解释为否定或轻视由人民保留的其他权利。”① 这一规定将美国人民可以享受的权利做了扩张性解释，使之成为确认各种新型民事权利的基础。

总之，法律的形式和内容是一个不断发展完善的动态过程。在这个过程中，法律解释和将实定法在现实的审判活动（判例）中进一步明确下来，继之而来的造法活动则创建新的概念、规范，从而使法律最终达到定分止争、实现社会正义的目的。

第三节　英美法体制下的法律解释

“衡平法上，一切皆有救济。”

英美法是实行判例法体制的一个法系，其中包括英国、美国等世界发达国家，我国香港地区也实行这个体制。英美法体制传统上分为两个部分，即普通法和衡平法，此外还有大量的制定法。英美法向来重视法律解释，并且针对普通法、衡平法和制定法分别有着不同的解释规则。

一、普通法的解释与适用：遵循先例原则

英国的法治原则（the rule of law）体现在司法上即是遵循先例原则（stare decisis，the doctrine of precedent）。依照这一原则，法官在审理案件时就必须考虑到先例，即其他法官在已决案件中对与此相同或密切相关的问题

① 原文为：“The enumeration in the Constitution，of certain rights，shall not be construed to deny or disparage others retained by the people.”（Amendment Ⅸ）

所作出的判决。[1] 当然，法官并不援引该判决的结果，而是援引法官在判决书（judgement）中的推理部分（reasoning，ratio decidendi）所总结和运用的法律原则（legal principle）。这样，在运用先例时就必然涉及对法律原则的解释和适用问题。可以说，英美法的司法方式就是通过司法解释而延续司法传统、厘清法律原则。

在英国，遵循先例原则兴起于十五世纪，自十八世纪以后开始盛行。[2] 香港因殖民统治的关系继受适用遵循先例原则，即所有香港法院必须遵循英国上议院的所有先例，同时也应参考其他英联邦国家法院的司法先例。与此同时，香港本地判例也可在同样或同类案件中得到遵循适用。香港回归后，根据“一国两制”的基本原则，司法上保留了遵循先例原则。

遵循先例原则的具体适用就是司法解释过程。英美法上的司法解释基本遵循这样三个层次进行，第一层次是垂直援引（vertical stare decisis），第二层次是水平援引（horizontal stare decisis），第三层次是最后法则（last resort）。[3]

在英国，垂直性的遵循先例原则主要表现为以下三种情况：①上议院判决对英国所有下级法院具有约束力（binding force），其先前的判决对英国所有下级法院具有约束力；②上诉法院的判决对所属下级法院具有约束力；③高等法院一名法官所作的判决对下级法院具有约束力，但对高等法院内部其他法官不具有拘束力，只有说服力（persuasive force）。

水平援引在美国的适用范围较广，因其较为适应美国的联邦制。在美国联邦法院系统，中级上诉法院被分成若干“巡回区”（circuit），每一个巡回区都有自己的中级上诉法院。在每一个中级上诉法院，所有法官在审判时都必须遵守同一巡回法院之前的判例，只有在全体法官一致同意的情况下，或经过最高法院才能够被推翻。

所谓最后法则，指的是根据 1966 年《司法宣言》（*The Practice Statement*），英国上议院法官有权不遵循先例，而以追求公平正义为最终目标。该《司法宣言》是由上议院议员加德纳（Lord Gardiner LC）于 1966 年 7 月

---

① Adeleye, Gabriel et al. *World Dictionary of Foreign Expressions: a Resource for Readers and Writers*, page 371 (1999).

② Hayek. *The Common Law, and Fluid Drive*, John Hasnas, NYU Journal of Law & Liberty, Vol 1, p 92 – 93

③ Kmiec, Keenan. *The Origin and Current Meanings of "Judicial Activism"*, California Law Review (2004)。

26 日在上议院代表他本人及当值议员作出的，内容是：“全体议员都认为遵循先例原则是确定法律和个案法律适用的必不可少的基础。它至少提供了一定程度的确定性，以使民众可以据此决定自己的行为，使法律原则的发展有一定的基础。然而，全体议员同时认为，过分僵硬地遵循先例会导致在某些特定案件中的不公平，并限制法律的发展。因此他们认为，应修正现行的司法实践，对本院作出的正式判决，即使其与先前的判例相悖，也应承认其效力。于此，它们将谨记这样做可能给合同法、财产协议等的法律基础带来前后不一致的风险，以及对刑法的安定性造成的影响。本声明仅适用于本院的先例。”①

该《司法宣言》是英国上议院为适应社会的发展变化而作出的，它并没有改变下级法院的遵循先例原则，而是仅仅将这一灵活性授予上议院。迄今，这一《司法宣言》的适用范围是较小的，反映出英国对于传统始终抱着谨慎的态度。

应当说，英美法的上述司法解释原则是较为独特的，体现了判例法的特点。此外，英美法上对衡平法的解释适用则较大程度上援引了法律原则，因此与大陆法系国家通过民法基本原则解释法律是有近似之处的。

二、衡平法上的司法解释原则

与普通法相比较，衡平法有这样几个特点：

第一，以公平正义为审判原则。在衡平法出现以前，英国普通法已经存在了相当长的一段时期，形成了大量的法律原则，并且在普通法院中得到严格执行。但是，普通法对程序的重视慢慢露出了缺点，即不能给予某些的确有冤情的申诉人（petitioner）以救济，造成了实质上的不公平。这种情况继续下去必然影响国王的名誉和地位。于是，国王便指定大法官法院直接根据公平正义来衡量申请人提交的诉讼。

衡平法上的公平正义实际上就是与自然法（natural law）相适应的公平正义（justice）观念。早期的大法官倾向于将公平正义具体化为公平交易（fair dealing），并直接从罗马法（Roman law）和宗教法（canon law）中汲取教义。这样的一种审判方式舍弃了普通法的繁冗的技术性法律原则的适用，而直接凭着公平正义的理念来判断是非曲直。这在英国法律史上无疑是

---

① The Practice Statement [1966] 3 All ER 77。

革命性的。

第二，大法官法院适用衡平法提供的救济是特定的，即禁止令和强制履行（specific performance）。在普通法形成以后，主要的民事诉讼均以损害赔偿（damage）为救济，但有时当事人要求的是履行原有的承诺，而不要损害赔偿。这样的请求是普通法院不能准予的，但衡平法院解决了这个问题。

第三，应用衡平法审判全凭法官的良心裁判，因此这样的审判不需要有陪审团（Jury）的加入。普通法院是需要陪审团的，但陪审员也只是在法官引导下决定是非曲直问题，具体的救济措施或刑罚是由法官决定的。衡平法院的审判没有陪审团的参加对于审理复杂案件特别有利，这可以使法官专注于法律问题的解决。

以上的三个特点使衡平法的适用在很大程度上取决于法官对法律原则的理解，特别是法官对什么是公平正义的理解。那么，有没有什么原则可以制约法官的良心裁判呢?

近五百年来，“良心”这个词的确切含义一直不能被定义，而其后隐藏的价值观则更为深厚，难以清楚界定。但是，理论家们还是在衡平法的适用过程中总结出了一些基本的观念和规律，即为十二条模糊的道德准则和五条附加规则。以下分别予以辨析。[①]

（一）十二条模糊的道德准则

这里的所谓十二条“模糊的道德准则”（vague ethical rules）包括:

（1）衡平法上一切皆有救济（equity will not suffer a wrong to be without a remedy）。这是衡平法的核心理念，即为补充普通法的漏洞和不足而设。普通法的程式诉讼（forms of action）是制约诉讼范围的一个重要因素，因此，衡平法采取“一切皆有救济”的原则来受理所有的案件，以表现程序正义。

（2）衡平法跟随普通法（equity follows the law）。衡平法的作用是对普通法不能处理的案件进行处理。但是，衡平法的适用不能排除那些本该适用的法律。只有在依照普通法和成文法不能公正地解决问题的情况下，衡平法才能够适用。

（3）在同样公平的前提下，普通法优先适用（where there is equal equity, the law shall prevail）。即如果从公平的角度出发，无论是适用普通法还是衡平法都可以得出同样的判决，则普通法优先。

---

① Hudson A.（2009），*Equity and Trusts*，Routledge-Cavendish，p. 24。

(4) 在同样公平的前提下，先到者先支持（where the equities are equal, the first in time shall prevail）。如果适用普通法和衡平法可以得出同样公平的判决，则适用在时间上在先的。

(5) 拖延者没有公平可言（delay defeats equities）。由于消灭时效制度是大陆法继承罗马法而来，普通法上并无相关的制度，[①] 因此必须在衡平法上予以解决。依照这一格言，对于无故拖延诉讼期间的，衡平法将不予保护。

(6) 寻求公平者，他必得到（he who seeks equity must do equity）。这是衡平法的原则性表述，即使所有人都能够在法院得到正义。

(7) 寻求公平者，他必是清白的（he who comes to equity must come with clean hands）。英美法上的所谓“正当程序”（due process）是一个晚近才发展起来的制度，在早期并没有如同美国的“米兰达戒令”（Miranda warning）那样的法律，因此在衡平法上便推定所有来寻求法院保护的人都是清白的。

(8) 平等就是公平（equality is equity）。这一格言的意义在于将平等原则与公平原则联系起来。在英美法上，对于平等的认识是较晚的，这与其他欧洲大陆国家是一样的，原因在于封建等级制度的存在。直到卢梭写出《论人类不平等的起源》，人与人必须平等才成为一项社会革命的目标。而在普通法上，平等从来没有被重视。只是在衡平法上，对于公平，有时可以用平等来解释。

(9) 衡平法注重目的胜于形式（equity looks to the intent rather than to the form）。对于诉讼程式造成的诉由限制，衡平法的做法是接受所有的诉讼。而在审判中，由于没有成例可以参照，衡平法的做法必须是看到争讼的本质，视其具体的诉讼要求和理由而进行判决。

(10) 衡平法将应为既成的视为既成的（equity looks on as done that which ought to have been done）。衡平法的判决依据是公平正义，因此，对于多数事实的判断就是按照应为而定。

(11) 衡平法探求目的以满足债的要求（equity imputes an intention to fullfil an obligation）。债法是英美法上发展较为落后的一个体系，与大陆法系不能同日而语。但是，衡平法的存在弥补了这一欠缺，即将债的目的作为判决的根据，而不是依赖形式。

---

① 英国的“诉讼时效”应为“出诉时效”（limitation of action），是由成文法制定的，现行法为1980年的《时效法》（*Limitation Act* 1980）。

（12）衡平法是属人法（equity acts in personam）。[1] 属人法和属物法是罗马法的分类，这一格言体现了英国法对于罗马法的继承。所谓衡平是针对人而言的，也只有对人才能够讲公平正义。所以，衡平法是属人法。

（二）五条附加规则

除上述十二条格言外，还有五条附加规则，主要是针对信托制度而设的。

（1）衡平法不允许将立法或普通法作为欺诈的手段（equity will not permit statute or common law to be used as an engine of fraud）。

（2）衡平法不允许受托人从受托财产中受益（equity will not permit a person who is trustee of property to take benefit from that property qua trustee）。这一原则是信托制度的基础。

（3）衡平法不帮助无信托的单方受益人（equity will not assist a volunteer）。指衡平法不支持无信托受赠人主张赠与财产。

（4）衡平法不允许权利真空（equity abhors a vacuum）。指衡平法不支持无信托赠与人放弃财产，造成无主财产。

（5）信托必须由财产合法所有人凭良心管理（a trust operates on the conscience of the legal owner of property）。

以上这十七条基本原则就是法官在适用衡平法解决案件时的依据。对于这种审判方式，美国现代法学家庞德（Roscoe Pound，1870—1964）曾诟病其影响了法律的确定性，并呼吁应当使司法审判回到（普通法上的）一般原则的轨道上来。[2] 他指出，衡平法已经不再是像以往那样单纯凭几条道德原则就可以不断产生新判决的东西，而是已经通过判例固定了下来，并形成了自己的一般原则。后来衡平法院被撤销并与普通法融合与实证法学的兴起密切相关。

应当说，在英美法的法律体系中，普通法已经建立起了牢不可破的法律传统，那些经由判例建立起来的法律原则必须得到遵守，如合同只能约束当事人（合同相对性原则，privity of contract）这个普通法原则是必须得到适用的。只有在适用普通法有害于公平时，法官才会适用衡平法。而在当代，衡

---

① Edmund Henry Turner Snell，John Richard Griffith，*The Principles of Equity*，Stevens & Haynes，1872，Chapter 2，pp24 - 25.

② Rosco Pound，*The Decadence of Equity*，Columbia University Press，1905，pp20 - 36.

平法已经退缩为由一系列判例组成的衡平判例法，那些古老的道德原则已经不能经常性地授予法官以自由裁量权以不断进行造法活动。

总之，英美法的核心是普通法，今天的衡平法是由一系列既定的法律规则组成的，体现在判例中，法官必须像遵守普通法先例那样遵守衡平法的先例。并且，在整个法律体系中，衡平法只起补充作用。[①]

除此之外，现代英美法中大量存在着成文法，而对于成文法的解释，英美法也有一套完整的制度。

三、英美法体制下的成文法解释方法

虽然英美法系国家以判例法为主，但是成文法一直存在。特别是在二十世纪以后，英美法系各国各地区大量立法，从而使其法律体系中混杂了大量成文法的成分。为使成文法的解释和适用有矩可循，英国很早就制定了法律解释法，香港也予以了采纳。

英国的法律解释法是在1850年制定的“布鲁厄姆法案”（Lord Brougham's Act, Interpretation Act，正式标题为 An Act for Shortening the Language used in Acts of *Parliament*）。该法案为英国立法机关其后通过的所有法令提供了多项通用的法定定义及诠释规则。在制定这项法案之前，英国法典中并无通用的释义法律，而只有数条只适用于特定类别法规的释义条文。[②] 在该法案的指引下，英联邦大部分国家都制定了解释法。该法案的最近一次修订是1978年。

索顿（G. C. Thornton）认为，释义法一般而言具有三大功能，即：藉着避免不必要的重复来缩短和简化成文法律，鼓励使用划一的用语，确立诠释

---

① Equity though just is not legal justice, but a rectification of legal justice. The reason for this is that law is always a general statement, yet there are cases which it is not possible to cover in a general statement. In matters therefore where, while it is necessary to speak in general terms, it is not possible to do so correctly, the law takes into consideration the majority of cases, although it is not unaware of the error this involves. And this does not make it wrong law; for the error is not in law nor in the lawgiver, but in the nature of the case... This is the essential nature of equitable: it is a rectification of law where law is defective because of generality.... Aristotle, Nicomachean Ethics, V. x. 3 –7。

② Criminal Law Act 1827 第14条及 Criminal Law (Ireland) Act 1828 第35条。

规则来厘清法律效力[1]。而在具体实行时，可通过以下方式达到这些目标：[2]

（1）提供一些标准条文来规范法律在各方面的运作。

（2）规定了在法律明文授予的权力以外的隐含权力。

（3）为法律中常用的术语提供标准定义。

在达到以上目标时应注意的是，释义法律不能用以改变其所适用的法律的基本法律效力。[3] 如果有关法律明文表示或其文义默示有相反用意，则释义法律对该法律的适用即受限制。[4]

法律解释法在英美法上具有重大意义。它使成文法立法规范化，同时也使成文法的法律解释规范化。这一规范化一方面是语言文字上的规范化，即形成了一套固定的法律术语，统一了法律用语的含义；另一方面是法律解释规则的规范化，即应遵循的解释原则必须是统一的。

我国香港地区在英国的影响下于 1867 年 5 月 22 日制定了《释义条例》（*The Interpretation Ordinance* 1867）（1867 年第 1 号條例）。该条例表示“本条例旨在……将不同条例及法院规则常用的字词的定义收载于同一条例之中”。该条例共有五条条文，但其所承载的内容十分丰富。其中包含大量定义，指出第 2 条 13 列出的字词“如载于此后通过的条例或法院过则，须按本条例的定义或解释理解，但如该条例或法院规则另有特别规定，或主旨、文义与该等定义或解释相矛盾，则属例外”。该条例原来的 15 个定义中，有数个与今天的法例仍然息息相关。举例来说：“人”的定义包括法团（法人），“月”的定义指公历月。该条例 11 F. 第 3、4、5 条分别订明“公职人员”一词的一般诠释规则、如何计算法例所订明的时间，及其他例如处理英语单数和复数的一般问题。

经过多次修订，原来的《1867 年释义条例》经综合为《1911 年释义条例》（*Interpretation Ordinance 1911*）（1911 年第 31 号条例），其后又被《1950 年释义条例》（*Interpretation Ordinance 1950*）（1950 年第 2 号条例）所取代。

---

① G. C. Thornton, *Legislative Drafting*, London: Butterworths 1996, 4th Ed., p112.

② New Zealand. *Law Commission*, Wellington, 1990, *A New Interpretation Act—to avoid "Prolixity and Tautology"*, NZLCR17, p3.

③ F. A. R. Bennion, *Bennion on Statutory Interpretation: a Code* (LexisNexis, 5th Ed., 2008), p576. (Blue Metal Industries Ltdv R W Dilley [1970] AC 827, per Lord Morris of Borth-y-Gest, p848.)

④ 《香港释义及通则条例》第 2（1）条—“除非在本条例或其他条例、文书的内容出现用意相反之处，否则本条例的条文适用于本条例、其他现行的条例（不论其实施日期早于或迟于本条例的生效日期）及根据或凭借这些条例而订立或发出的文书。”

在1966年,《释义及通则条例》(香港法例第1章)取代了《1950年释义条例》,而该条例亦即香港目前具有效力的释义法规。该条例于1966年提交立法机关,具有下列双重作用:

"如其标题所示,《释义及通则条例》具有两大功能。第一,由于条例界定了成文法则常见的字詞,因此个别法例便无需加入这些定义。第二,条例发挥收载剩余条文的功能,这些条文虽与适用于很多其他法例的一般事项和权力有关,但却不易在香港法例中找到适当的地方收载。"①

承袭了英美法体制的香港《释义条例》主要的目的有两个,其一是为法律用语提供统一定义,其二是收纳剩余条文。其中第一项与英国有关释义法案是一致的,第二项则相当于法律附则。不过,该法还对法官解释法律的规则进行了明确,如目的解释规则。② 该项目的解释规则是用以去弊补缺,即所谓弥补法律漏洞的。同时该项解释规则也必须使解释公正、符合法律的真义。

该1966年的释义条例后被1997年6月30日的版本所取代,即现行有效的《释义及通则条例》(以下简称《通则》)。该《通则》共计42条,在1998年经过了"适应化"修订,③ 体现了这样一些解释原则:

(1)合宪性解释规则。《通则》在第一条即规定香港所有法例(即成文法律)均不得与《基本法》相违背:

"1(1)所有原有法律均须在作出为使它们不抵触《基本法》及符合香港作为中华人民共和国的特别行政区的地位而属必要的变更、适应、限制及例外的情况下,予以解释。"④

这一规则十分重要,它表明香港的法律解释始终应统摄在《基本法》的框架范围之内。

(2)文义解释方法。《通则》用大量篇幅对法例中可能涉及的专业术语进行了定义性解释,以明确和限制法学字词的意思。如:

---

① 香港立法局《香港议事录》(Hansard)(1966),第379页。

② 《香港释义及通则条例》第十九条:"条例必须当做有补缺去弊的作用,按其真正用意、涵义及精神,并为了最能确保达至其目的而作出公正、广泛及灵活的释疑及释义。"

③ 见1998年第26号第2条(1)除非在本条例或其他条例,文书的内容出现用意相反之处,否则本条例的条文适用于本条例,其他现行的条例(不论其实施日期早於或迟於本条例的生效日期)及根据或凭藉这些条例而订立或发出的文书.(1A)即使另一条例载有本条例某项条文的要旨,亦无含义指本条例的其他条文不适用于该另一条例。(由1993年第89号第2条增补)(2)本条例对"国家"具约束力。(由1998年第26号第2条代替)

④ 《通则》的相关条文见香港律政司双语法例资料系统:http://www.legislation.gov.hk/chi/index.htm。

“3 词语和词句的释义，‘人’‘人士’‘个人’‘人物’‘人选’（person）包括法团或并非法团组织的任何公共机构和团体，即使这些词语出现于订出罪行或与罪行有关的条文内，或出现于追收罚款或追收补偿的条文内，本定义亦适用；（由1995年第68号第2条修订）‘九龙’（Kowloon）指附表4指明的范围；‘土地审裁处’（lands tribunal）指根据《土地审裁处条例》（第17章）第3条设立的土地审裁处；（由1974年第62号第16条增补）‘大律师’（counsel）指获原讼法庭认许，可以大律师身分执业的人；（由1998年第26号第4条增补）‘上诉法庭’（court of appeal）指高等法院上诉法庭；（由1998年第26号第4条增补）‘月’（month）指公历月；‘中央人民政府在香港特别行政区设立的机构’（offices set up by the central people's government in the Hong Kong special administrative region）指——（a）中央人民政府驻香港特别行政区联络办公室；（b）中华人民共和国外交部驻香港特别行政区特派员公署；及（c）中国人民解放军驻香港部队；（由2009年第2号第2条增补）‘中国’（China）指中华人民共和国；（由1998年第26号第4条增补）‘中国公民’（Chinese citizen，Chinese national）指根据载于《1997年全国性法律公布》（1997年第379号法律公告）附表4中的《中华人民共和国国籍法》具有中国国籍的人；（由1998年第26号第4条增补）。”

在《通则》中出现的经过定义的字词包括表示主体的、客体的、时间的、地点的等等各方面的法律用词。出现频率最高的包括人、居民、成年人、未成年人、法团、法官、岁、年、月、日等等，词义范围包括时间与距离、公共官职等。

（3）双语文件的解释规则。由于《基本法》规定所有香港法例必须以中英双语作出，因此在对成文法进行解释时就面临着以何种语文为准和以何种语义为准的问题。对此，《通则》界定了法定语文的概念：“（由1998年第26号第4条增补）‘法定语文’（official languages）指中文和英文，而凡提述一种‘法定语文’时，须视乎情况而解释为中文或英文。”

同时，《通则》还对两种语文在不同情况下的语义效力进行了规定：

10B 两种法定语文本条例的释疑 30/06/1997

（1）条例的中文本和英文本同等真确，解释条例须以此为依据。（2）条例的两种真确本所载条文，均推定为具有同等意义。（3）凡条例的两种真确本在比较之下出现意义分歧，而引用通常适用的法例释义规则亦不能解决，则须在考虑条例的目的和作用后，采用最能兼顾及协调两文本的意义。

此段即是说，即使语文不同，但两种语文的语义具有同等的效力；如果确实不能取得同等语义的话，则应根据法例的目的来进行解释。根据目的解释规则来确定语义，这是法律解释中的特殊现象。

另外，《通则》对涉及普通法术语时两种语文的效力也进行了规定：

10C 普通法词句 26 of 1998 s. 9 01/07/1997

(1) 凡条例英文本内使用普通法词句，而中文本内使用对应的词句，则条例须依该词句在普通法上的意义解释。(2)（由1998年第26号第9条废除）

此规定的意义在于，普通法是英语文化中的产物，与中文有着巨大的差异。如果很难找到完全对应的词语，则为了法律的准确性，不应按照汉语的字面意思来解释，而应按照来源文字的意思来解释。这一规定是具有创造性的。

第三，对于采用英文名称的法人，《通则》这样规定：

10D 法定法团的名称 30/06/1997

凡由条例设立的法团，其名称只以中文载于该条例的中文本内，并只以英文载于该条例的英文本内，则该条例两种语文本所载的名称，均属该法团的名称。

这一规定表明法人的名称在用不同语言表述时虽然在实体上是同一指向的，但在文字上仍应尊重各自语言的语义，而分别记载于不同语文做成的法律文本中。这一规定充分体现了法律的严谨性。

最后，《通则》规定法例中以任意一种语文出现的字词，其意义均应有立法会决议通过：

10E 两种法定语文的字等可宣布为意义相等

26 of 1998 s. 37 01/07/1997

(1) 行政长官会同行政会议可藉宪报公告，宣布该公告内以一种法定语文载明的字，词句，职称，名称（包括条例的简称），引文或事物，在条例释义上，相等于该公告内以另一种法定语文所载的字，词句，职称，名称，引文或事物。(2) 除非事先将有关的公告草案提交立法会，并经立法会决议通过，否则不得根据本条作任何宣布；本条例第34条不适用于这类宣布。（由1998年第26号第37条修订）

这一规定使文字的意义完全被控制在立法权限范围内，即使法律语文完全脱离了日常和文学语文，从而使法律文本具有最高意义上的严谨性。

我国历史上主要承袭了大陆法系国家传统，并没有类似英美法国家的法律释义法，但在《民法通则》中有一些基本的术语定义，规定在第九章《附则》中。相关的条文有：

第一百五十三条　本法所称的“不可抗力”，是指不能预见、不能避免并不能克服的客观情况。

第一百五十四条　民法所称的期间按照公历年、月、日、小时计算。

规定按照小时计算期间的，从规定时开始计算。规定按照日、月、年计算期间的，开始的当天不算入，从下一天开始计算。

期间的最后一天是星期日或者其他法定休假日的，以休假日的次日为期间的最后一天。

期间的最后一天的截止时间为二十四点。有业务时间的，到停止业务活动的时间截止。

第一百五十五条　民法所称的“以上”、“以下”、“以内”、“届满”，包括本数；所称的“不满”、“以外”，不包括本数。

综上所述，法律是一国最重要的规范文本，其中所涉及的概念、术语都应当统一，这直接关系到法律的效力问题。更深一层，法律文本是较为复杂的专业文本，其解释和适用是一门与解释学相关的科学，直接与立法和法律的适用有关，应得到充分的重视。

我国现行民法是以《民法通则》《合同法》《物权法》《侵权责任法》为文本基础的制度体系，虽然其中有大量的词语是日常语文，但其规范意义与日常语文大不相同。对此，必须通过专业的法律解释方法才能使其意义得以明确。

本章对民法解释学的发展历史进行了综述，并对具体的法律解释方法进行了详细的研究和阐释。同时，结合我国的法律文本，对其中一些容易引起歧义和意义语义不清楚或不统一的情况进行了说明。比如，对于“人”这个基本概念，法律上并没有解释，而香港《释义条例》中则解释为包括法人在内的任何人；再如，我国法律还大量采用了“组织”这个概念，而其他国家则用“团体”，需要通过解释学的方法说明其意义究竟有何不同，并确定今后的取舍。此外，对于一些常用法律术语，如不可抗力、紧急避险、过错责任等，应当有统一的定义和法律解释；至于某些模糊语言的使用，如“等”“其他”，应予以定义或尽量避免，以明晰法律内涵。

总之，法律解释是关系到法律适用是否科学的关键，是一门很复杂的学问。但是，作为具体的法律解释方法，应当使其成为制度的一部分，这样才能促进法律及适用的一致性。

第四节　作为本体论的民法解释学

“词语破碎处，存在出现。”

——［德］海德格尔①

以上论述了作为方法论的民法解释学，即通过各种解释方法而使法律的意义更加明了的学问。但是，需要解释的不仅是法律，还有法律行为。法律行为的解释不仅是一种方法，而且是一种目的。法律行为的解释将使民法解释学上升为本体论，从而使法律的目的在最为具体的地方得到实现。

一、法律行为的解释

法律行为是民事主体为建立民事法律关系、实现民事权利或承担民事义务而进行的意思表示行为。意思表示是民事主体的内在意志借助法律制度想要达成的某种目的，但是，由于法律制度的限定，意思表示并不一定会产生表意人预期的效果，而只能经由法律解释产生相应的法律效果。

前文曾经指出，纯粹法学派反对法律解释的功能，但是，该学派对于法律行为解释的必要性是承认的，即认为意思与表示很可能存在差异，此时便需要进行解释：“私法行为中行为人之意志与语言表述不相符之可能已被传统法学所普遍公认。此种意志与表达之不符既可能大相径庭也可能稍有出入，后者譬如立法者之意志或行为人之意思至少符合对规范语言所可能作出的诸解释之一。”② 也就是说，包括文义解释在内的诸种法律解释方法至少在法律行为的解释上是可以适用的。

法律行为的解释可以基本分为单方法律行为的解释和双方法律行为——即合同的解释。以下分述之。

① ［德］海德格尔，《艺术作品的本源》，载《林中路》，孙周兴译，上海译文出版社 1997 年版，第 1 – 71 页。

② ［奥］凯尔森，《纯粹法理论》，张书友译，中国法制出版社 2008 年版第 99 页。

（一）合同解释

我国现行民法上关于法律行为解释的唯一规定是在《合同法》中，即第四十一条：

对格式条款的理解发生争议的，应当按照通常理解予以解释。对格式条款有两种以上解释的，应当作出不利于提供格式条款一方的解释。格式条款和非格式条款不一致的，应当采用非格式条款。

这一规定可理解为格式合同条款解释中的不利解释或反对解释原则。这样的解释原则将格式合同条款拟定者的意思解释为损害了对方的合法权益，因而将其意思逆转，以使其预定的内容不能适用，转而有利于合同的相对方。

反对解释是仅适用于法律行为解释的民法解释规则。这一解释规则的目的在于探究意思表示的真实意义，而不拘泥于意思表示所使用的词语的表面。换言之，文义解释不能达到的目的，通过反对解释可以达到。

反对解释的出现是公平正义原则的要求。众所周知，法律的最高原则是公平正义，即对于双方法律行为而言，意思表示应当是互利互惠的，而不应使其中的一方受到过度保护，另一方却因此受到不公平的损害。我国《合同法》不仅规定了反对解释原则，对于格式合同条款中故意限制对方权利、免除自身责任的意思表示，法律甚至直接规定其无效：

《合同法》第三十九条　采用格式条款订立合同的，提供格式条款的一方应当遵循公平原则确定当事人之间的权利和义务，并采取合理的方式提请对方注意免除或者限制其责任的条款，按照对方的要求，对该条款予以说明。格式条款是当事人为了重复使用而预先拟定，并在订立合同时未与对方协商的条款。

第四十条　格式条款具有本法第五十二条和第五十三条规定情形的，或者提供格式条款一方免除其责任、加重对方责任、排除对方主要权利的，该条款无效。

这样的法律规定是对当事人意思自治的直接干预，是法律解释方法在赋予或剥夺法律行为的效力。在这个意义上，法律解释已经超出了方法论的局限，而成为了法律本身。

（二）单方法律行为的解释

除合同解释之外，单方法律行为的解释也具有本体论的意义。在此，

2014年香港终审法院审结的“基金案”（Chinachem Charitable Foundation Ltd v. The Secretary For Justice & Others，The Foundation Case）可资讨论。①

本案争议的焦点在于立遗嘱人龚如心（英文名为 Nina Wang）的遗嘱（testatrix）应作如何解释。立遗嘱人龚如心于2002年7月28日在没有律师协助的情况下立下一份中文自制遗嘱，主要内容共计四条，其中第一条写明将所有财产遗赠于上诉人在港注册的华懋慈善公司（The Chinachem Group，下称“该基金”），但未具体说明应以何种形式将遗产830亿港币赠与华懋公司。终审法院裁定，该自制遗嘱的语句必须根据其文义予以解读和理解，该遗嘱亦必须整体地予以解释。该院进一步裁定，根据该自制遗嘱的整体文义，考虑所适用的指使性质的语言及特定语句的效力，裁定充分清晰显示第二条第二款是为慈善的目的订立一项信托。第三条是关于信托财产的处理及管理，而非关于为慈善目的而运用信托财产的受益。该院断定，该基金将以受托人的形式持有全部遗产，而不是以无条件馈赠的形式接收有关遗产的任何部分。最后，该院裁定第二条第一款的言语充分清晰显示，龚如心希望将该基金交托由该基金以外的管理机构监管，据此，该院将运用本身固有司法管辖权，为管理该遗嘱下的慈善信托制定计划。据此，该院裁定驳回上诉。

香港是实行英美法体例的特别行政区，该终审法院对该上诉案的裁决是基于衡平法上的自由裁量权而做出的。前文曾论述了衡平法上的法律解释方法，但此处衡平法的适用主要是针对信托，至于遗嘱的解释则采用了普通法及成文法的解释方法，包括文义解释和整体解释。

就该遗嘱的解释，主要的问题在于主要内容的前后矛盾。遗嘱的第一条将全部遗产赠与华懋公司，但是第二条又说明应组成一个管理机构管理该笔遗产，第三条则指定了遗产使用目的。这样就产生了疑问，即华懋公司究竟是以受益人还是受托人的身份来接收该遗产。在信托法上，所谓受益人，即不负责管理遗产，仅接受遗产收益；而受托人则不得为自己谋利，将持有遗产并按照特定目的经营管理遗产。法院认为，这个遗嘱的各个部分应作为一个整体来解释，任意一个条款都不应单独成立，特别是第一条。在整体解释中，每一个条款都应该是整体的一部分。这样，第一条的解释就必须服从其余各部份，特别是第二条和第三条。

在解释遗嘱的过程中，终审法院特别通过特定语言分析指出了第二条和第三条的重要意义。在这两条遗嘱中，立遗嘱人使用的是“指使性”（强制

① FACV9/2014，即终院民事上诉2014年第9号（原高院上诉法庭民事上诉2013年第44号）。

性，imperative）语言——“必须”“确保”“有责任给予”等。这样的字眼是没有商量的余地的，即必须执行。而华懋公司章程中有一条规定是，所有馈赠必须是无条件的。显然，立遗嘱人对遗产的使用已经做了明确指示，不得违背，不符合华懋公司接受赠与的条件。

综上所述，终审法院裁决认为，立遗嘱人龚如心的目的是要以遗产建立一个信托基金，其目的是设立类似“诺贝尔奖”（the Nobel prize）的“中华奖”（the Chinese fund or prize），而根据诺贝尔奖的设立章程，该“中华奖”将另有机构管理运行。为此，遗嘱内容必须是一项信托的设立，由该基金以外的机构监管，该法院将利用本身的司法裁量权为其制定计划。

本案的裁决充分说明，法律解释对于厘清法律行为的意义及其最终效果有着决定性的意义。这一解释是法院根据职权作出的，具有裁判的当然效力，也使行为人及所有法律关系人的解释无效。

二、法律解释：在词语的破碎中寻找法律的真义

法律解释的过程是词语破碎的过程，解释的主体在词语破碎之中寻找法的观念，并最终将所有的碎片重新结合起来，使法律回归它的本义。

（一）词语破碎之处：诗与思

德国诗人格奥尔格曾写下这样的一句诗：“词语破碎处无物存在。”[①] 这句诗给海德格尔带来了启示，但是他提出了相反的意旨，即：“词语破碎处，存在出现。”

“存在”与“物”看上去是两个不同的词语和概念，后者是指与人对立的客观世界，类似于中国道教中所说的“物我”之分；前者则是存在主义哲学关于世界的总体结论。在海德格尔那里，存在与物合而为一，这里所谓的物不是法律上的物，而是存在意义上的物，即观念。大海、陆地、天空、动物、泥土，甚至死亡皆为物，也皆为存在。因此，所谓存在，就是经由物的体验的思之存在。更确切地说，一切存在都是作为言说的存在。思想是体

---

① ［德］格奥尔格，《词语破碎之处：格奥尔格诗选》，莫光华译，同济大学出版社 2010 年版，第 200 页。该句出于《词语》一诗，全诗如下：“我把远方或梦之奇迹/带着前往我国的边地 //我苦苦守候命运女神/从泉源寻得她的名称 //随即我将它牢牢握住/如今它光彩穿越疆土 //我也曾历经漫漫长途/带去一颗柔美的珍珠 //搜索良久她给我回复：/“无物安睡在此深处” //它随即从我指间遁逃 /我国就再未获此珍宝 //源于悲哀我学会放弃：/词语破碎之处无物存在。”

验，也是存在，思想通过语言表达出来，因而语言也就是思想，是观念的躯壳。

为阐明思想与存在的关系，海德格尔写了一首诗，诗中有几句是这样的：

存在——思想的产品？
思想始终是存在的发生

只有学会了感念——
你们才可能思想

没有什么是陡然的
一切都是唯一①

海德格尔关于思与存在的关系的基本观点是，存在是我们所处的世界上的所有内容，而思的结果就是向死而生的一次体验，是对事物的层层递进的揭示。由于每一个人的体验是不同的，因此，每一个人的存在和思想也是不同的。每当我们接近一个人，就是对存在的一个接近；而每当一个人出现，存在就有一次改变。事实和法律也是如此。我们每一次接近事实，都是在解释和应用法律的观念，并寻找法律与事实的契合点。

关于观念的作用，美国诗人史蒂文斯（Wallace Stevens）写的一首题为《罐子轶事》的诗可资参考，拙译如下：

罐子轶事

我把一只罐子放在田纳西，
它是圆的，在一座山上。
它让周围凌乱的一切
都环绕着那座山。

荒野围绕着它升腾，

---

①［德］海德格尔，《思的经验（1910—1976）》，陈春文译，人民出版社2008年版，第24页。

臣服着，
不再是荒野。
罐子圆圆地立在地上，
高高地，像空气中的港口。

它占据了每一个地方。
罐子是灰色赤裸的。
它没有生出鸟儿和树丛，
与田纳西的任何一件东西都不同。[①]

这首诗是围绕着一只罐子展开的，这是一只平淡无奇的罐子，灰色的，圆圆的，光秃秃的。但是，就是这样一只罐子的出现，使周围的一切存在都有了不同。甚至可以说，周围的一切仿佛都是为了这只罐子才开始存在。实际上，本诗借一只沉默的罐子准确地诠释了存在主义哲学的精义，即存在是一种观念，它决定事实。诗中所描述的罐子平淡无奇，可是它是一个观念，正是这样一个观念的存在，才使周围凌乱的一切都向罐子涌来，也象征着观念对事实的揭示过程，即根据观念而接近事物，并整理它、定义它。

所谓“接近事物本身并不意味着要把它们作为客体来对待，而是在一种语言毁坏的游戏中与它们相遇，在这种语言游戏中，此在从根本上说就是经验它自己的死亡”[②]。于是，这首诗就是一次与经验和真理的成功相遇。

法律规范是由语言构成的，语言的基本单位是字和词，字词的结合就形成了语句、诗和文章。民法解释学与普通解释学的共同之处在于，解释的目的是对各种语词构成的所有文本的意义进行探究，并使它们的观念突出出来，应用于事实。这种解释的过程就像是制作一个陶罐（观念），先是将词语打碎，然后根据应有的观念将碎片以最恰当的方式结合起来，从而使存在问题的事实得到合理的解决，也因此使一切存在显现（向罐子涌来）。

是的，法律解释就像在田纳西的一座小山上放了一个罐子，圆圆的、灰色的、光秃秃的罐子，但是一切从此都有了不同。

---

① Wallace Stevens, Anecdote of the Jar. 参见 Cleanth Brooks, Robert Penn Warren，《理解诗歌》（*Understanding Poetry*），外语教研社 2004 年（第四版），第 200 – 201 页。

② ［意大利］詹尼·瓦蒂莫，《现代性的终结》，李建盛译，商务印书馆 2013 年版，第 122 页。

（二）词语破碎之处是法律的真义

诗语本身是破碎的，是不连贯的，就像林中的微光揭示着真理。而对于规范法解释学来说，解释的过程是一个人为制造词语破碎的过程。通过这种类似于解剖的过程，法律规范被充分咀嚼，而其中的意义渐渐显现出来。

在上述香港终审法院对龚如心遗嘱（下称“该遗嘱”）案中，法院的解释即是很好的例证。该遗嘱共四条，在立遗嘱人看来是一个完整的整体。但是，在逐字逐句地解释该遗嘱的涵义时，遗嘱作为一个整体被粉碎了。首先，遗嘱共四条，每一条都必须单独解释；其次，在每一条遗嘱中，若干字词集合在一起，必须将其打散，以便提取其中表示法律关系和法律权利、义务、责任的重要词语；再次，必须对遗嘱中有特别意义的词语进行单独解释，如“必须”；最后，也是最关键的一点，这四条遗嘱内容互相矛盾，不能够形成有机联系的整体。经过这样的不断打散过程，一份遗嘱已经被解剖得体无完肤，似乎已经不再是遗嘱了——“词语破碎处无物存在”。但是，解释才刚刚展开。

接下来，终审法院将文义解释与体系解释结合起来，将每一条遗嘱中的意思与另一条以及所有其余的条款联系起来进行对照，甚至还援引了遗嘱中未体现的公司章程和诺贝尔奖的设立规程，以便重新组合各部分的内容，将其建构成一份有明确意思的“新遗嘱”——这时，法院就是在用各种法的观念来粘合破碎的词语，从而，“词语破碎处，存在出现”。

必须明确的是，解释学的意义不仅在于可以如手术刀一般将法律文书进行肢解，如果仅仅是这样的话那就仍然停留在方法论的层面，而没有回归到本体论上来；解释学的更重要的意义在于其本体论意义，而本体论的意义不在于解构，而在于建构，即在将法律文书进行解构之后，根据应有的观念将法律文书的真义表达出来，应用在具体事实上。这个过程每一次都是独特的，也因为如此，法律解释才是最值得期待的真理诠释过程。

现代民法是在实证法学的哲学基础上发展起来的，并以法律概念为制度基础。在《德国民法典》颁布实施后，潘德克顿法学几乎取得了大陆法系的独占式的地位。所谓潘德克顿法学，其实不过是概念法学的另一种表述。这样的法学走向使得民法的技术性越来越突出，海量的专用术语主宰着法律和法律文书的意义，法律规则越来越像一个虚构的精神结构，而与真实的人性相去甚远。法律解释学则通过人性的手术刀弥补了这一缺陷——精细地分析法律的词语，并小心地组织成一个新的可适用的规范——在词语破碎之处，大地正在愈合。

小　结

总之，法律解释是伴随着法律的产业而产生的，法律解释不是一个冷冰冰的过程，而是充满人性的体验过程。在法律解释的过程中，抽象的法律规定或文书条款必须实境化，即必须与特定的时间和空间结合起来，与人结合起来。同时，每一个字词都必须结合实际的情境和法律的目的和体系来进行解释，而不能仅凭字面意思就确定其最终的意义。正是在这一点上，每一次的立法都是一次出发，而每一次的解释都是一次抵达。

第七章　民法中的人

“所以法的命令是：‘成为一个人，并尊敬他人为人。’”

——［德］黑格尔[①]

民法是关于人与人之间的私人关系的法律，这里的人首先就是指自然人。自然人作为一个法律概念有一个漫长的孕育和发展过程。在古罗马时期，与奴隶主一样具有人的自然属性的奴隶被排除在法律主体的概念之外，只能成为法律上的客体，即被作为可供交换的财产（物）来看待。而在漫长的封建社会的历史过程中，不论是在西方还是东方，男性都占据着绝对的主体地位，妇女和儿童的主体地位长期被削弱甚至剥夺。只是到了资产阶级革命以后，基于天赋人权思想和公民社会观念的发育成熟，法律上的“人”才与我们今天所熟知的“自然人”（natural person）成为等值的概念，即只要是具有自然属性的自然人，无论男女老幼均可以成为民法上的主体，享有民事权利。而“法的命令是：‘成为一个人，并尊重他人为人。’”

在自然人以外，民法上的人还包括着另一种形式，即法人。法人是以组织形式存在的“人”，有完整的组织结构，能够对外以自己的名义进行民事活动并承担责任。这样的组织因为有着法律上授予的权利能力，因而也取得了与自然人一样的主体地位，并称为“有权利能力的团体”，包括社团法人和财团法人。至于其他可以以自己的名义活动但并不能独立承担责任的组织，则或被称为“其他组织”（《中华人民共和国合同法》第2条），或被称为“无权利能力团体”（《德国民法典》第54条），是弱化了的民事主体。

本章的内容并不是就民事主体进行总体论述，而是着重于论述自然人的主体地位，间或涉及法人，也是为与自然人形成对照。本章的目的在于强调自然人的主体性在现代被削弱以及必须被重建的必要性。

---

① ［德］黑格尔，《法哲学原理》，范扬、张企泰译，商务印书馆2010年版，第46页。

第一节 自然人的人格与权利能力

“人格一般包含着权利能力，并且构成抽象的从而是形式的法的概念、和这种法的其本身也是抽象的基础。”

——［德］黑格尔[①]

一、人格：市民、公民、自然人

民法（“市民法” jus civile）是罗马城市国家（又称为“城邦”，città-stato）的市民所适用的法律。罗马市民法上的“人”（Homines），[②] 指的就是罗马市民。但是在由日本传入中国时，市民法（civil law）被译为“民法”（民法），并在中国被继受。罗马法上的“市民”并不当然具有今天普遍意义上的“人民”（people）和公民（civilians）的意思，而仅仅是指罗马城市国家范围内的自由人。当然，这个“市民”也并不是仅指在城市居住的人，与中文的“市民”没有等值意义。

在罗马法上，市民最初是指市民权。古罗马居民分为四类，包括自由人、奴隶以及拉丁人和外国人。其中，能够称为罗马市民并拥有市民权的仅指自由人。罗马皇帝和军队长官可以在一定条件下授予拉丁人和外国人以市民权，被解放的奴隶也可以转化为市民。公元212年，卡拉卡拉（Caracalla）皇帝将市民权普遍地授予被罗马征服的所有地区的居民，因此市民权已经被广泛地赋予除奴隶以外的所有罗马境内的自然人。[③]

关于罗马普遍的市民权，有资料显示这种市民权的赋予是为了让罗马皇帝和贵族更好地控制人群，并且很多相应的措施表明罗马全境是限制迁徙的，因此一些市民开始逃亡，宁肯在蛮族控制的区域生活也不愿意在罗马生活。[④] 而此后欧洲漫长的中世纪时代，人们也的确过着一种秩序较为低级的

---

① ［德］黑格尔，《法哲学原理》，范扬、张企泰译，商务印书馆 2010 年版，第 46 页。
② “根据一个自然名称，我们都被认为是‘人’（Homines）。”见《学说汇纂》D. 1，1，4。
③ ［意］朱塞佩·格罗索，《罗马法史》，黄风译，中国政法大学出版社 2009 年版，第 315 页。
④ 林志纯，《世界通史资料选辑上古部分》，商务印书馆 1974 年版，第 417－418 页。

生活。

十七世纪以后，封建制度在欧洲各国陆续开始废除，各个阶级互相渗透，人的意识日益凸显。到了法国大革命时，社会最终发生了彻底的巨变，等级差别正式消失。“这场革命的效果就是摧毁若干世纪以来绝对统治欧洲大部分人民的、通常被称为封建制的那些政治制度，代之以更一致、更简单、以人人地位平等为基础的社会政治秩序。”① 在这种情势下，近代市民社会和主权国家终于产生，而“市民”的意义也定型了：“法国大革命以后，‘市民’（Bürger）被理解为‘公民’（Citoyen，citizen）。而所谓民法，即是适用于全体人的法，是一个无等级社会的法。”②

法国民法是决定世界民法走向的关键，尽管“对历史学家来说，它不够久远；而对于民法学家来说，它又过于久远”③。但在这一时期，法国革命所取得的成果塑造了民法中最基本的概念和原则，即个人至上、法律至上，“总的思想是要将个人从家庭的或经济的既定秩序中，从行业的或宗教的规制中解放出来。从民法中，我们可以看到著名的人权宣言所提出的政治原则的体现，因此共和国的口号只需稍加变动就可以被引用，即自由、平等和政教分离”④。

可以说，正是在此思想基础上，《法国民法典》首次提出了“公民”的概念，并兼顾了“市民”和“人”的概念的协调，赋予自然状态的人（自然人）以平等的法律人格和民事权利能力，从而使个人（自然人）作为法律关系的主体被正式地确认下来。

1803—1804 年公布的《法国民法典》中关于“人”的规定是这样的：

《法国民法典》第 7 条 民事权利的行使不以按照宪法取得并保持的公民资格为条件。

第 8 条　所有法国人都享有民事权利。

第 13 条　外国人经政府许可设立住所于法国者，在其继续居住期间，享有一切民事权利。

---

① 林志纯，《世界通史资料选辑上古部分》，商务印书馆 1974 年版，第 60 页。

② ［德］迪特尔·梅迪库斯，《德国民法总论》，邵建东译，法律出版社 2001 年版，第 15－16 页。特别应当注意的是，在德国，等级法就是适用于贵族、神职人员的法律，相当于教会法；而商法、经济法、劳动法、无形财产法、保险法等则被作为特别私法看待。

③ ［法］雅克·盖斯旦、吉勒·古博，《法国民法总论》陈鹏等译，法律出版社 2004 年版，第 92 页。

④ 同③，第 92－93 页。

这三条规定中分别提出了“公民资格”“法国人”和“外国人”这三个概念，并明确以民事权利加以贯穿。通过这样的规定，法国民法中的人是享有民事权利的一切人，可以是“公民”，即“法国人”；也可以不是法国公民，即“外国人”。这样，法国民法就将民事权利与人格相关联，将民事权利与政治权利区别开来，从而使民法上的“人”称为最广泛的“人”的概念。这样的概念是后期罗马法的延续。在那个世界帝国，不管其中哪一个城邦国家的自由民，只要是纳入了罗马帝国的版图，就可以拥有罗马市民（公民）籍，并因此拥有市民（民事）权利，从而按照市民法的普遍规范进行交往。

1804 年的《法国民法典》由于准备时间不足，因而在结构和内容上多少有些简略。随着时间的推移，《法国民法典》得到了一些必要的补充和修正。其中关于人的法律规定在 1889 年和 1970 年都有所修订，从而使民法保障私人的自由、隐私和人格平等的理念更加突出：

《法国民法典》第 7 条　（1889 年 6 月 26 日法律）行使民事权利独立于行使政治权利；政治权利之取得与保有，依宪法和选举法。

第 8 条　（1889 年 6 月 26 日法律）所有法国人均享有民事权利。

第 9 条　（1970 年 7 月 17 日第 70—643 号法律）任何人均享有私生活受到尊重的权利。

经过 1889 年的修订，法国民法上的市民权利与政治权利更加明确地得以区分，涉及政治权利的一概受宪法和选举法调整，民法上的人的概念也与“政治人”的概念彻底分离。而 1970 年法律的增补则明确地使人的私生活从公共生活中脱离出来，强调了私法上的人与公法上的人在权利范围上的不同。

不过，也有些人对《法国民法典》在大革命时期树立起来的形象有所质疑，“人们批评民法典忽视了集体的利益，过于偏重个人主义，使得个体相对于国家而言显得分散、孤立。民法典忽视了法人协会、团体甚至家庭自身。在经济和社会方面，它尤其关注不动产所有人的利益。职业关系没有受到重视，特别是劳动关系。人格权也同样被忽视了。个人财产权的绝对权威使人们对整体利益不加重视，而契约自由则成了强者剥削弱者的有效工具”①。

---

① ［法］雅克·盖斯旦、吉勒·古博，《法国民法总论》，陈鹏等译，法律出版社 2004 年版，第 100 页。

但是，必须正视的是，当法国大革命发生时，人们所关注的主要是使每一个人的独立人格从封建等级身份中解放出来，从而获得自由、平等的人权。达到了这个目的，《法国民法典》的时代任务就已经完成了。至于今天我们所看到的诸如上述的种种评价中所指出的《法国民法典》的不足，通过后来的修订以及商法、消费者权益保护法[①]和劳动法等可以得到充分的弥补和发展。

二、人格：权利能力

德国近代民法发展的情况与法国大体相同，即都是在统一地方法的基础上制定新的适应时代的新法典。但一般认为，尽管《德国民法典》是在1900年公布的，它只是“一个历史现实的审慎终结，而非一个新的未来的果敢开端”[②]。因此，本质上它仍是一部有着自由资本主义时期价值取向的民法典。不过，由于《德国民法典》准备时间充分，在结构和内容上更加体系化，在基本概念上也更加具有建设性，这一点是人所共知的。

在《德国民法典》中，核心的概念就是“人”。正如拉伦茨所说，“《德国民法典》的基本概念及其基本价值观，都是以关于人的某种特定的观念为出发点的。这一关于人的观念对法典的制定者来说是不言而喻的”[③]。而这一关于人的观念的建立，端赖“权利能力”概念的确立。

《德国民法典》（1896年颁布，1998年修改）关于人的规定如下：

《德国民法典》第1条【权利能力的开始】人的权利能力，始于出生的完成。

第2条【成年】满十八岁为成年。

第21条【非经营性社团】不以经营为目的的社团，通过在主管初级法院的社团登记簿上登记而取得权利能力。

第22条【经营性社团】以经营为目的的社团，在帝国法律无特别规定

---

① 不过，德国对于单独的消费者立法持怀疑态度。见［德］迪特尔·梅迪库斯，《德国民法总论》，邵建东译，法律出版社2001年版，第18－19页。

② 齐特尔曼（Zitelmann）语。另，拉德布鲁赫（Gustav Radbruch，1878—1949）说《德国民法典》“与其说是20世纪的序曲，毋宁说是19世纪的尾声”。均见［德］茨威格特、克茨，《比较法总论》，潘汉典等译，贵州人民出版社1992年版，第266页。

③ ［德］卡尔·拉伦茨，《德国民法通论》（上册），王晓晔等译，法律出版社2004年版，第45页。

时，因邦的许可而取得权利能力。许可权属于社团住所所在地的邦。

第54条【无权利能力的社团】对于无权利能力的社团，适用关于合伙的规定。以这种社团的名义向第三人采取的法律行为，由行为人负个人责任；行为人为数人时，全体行为人作为连带债务人负其责任。

由上，《德国民法典》对人的规定有两个概念性的创造，一是权利能力，一是法人。根据伦理人格主义的要求，每一个人都“天然地”（法国《人权宣言》语）应当得到平等对待和尊重。因此，在民法上，“人”就是完成出生的“自然人”（Natürliche Personen，Natural person），并不附带任何条件地、自然地成为民事权利主体。“‘自然人’是指每一个人，一个人自他出生时起就是自然人。”① 同时，这样的自然人就被赋予了“权利能力”，可以享有各种民事权利。因此，法国大革命时期提出的人人生而平等的口号实际上在德国民法中得到了完全继承，并充分概念化、法理化。由这样的“人”的概念所能够得出的结论是，民法就是人法，人就是有权利能力的人，民法就是关于具有同等的权利能力的人与人之间的法律。

《法国民法典》中的一个缺陷是相对缺少对法人的规定，而《德国民法典》则对法人（Juristische Personen，Juristic person）进行了彻底概念化，并由此进行了制度化的详细规定，将法人分门别类地（如关于营利与非营利的法人的区分）进行了规范。法人规范的发展就是以对于人格的认识的充分概念化即权利能力为基础的，没有“权利能力”的概念，就没有现代法人制度。

从伦理人格主义的角度来看，民法最初只承认具备了人的特性——生命的，才能够成为民事主体，即自然人。但如果直接从权利能力出发，则凡被授予了权利能力的，都可以成为民法上的人。这样，只要赋予团体以权利能力，就可以使团体具有“人”的地位。当然，伦理人格主义也并非完全没有帮助。因为，社团毕竟是人的集合，很难想象单个的人是有权利能力的，而集合到一起就没有了权利能力。并且，由于社团是由个人组成的，因此其行为能力就可以由具体的人得到体现和保障。

概念一旦产生，其运作就演变为一个自成体系的机制。《德国民法典》中规定的法人并非仅限于社团法人，同时也包括财团法人。此种财团法人与社团法人那样的“人的联合体”（Personenvereinigung）不同，“是为着一定

---

① ［德］卡尔·拉伦茨，《德国民法通论》（上册），王晓晔等译，法律出版社2004年版，第45页。

目的并具有为此目的而筹集的财产而组建起来的‘组织体’（Organisation）”[①]。也就是说，根据一定的条件，不仅可以将人的组织体视为“法人”，也可以将某种财产的组织体认定为法人，并通过管理机关的设置而使其具备行为能力，并因为财产的存在而可以使其独立地承担权利、义务和责任。

如果某种组织体不能认定为法人，不能完全与单个的人相脱离，即没有独立的权利能力，那就只能以单个的人作为最终的的权利主体，而组织本身则成为无权利能力的社团。“法律认可多种形式的权利共有，我么将这些形式分为‘分别共有’（或称简单的权利共有）和‘公同共有’。”[②] 这样的无权利能力团体包括合伙、无权利能力社团（Nichtrechtsfähiger Verein）（《德国民法典》第54条）、无限公司等。

综上所述，《德国民法典》以（人的）权利能力为中心确立了完整的民事主体制度。这个主体制度来源于康德和黑格尔的伦理人格主义的哲学基础，并建立在权利能力的基础之上。在德国民法上，法律人格包括具备权利能力的自然人、法人，也包括无权利能力团体。其后的各国民法典基本上都是在这一范式基础上建立了民事主体制度。

法人的大规模兴起是在二十世纪以后，特别是在现代各国。值得注意的是，最初的法人制度注重的是经济利益的获取和分配，而现代法人制度则更多地掺杂了社会的和政治的目的，如各种公益法人的大量涌现即是。我国澳门特别行政区是一个社团特别发达的地区，在这个常住人口不到六十万的地方，注册社团的总量却达到6 000多个，而其涵盖的范围也包括慈善公益、艺术体育、科技学术、教育和宗教以及同乡会等。《澳门特别行政区基本法》第134条鼓励澳门社团组织在上述范围内发展，并鼓励其冠以“中国澳门”的名义参与国际社会的活动。这样的特殊情况主要原因在于其长期的殖民统治以及贫富分化导致的社会自治需要激增。应当肯定的是，这样的法人制度对于社会与个人的健康发展均是有所裨益的。

---

① ［德］卡尔·拉伦茨，《德国民法通论》（上册），王晓晔等译，法律出版社2004年版，第178页。

② 同上，第185页。

三、中国民法：自然人、法人和其他组织

我国民法上的民事主体制度以及人格概念在各时期的民事法律中有不同的规定，包括《民法通则》《合同法》《公司法》和《合伙企业法》等。[①] 从这些法律的规定来看，我国民法对基本民事主体"人"的表述已经渐渐从"公民、法人"向着"自然人、法人和其他组织"转化。与此同时，另外一些法律则直接用相关法律关系主体替代了一般人格，如《物权法》将物权法律关系主体称为"物权人""所有权人"和"业主"；《侵权责任法》将相关法律关系主体称为"民事主体""侵权人"和"被侵权人"；而《婚姻法》则以"男、女"双方指称婚姻关系的民事主体；《继承法》则直接将继承关系主体称为"公民"。

根据《民法通则》第二章的标题"公民（自然人）"的表述，在我国民法上，公民应等同于自然人。[②] 但根据笔者前文的论述，公民与自然人是两个不同的概念。公民首先是一个政治的、主权的概念，指的是一国之内的公民；而自然人则是基于自然人格而产生的伦理人格主义的制度化主体，这个伦理人格在私法上的反映即泛指一切具有人的自然生理特性的人。今天世界上大多数国家的现代民法都认为，民法可以适用于所有的自然人，不分国别、民族、种族。即无论是本国公民、外国公民还是无国籍人、双重乃至于多重国籍人，都可以成为一国民法上的主体。所以，我国民法所适用的对象不仅是本国公民，也包括其他国家的公民。法人和其他组织亦然。

将民法的适用范围局限于本国公民是一个历史遗迹。早在罗马法时期，法律强调"公民权"（公民权 = 市民权），罗马市民法仅适用于拥有罗马市民籍的自由人。法国大革命时期也强调"公民"（主权国家的公民）的概念

---

① 《民法通则》(1986) 第二条　中华人民共和国民法调整平等主体的公民之间、法人之间、公民和法人之间的财产关系和人身关系。《合同法》(1999) 第二条　本法所称合同是平等主体的自然人、法人、其他组织之间设立、变更、终止民事权利义务关系的协议。《公司法》(2006 年修订) 第三条　公司是企业法人，有独立的法人财产，享有法人财产权。公司以其全部财产对公司的债务承担责任。有限责任公司的股东以其认缴的出资额为限对公司承担责任；股份有限公司的股东以其认购的股份为限对公司承担责任。《合伙企业法》(2006 修订) 第二条　本法所称合伙企业，是指自然人、法人和其他组织依照本法在中国境内设立的普通合伙企业和有限合伙企业。

② 佟柔先生指出，在我国，公民这个词在民法中指的就是自然人，而自然人这个字眼是相对于法人提出的。见佟柔，《佟柔中国民法讲稿》，北京大学出版社 2008 年版，第 139 页。

(但是也容忍外国人)，其原因在于人们只能在主权的基础上确认私权，即希望以国家强制力来保障私权的实现。因此，罗马市民权等于公民权（罗马市民籍），法国公民的私权则来自于法国国籍的承认。但是，到了《德国民法典》以后，自然人的人格概念发生了转化，即从单纯的自然人格属性转化为法律人格，其基础是权利能力。不论是自然人还是法人，只要法律赋予其权利能力，都可以成为具有独立“人格”的民事主体。这样，不论是本国公民还是外国公民甚至无国籍人，都应当成为民法上的权利主体。

我国民法系从德国民法继受而来，因此也把民事主体制度建构在权利能力基础之上。1986 年，我国第一部民事法律《民法通则》中有关民事主体的规定十分多样。其中，除公民（自然人）和法人以外，还有一些无权利能力的民事主体，包括个体工商户、农村承包经营户和合伙等。[①] 应当明确，这些都同时包括本国和外国公民、法人以及无国籍人。

1999 年，我国第一部统一《合同法》颁布实施，此时我国的市场经济体制已经初步形成，政治主体与经济生活主体的区分无论是在理论上还是实践上都已经为更多的人所认同。同时，随着对外交往的发展，跨国的民事活动特别是契约活动日益增多，民法的适用范围越来越广。因此，此一时期民事立法中的主体已经能够从本质上概括性地表述为“自然人、法人和其他组织”,[②] 即将所有有缔约能力和诉讼能力的组织包含在民事主体范围内。而在其后制定（并经修订）的《合伙企业法》中，合伙人也明确地表述为自然人、法人和其他组织,[③] 与《合同法》相呼应。这一进程表明，我国民法理论上对民事主体的认识是清晰的。

总之，民事主体制度是随着社会发展而不断变化的。从历史上看，民事主体是由本国公民向着各国公民（以及法人和其他组织）的方向来发展的。

---

① 《民法通则》第九条　公民从出生时起到死亡时止，具有民事权利能力，依法享有民事权利，承担民事义务。第二十六条　公民在法律允许的范围内，依法经核准登记，从事工商业经营的，为个体工商户。个体工商户可以起字号。第二十七条　农村集体经济组织的成员，在法律允许的范围内，按照承包合同规定从事商品经营的，为农村承包经营户。第三十条　个人合伙是指两个以上公民按照协议，各自提供资金、实物、技术等，合伙经营、共同劳动。第三十六条　法人是具有民事权利能力和民事行为能力，依法独立享有民事权利和承担民事义务的组织。法人的民事权利能力和民事行为能力，从法人成立时产生，到法人终止时消灭。

② 《合同法》第二条　本法所称合同是平等主体的自然人、法人、其他组织之间设立、变更、终止民事权利义务关系的协议。婚姻、收养、监护等有关身份关系的协议，适用其他法律的规定。

③ 《合伙企业法》第二条　本法所称合伙企业，是指自然人、法人和其他组织依照本法在中国境内设立的普通合伙企业和有限合伙企业。(下略)

而从当前来看，各国的民事主体制度一方面是注重权利能力制度的建构，即注重抽象人格能力的赋予；另一方面，自二战以后，各国民法均十分强调将抽象人格在一定程度上还原为具体人格，以便真正公平地处理诸如劳动关系、消费关系、垄断背景下的竞争关系等特殊的民事法律关系，以确保实质意义上的人格平等和契约自由的实现。由于此，下文将讨论现代民法上的消费者和劳动者这两个具体人格概念。

第二节　具体人格

“对于古希腊人和古罗马人来说，个人什么也不是，而公众是一切。但在现代，对太多欧洲国家来说，个人是一切，而公众什么也不是。”

——弗格森①

自然人作为个体是民法上的首要主体形态，是人人生而自由、人人平等的理念的直接产物和体现，具有抽象人格的性质。但同时，自然人作为群体也可以成为民法上的特殊主体，从而形成具体人格。自然人的群体性划分是依据其经济属性和社会属性同时进行的。所谓经济属性，即按照经济人的一般准则，将提供商品的人和消费商品的人区别开，将劳动者和雇佣者区别开；而所谓社会属性，即放弃单纯的经济人标准而回归自然属性，进而将性别与年龄等自然属性社会化，形成具体人格，如基于性别平等原则的对女性的特殊保护、基于人格平等原则的对儿童的特殊保护等等。

一、消费者

关于消费者权益的保护是在二十世纪中期以后在各国发展起来的。

1960 年，美国、英国和荷兰这三个国家的消费者组织在海牙发起了第一届消费者权益大会（the First International Conference on Consumer Testing），十四个国家的十七个消费者组织前往参会，成立了独立的、不以盈利为目的

---

① Ferguson：《市民社会史》（*An Essay on the History of Civil Society*），中国政法大学出版社 2003 年版，第 57 页。原文是：“To the ancient Greek, or the Roman, the individual was nothing, and the public everything. To the modern, in too many nations of Europe, the individual is everything.”

的、无政治倾向的国际消费者联盟组织（International Organisation of Consumers Unions，后为 Consumers International），总部设在海牙，后迁往伦敦。比利时和澳大利亚后来加入成为该组织的发起人，目前全世界共有 115 多个国家的 220 多个消费者组织加入了国际消费者联盟组织。[①]

1962 年 3 月 15 日，美国前总统约翰·肯尼迪在美国国会发表了《关于保护消费者利益的总统特别咨文》（即《消费者权利法案》，*Consumer Bill of Rights*），首次提出了著名的消费者“八项权利”，即：有权获得安全保障，有权获得正确资讯，有权自由决定选择，有权提出消费意见，诉求应得到倾听，损害应得到赔偿，有权获得小费知识，有权获得健康的生存环境。肯尼迪提出的这八项权利以后逐渐为世界各国消费者组织所公认，并被作为最基本的工作目标。

1983 年，国际消费者联盟组织确定每年的 3 月 15 日为“国际消费者权益日”（World Consumer Rights Day）。[②]

在世界上，首先在民法典中规定消费者和经营者的概念的是德国。[③]

《德国民法典》第十三条　消费者　消费者是指既非以其营利活动为目的，也非以其独立的职业活动为目的而缔结法律行为的任何自然人。

第十四条　经营者　（1）经营者是指在缔结法律行为时，在从事其营利活动或独立的职业活动中实施行为的自然人或法人或有权利能力的合伙。

（2）有权利能力的合伙是指具有取得权利和负担债务能力的合伙。

根据《德国民法典》的上述规定，消费者是与经营者相对应的一个具体人格概念。消费者是为生活需要购买消费品的自然人，而经营者则是提供消费品或专业服务的任何自然人、法人或有权利能力的合伙。

对于德国民法上的这个消费者概念，需要从三个方面来理解其作为民事主体的特殊性，第一，消费者应当是自然人，不是法人，法人的买卖行为不能作为消费行为来看，而只能作为经营行为或公务采购行为来看待；第二，消费者权益是各国所普遍承认的，但并不是所有国家都将其规定在民法典

---

① Brobeck, Stephen (1997). *Encyclopedia of the consumer movement*. Santa Barbara, Calif. [u. a.]: ABC-Clio. pp. 175 – 179.

② Brobeck, Stephen (1997). *Encyclopedia of the consumer movement*. Santa Barbara, Calif. [u. a.]: ABC-Clio. p. 176.

③ 必须指出的是，作为特别法先行的反证，在德国民法上，消费者权益保护的专门立法之所以迟迟不能进行，很大程度上就是因为德国民法上已经明确了消费者的概念。见［德］迪特尔·梅迪库斯，《德国民法总论》，邵建东译，法律出版社 2001 年版。

中，许多国家是通过特别法即消费者权益保护法来规定的；第三，消费者维护权利应以消费者集体的名义进行，特别是通过消费者权益保护组织进行。这样的三个特点使消费者与普通的民事主体有了一定差别，从而成为现代民法上的一种具体人格。

我国对于消费者权益是十分重视的，表现在国家于1993年颁布了《消费者权益保护法》，该法是我国的一部重要的民事特别法，其中的主体直接用“消费者”和“经营者”这一对概念来表示。

《消费者权益保护法》第二条　消费者为生活消费需要购买、使用商品或者接受服务，其权益受本法保护；本法未做规定的，受其他有关法律、法规的保护。

第三条　经营者为消费者提供其生产、销售的商品或者提供服务，应当遵守本法；本法未作出规定的，应当遵守其他有关法律、法规。

第五十四条　农民购买、使用直接用于农业生产的生产资料，参照本法执行。

根据上述规定，在我国，消费者作为特殊的权利主体是与经营者相对应的，并且，不论是消费者还是经营者，其本质上还是可以归结到自然人、法人或其他组织这一范畴中。换言之，我国民法并没有将消费者明确表述为自然人，其主体形态未与经营者加以区分。因此，我国民法实际上并没有明确将消费者作为一种特殊主体来看待。

但是，从解释论的角度上讲，我国《消费者权益保护法》第二条所规定的消费者事实上只能是自然人，而经营者则可以为自然人（个体工商户和农村承包经营户），也可以为法人和其他组织。消费者之所以只能是自然人，是因为只有自然人才能因生活需要的原因购买或使用商品和服务，而其人身和财产也必须得到保护。至于法人和其他组织在从事购买行为时，完全可以也应当依据商业合同来取得法益并获得保护。

对消费者权益进行特殊保护在民法上的起源首先来自于合同法，即将消费者作为所参与的合同的较为弱势的一方来看待。尽管各国民法通常不直接规定消费者概念并对消费者权益作出明确规定，但各国都采取了合同法上的措施来保护弱势的一方权益不受侵害，如对不公平合同条款的限制即是。我国《合同法》第三十九条规定：“采用格式条款订立合同的，提供格式条款的一方应当遵循公平原则确定当事人之间的权利和义务，并采取合理的方式提请对方注意免除或者限制其责任的条款，按照对方的要求，对该条款予以说明。”这一规定当然适用于有消费者参与的合同。

二、劳动者

消费者作为一种具体人格是在二十世纪后半叶才得到普遍承认的，而劳动者作为一种具体人格则早就引起了各国民法上的重视。

劳动（labour）是一个有着多重意义的词汇，它有时是指获得成果的各种劳作（laborare），有时是指宗教上的惩罚（laberat），有时是指苦役（labeur），只是到了十四世纪，劳动才完全变成了是指“田间劳动”的意思。[①] 由于宗教意义的影响，劳动在很长时间内是一种贬义词，而“游荡”则是褒义词，是神性的体现。[②]

近代劳动概念的正式形成应始自十七世纪的工业革命。作为大工业生产的需要，工业劳动力（workers）成为社会发展的重要推动力。“在工业世界的这个最初阶段，劳动似乎同它将引起的问题毫无关联；相反，它被视为一种消除各种贫困的通用办法，一剂万应灵药。劳动和贫困被置于一种简单的对立关系和反比例关系中。”[③] 1630 年时，英国国王设立了一个委员会，负责严格执行“贫民法”。该委员会发布了一系列的“命令和指示”，建议起诉乞丐、流浪汉以及一切以游手好闲的贫困的而不为合理的工资工作的人、在小酒馆中胡乱度日的人。[④] 而与此同时，欧洲其他国家如法国、汉堡等也都建立了流浪者收容教养制度，令其在收容所从事有报酬的工作。[⑤]

这种状况持续到十九世纪时，劳动者的法律地位获得了改善。获取较好的工作环境（条件）及生活保障开始成为各国劳动法（labor law）和工会（trade union）组织致力要达成的目标。一般来说，劳动者权益必须在劳动合同中体现出来，并由国家通过劳动法设定一些固定的标准，包括工资标准、劳动安全保障和社会福利保障等。世界上最早的劳动法是英国的《工厂法》（*Factory Act*，1802），其中规定了纺织业工作条件和工作时间，特别是妇女和儿童的工作时间限制。

---

① ［法］福锡耶（Fossier. R）著，《中世纪劳动史》（*Le Travail au Moyen Age*），陈育瑶译，上海人民出版社 2007 年版，第 6 页。

② 同①，第 4 页。

③ ［法］米歇尔·福柯，《疯癫与文明》（修订本），刘北成、杨远婴译，三联书店 2012 年版，第 55 页。

④ 同③，第 50－51 页。

⑤ 同③，第 52－53 页。

从现代民法的角度来看，劳动者在主体资格上有一定的特殊性。首先，劳动者均为自然人，并通常会组成维权组织（如工会）以维护自身的权益。其次，劳动者具有普遍的社会性，几乎每一个现代人都必须通过参与某种劳动（如脑力劳动或体力劳动）并成为劳动者来获得基本的生活资料。最后，劳动者在所参与的劳动关系中处于弱势的一方，必须由国家干预才能够获得充分的社会保障。基于这三点，将劳动者作为一种具体人格来看待并给予特别保护是十分必要的。

我国关于劳动者权益保护的法律主要是《劳动法》和《妇女儿童权益保护法》。这些法律为劳动者提供了基本的劳动保障，如最长工作时间的限制、同工同酬、基本劳动保障，还就特殊劳动者提供了针对性的保护，如禁止雇佣女性和童工从事矿山井下采矿等不适宜的工作等。这些法律规定属于强制性规定，对于劳动者与雇佣者之间的劳动合同（雇佣合同）可以直接适用。

三、妇女与儿童

民法的首要原则是人格平等，即无论男女老幼均享有同等的权利。但是，由于各国经济和社会发展的不平衡，各国历史上对女性的普遍歧视，以及对儿童权益的忽视，导致妇女儿童权益需要特别保护的状况，也使女性与儿童具有了特殊的人格地位。

不过，从各国民法来看，明确规定了妇女的特殊人格地位的只有《日本民法典》：

《日本民法典》第一条之二　解释的基准　对于本法，应以个人尊严及两性实质的平等为主旨解释之。

这一规定将两性平等作为解释法律的基本原则，并将两性平等与个人尊严结合起来，实际目的是提高妇女地位。据此，妇女已经被作为一种独立的具体人格来看待。

其他国家虽然没有在民法典中直接规定妇女的地位和权益，但是有其他形式的立法对妇女权益加以保护。如联合国为保障全球妇女权利已经通过了有关保护妇女权利的公约 18 项和宣言 5 项，而英国、法国、德国、比利时、澳大利亚等国均对工作场所的女性权益保护进行了专门规定。同时，对于参加工作的未成年人，各国也都予以保护。如我国《民法通则》第十一条规定，十六周岁以上不满十八周岁的公民，以自己的劳动收入为主要生活来源的，视为完全民事行为能力人。这一规定无疑是基于对未成年人赋予独立的具体人格的目的。

各国民法对妇女和儿童的保护不仅限于工作场所，还有家庭。本着两性平等原则，妇女在家庭中具有与男性同等的地位和权利，这一点在现代各国民法中都已经得到了体现。

我国《妇女儿童权益保护法》对妇女与儿童的劳动、人身、婚姻家庭和财产权益都进行了特别保护，包括同工同酬（第23条）、继承权平等（第31条）和婚姻自主（第41条）等。

四、具体人格之再抽象

尽管具体人格概念在民法上是必须加以肯定和重视的，但在主体人格具体化方面还有一个相反的发展趋势值得注意，那就是对于以性别和国籍为基准的具体人格的再抽象。

（一）婚姻法领域

婚姻家庭制度是伦理人格关系在法律上的直接体现，与每一个自然人息息相关。我国《婚姻法》将婚姻关系的主体用自然人的生理性别特征“男、女”直接表达出来，明确婚姻法是以具体人格为基础的，并在男女平等的前提下实行一男一女、一夫一妻的对偶婚。

《婚姻法》第五条　结婚必须男女双方完全自愿，不许任何一方对他方加以强迫或任何第三者加以干涉。

第六条　结婚年龄，男不得早于二十二周岁，女不得早于二十周岁。晚婚晚育应予鼓励。

《婚姻法司法解释（一）》第二条　婚姻法第三条、第三十二条、第四十六条规定的“有配偶者与他人同居”的情形，是指有配偶者与婚外异性，不以夫妻名义，持续、稳定地共同居住。

上述规定均清楚地界定了婚姻须为异性对偶婚。然而，同样是建立在具体人格基础上的同性结合的同居关系是否不存在呢？继而，一个人是否可以既与同性同居又与异性结婚，或与同性同居，二者却都没有法律加以规制呢？换言之，异性婚姻是否掩盖了同性结合的现实可能性及其规范？

婚姻的伦理意义在不同的国家和社会是不同的。在我国，异性婚姻是婚姻制度赖以建立的基础，其社会功能在于养育后代和财产的传承。应当说，整个中国社会就是建立在以异性婚姻为基础的家庭制度之上的，历史上的儒家所强调的种种伦理道德规范亦都必须在此基础上才能够发挥作用。但是，应当看到，同性伴侣现象无论是在古代还是现代都存在。而从目前国际上的情况看，同性伴侣和同性婚姻已经进入法律的视野。①《德国民法典》《法国民法典》等均对同性婚姻（同居）或婚姻及同居关系中的性别结合问题进行了规定。其中，《德国民法典》对同性生活伴侣关系进行了规定，《法国民法典》承认了同居关系（“紧密关系民事协议”，1999），并在2013年4月23日通过了《同性婚姻法案》，特别强调应以原始性别来确定人的性别。

《德国民法典》第1306条【现存的婚姻或同性生活伴侣关系】

在愿意相互缔结婚姻的二人中之一人和第三人之间，存在婚姻或同性生活伴侣关系的，不得缔结婚姻。

《法国民法典》第144条　男未满18岁，女未满15岁，不得结婚。

注释［2］结婚的权利

经变性手术改变了性别的人“生物因子”不一致，不能构成法律上拒绝承认其已经改变性别的充分理由。国内法认定，为了结婚，应当以出生时登记的性别为准，（就本案而言）这种规定构成对结婚的限制条件，这一限制妨害了结婚权利的实质本身（欧洲人权法院，2002年7月11日）。

在此之前的判决所持的立场是：《欧洲人权公约》第12条保障结婚的权利，其所指的结婚是两个生理性别不同的的人之间传统意义上的结婚。（欧洲人权法院，1998年7月30日）。

第515-1条　所谓“紧密关系民事协议”是指，两个异性，甚至两个同性的成年自然人之间为组织共同生活而订立的协议。

上述这两部民法典是传统民法的典范，其中对于同性结合的态度是不允许其缔结传统的婚姻，但是允许以其他的方式结合，即生活协议。

在英美法上，同性生活的法律制度很早就得到了发展。在英国，自中世纪以后一直存在着“普通法伴侣”（common law partners）或“普通法婚姻”（common law marriage）关系，这种关系被作为“事实婚姻”（sui juris marriage，de facto relationships）看待。随着英国殖民活动的发展，普通法婚姻也被带到了各个殖民地。这种事实婚姻通常是为那些没有正式的结婚程序（依教法由牧师举行仪式）的人而设的。但是，英国已经于1753年通过立法

---

① 国际上已经有许多国家承认了同性婚姻或同居关系，如丹麦的《同性伴侣法》（1989）、荷兰的《同性伴侣法》（1998），英国也刚刚准许同性结婚。

明确排除了普通法婚姻（英国1753 *Marriage Act*），要求所有的婚姻必须在英国教堂中由牧师主持进行（犹太人和贵格会成员除外）。这部婚姻法不适用于英国的海外殖民地，因此普通法婚姻在美国、加拿大、澳大利亚等国都不同程度地得到承认。然而，同性同居并不能称为普通法婚姻或伴侣，这样的关系是通过民事合伙（civil law partners，domestic partners）来解决的。

最近关于同性婚姻最为震撼世界的事件是美国同性婚姻合法化。美国时间2015年6月26日，美国最高法院做出一项历史性裁决，最高法的9名大法官以5比4的结果裁决同性婚姻合法，这意味同性伴侣今后可在全美50个州注册结婚。

美国最高法院于26日就俄亥俄州居民奥博格费尔案（OBERGEFELL ET AL. v. HODGES，DIRECTOR，OHIO DEPARTMENT OF HEALTH，ET AL.，576U. S. _ _ 2015）裁决表示，根据美国宪法第十四修正案（正当程序与权利平等），婚姻是所有人都应享有的平等权利，因此同性婚姻是受宪法保护的。

在本案中，奥博格费尔2013年与自己的同性伴侣在马里兰州登记结婚，随后伴侣因病去世。由于俄亥俄州尚未允许同性婚姻，因此奥博格费尔无法以配偶的身份出现在爱人的死亡证明上。他就此对州政府发起诉讼，并最终诉至最高法院。

最高法院于2015年4月28日就该案听取了辩论，并于6月26日做出裁决。裁决内容是：根据第十四修正案，国家应允许同性伴侣缔结婚姻，并承认同性婚姻的合法性。

至此，美国成为全世界第二十一个在全国范围内允许同性伴侣结婚的国家。此前，爱尔兰于5月23日公投决定同性婚姻合法化。爱尔兰的居民普遍信奉罗马天主教，当地天主教会向来反对同性婚姻，这个公决无疑也是划时代的。

尽管如此，同性婚姻合法化在法学上的争论并未停止。事实上，对于同性婚姻（same-sex marriage）或同居关系（same-sex partners）的接受与否，在很大程度上取决于一国内部的公共秩序和善良风俗，并特别取决于不同国家对于个人性取向和社会伦理的共同认知。法律是一种社会制度建构，具有普遍意义的抽象人格是这一建构的基础，具体人格则是发展。在婚姻法制度上，区别性别的对偶婚仍是婚姻的普遍形式，同性结合只能通过特别的法律程序取得保护。

（二）继承法领域

我国《继承法》关于主体的规定采用了“公民”的概念，并且没有像《民法通则》那样用括号注明“自然人”，即用“公民”指称所有的继承人和被继承人。如果不加解释的话，此处的“公民”应指“中国公民”，外国人不能在中国或依照中国法继承遗产。

《继承法》第一条 根据《中华人民共和国宪法》规定，为保护公民的私有财产的继承权，制定本法。①

作为现实中的继承关系人，由于各国民法都对继承进行了规定，因此无论一个人是否有某国的公民权，都应享有继承权，也都可以跨国继承财产。所以，（被）继承人可能是本国公民，也可能是外国公民，还可能是无国籍人。继承权与国籍无关（除涉及法律冲突规则以外）。这样，在继承法上舍“公民”而用“自然人”就是一个合理的做法，既合乎民事主体表述一致性的要求，也符合继承权的本质要求。

另外，在有关遗赠的规定中，我国《继承法》第十六条特别规定了“公民可以立遗嘱将个人财产赠给国家、集体或者法定继承人以外的人”，其中，“国家、集体或法定继承人以外的人”是一组具体人格的表述，国家只能理解为作为特殊民事主体的国家，而集体应当指农村集体经济组织，至于“……以外的人”则应理解为其他的自然人或法人、组织。为此，应直接采用“法定继承人以外的其他自然人、法人或其他组织”作为表达形式，并且遗赠行为应以不侵害法定继承人的权益、不违反公序良俗为限。

（三）劳动法领域

依照《劳动法》和《劳动合同法》有关主体的法律规定，劳动法上的主体分别表述为“用人单位”和“劳动者”。

《劳动法》第二条 在中华人民共和国境内的企业、个体经济组织（以下统称用人单位）和与之形成劳动关系的劳动者，适用本法。

《劳动合同法》第二条 中华人民共和国境内的企业、个体经济组织、

---

① 另见第三条：遗产是公民死亡时遗留的个人合法财产，包括：（一）公民的收入；（二）公民的房屋、储蓄和生活用品；（三）公民的林木、牲畜和家禽；（四）公民的文物、图书资料；（五）法律允许公民所有的生产资料；（六）公民的著作权、专利权中的财产权利；（七）公民的其他合法财产。

民办非企业单位（以下简称用人单位）与劳动者建立劳动关系，订立和履行劳动合同，适用本法。

国家机关、事业单位、社会团体和与其建立劳动合同关系的劳动者，依照本法执行。

劳动法是从民法上的雇佣关系引申出来的一种结合了公、私法规制工具的混合法，是私法公法化的结果。这样的公法化并非要改变原有的民事主体制度，而是要为民事主体提供有效的统一保护或保障。因此，在这样的法律中便出现了"用人单位"和"劳动者"这两个具体主体概念。

所谓"用人单位"，是多种劳动关系中处于雇佣方的各种具体主体（企业、个体经济组织、民办非企业单位、国家机关、事业单位、社会团体）的二次抽象化。从上述法律中提供的范围来看，所谓用人单位，在民法上的第一次抽象只能是法人或非法人组织，并不具有超越民法上一般主体范围的特征。

而在其他国家，雇佣方大都区别公务服务与企业雇佣，进一步将雇佣人再次具体化为各种不同的具体人格，包括企业主、小业主、行业协会等。以下是《意大利民法典》的规定，可供参考。

《意大利民法典》第2069条【效力】在集体劳动契约中应当载明企业主与提供劳务者的种类，抑或契约中所涉及的某个企业（参阅第2082条）的种类以及集体劳动契约的效力（参阅第2075条）范围。

在未载明上述事项的情况下，集体劳动契约对订立契约的行业协会（参阅第2075条）所代表的全体企业主及提供劳务者具有约束力。

第2082条【企业主】以生产、交换，或者提供服务（参阅略）为目的的、从事有组织（参阅略）的职业（参阅略）经济活动（参阅略）的人是企业主（参阅略）。

第2083条【小业主】自耕农（参阅略）、工匠、小商人以及其他从事以自己和家庭成员（参阅略）提供劳动为主的、有组织的职业活动的人是小业主。

这些规定表明，对于各种复杂的劳动关系，意大利民法区分了不同的雇用人的性质，并明确地将企业雇佣与小业主分开。

而对于"劳动者"，由于劳动者和消费者一样已经成为一种现代民法上的具体人格现象，因此在劳动法上便成为了抽象人格，需要进一步具体化。我国《劳动法》和《妇女儿童权益保护法》上均对劳动者的具体人格进行了进一步区分，即区分女性劳动者的具体人格地位，以及未成年人劳动者的具体人格地位，并分别提供不同的保护。

第三节　特殊自然人人格及其权利保护

“我们能够理解为什么胚胎的性状与成体的性状有相等的重要性，因为自然的分类当然包括一切龄期在内。”

——达尔文①

有时，自然人在生物学的向度上会给法律提出十分困难的问题，比如连体人即是。其次，胎儿作为尚未出生的生物学意义上的人，虽然尚不能成为完全的民事主体，也无疑应当享有一定的民事权利。第三，人死后并不会立即消失，他（她）的精神性影响会持续地存在，而遗体也会继续存在一段时间，这时的人与活着的人之间有何区别，遗体能否作为一般的物来看待？死者是否仍继续享有其在世时获得的权利？诸如此类的现实状况，就提出了本节所要讨论的特殊自然人人格及其权利保护的问题。

一、连体人

所谓连体人（conjoined twins，siamese twins），在生物学上是指由一种极为罕见的妊娠现象而产生的未完全分离的连体双胞胎。这种情况一般发生在怀孕的最初两周左右，两个胎儿具有相同的染色体核型、同一性别，血型、毛发颜色、指纹等均相同。每10万次怀孕中约有一例发生，大多数连体胎儿死于胚胎期，分娩成功率只有二十万分之一。历史上有许多关于连体人的记录，有活着出生并生活若干年的，也有活着出生后被成功分离的。连体人对法律提出的问题是，连体人究竟是一个人还是两个人？

法律通常是为常态自然人而设的。即，根据民法上的自然人概念，每一个独立的生物学意义上的人都具有一个人格。换言之，只要是有独立的头、四肢和躯干，构成一个生物学意义上的自然人（human being），就是一个民法上的独立主体（subject，person）。但连体人通常在某个部位相连，有两个不同的头颅、躯干或四肢。因此，连体人不属于常态的自然人。

---

① ［英］达尔文，《物种起源》，周建人等译，商务印书馆2010年版，第480页。

对于连体人的人格性，历来有非人说、一人说、二人说。其中，非人说是早期科学知识匮乏时单纯依据宗教而将连体人的出现视为上帝的惩罚，视为怪胎、怪物，甚至会予以处死。随着科学的发达以及人文意识的增强，人们对于连体人的人格开始予以承认，但是存在着一人说和二人说的分别。其中一人说是将共生的另外一个“人”视为“寄生”的“人”，因而可能会被终止生命；而二人说是基于两个身体而言的，即只要有两个身体、两个头脑，就应当视为两个单独的人。

由于连体人在生物学上的表现形态各异，有不同身体部位的连体现象产生，因此根据身体来区分人格的单数或复数是偶然的，也是不可取的。民法上对人格的认定是基于人的自然属性的普遍承认，不以个别的认识能力为基础，也不以身体的个别形态为基础。作为连体人，其行为必须始终一致，即便有两套身体器官也不能分开行动。而即便连体人分别有不同的大脑，其意志的独立性也大大地受到身体的限制：即使两个头脑分别作出不同的决定，也只能由不同的身体部分共同实施完成。据此，连体人在行为上必须判断为一个人。

但是，民法一方面是规范人的行为，另一方面是规范人的关系，即法律关系。作为连体人，通常或者是姐妹，或者是兄弟，他们的血缘关系与双胞胎是一致的。同时，由于两个头脑的存在，使得他们分别有自己的意志（尽管有高度相似性）。这样，在人格和身份上的独立性似乎显而易见。但现在的问题是，连体人作为一个整体，究竟是一个人还是两个人？连体人作为一个整体，其法律人格是单一的，还是复数的？

应当说，法律规范人的行为，并不规范人的思想，因此，思想的独立性并不能直接认定为人格的独立性。为此，连体人在未分离前即便有两个头脑，有不同的思想，也只能作为一个人格看待。同时，连体人在身份上的相对独立性更多地是基于血缘关系，即在生物性上的姐妹或兄弟关系而直接被社会所承认，彼此间并不能像法律上的兄弟姐妹一样负担相互照护或抚养的义务。因此，对连体人应当赋予其一个统一的法律人格，连体人的人身权和财产权都应作为一个统一人格的下属权利来看待。

英国历史上曾经有过一对连体人，即比登登姐妹（the Biddenden Maids），她们在未分离的情况下生活了 34 年，死后捐出了五块地给她们所在的村庄，该田地上的收入用来在复活节时分发食物给穷人。1920 年，肯特郡的比登登村为姐妹俩建造并竖立了一块纪念碑。①

二、胎儿与体外受精胚胎

民法上的自然人概念本取自生物学意义上的人（homine），但生物学上的人的概念比自然人的概念要宽泛，即从出生向前延展至胎儿时期。由于胎儿时期的人并没有从母体脱离，故法律上无法将其作为独立的人来看待，也无法赋予独立的权利能力——人格。然而，生活的复杂性使这一领域的立法呈现出不同的样态。比如，我国继承法上对于胎儿的“必留份”给予了正面肯定：

《继承法》第二十八条　遗产分割时，应当保留胎儿的继承份额。胎儿出生时是死体的，保留的份额按照法定继承办理。

而有些国家则直接给予胎儿以权利能力，承认其独立的人格：

《瑞士民法典》第三十一条　（二款）胎儿，只要其出生时尚生存，出生前即具有权利能力的条件。

《瑞士民法典》的这一规定是将出生后为活体的胎儿视为有权利能力的自然人，因此其一切权利均得享有。

第三种立法形式是将出生时间前推至胎儿时期，以适应民法上关于权利能力只能授予出生后的自然人的一般原理：

《法国民法典》1923条　在继承开始时尚未出生，但已怀孕的胎儿，视为在继承开始前出生。

《法国民法典》的这一规定之立法目的应在于保护胎儿的继承权，但是其立法方式却是迂回婉转的，即不直接赋予继承权（如我国），而是将出生时间前置。这种反常的做法是立法的特例。

关于胎儿是否能够及应当享有民事权利能力，德国法学家沃尔夫（Earnst Wolf）曾指出，《德国民法典》第一条是不能适用的，因为其违反了自然法，而依照自然法，人的生命始于受孕：

《德国民法典》第一条【权利能力的开始】人的权利能力，始于出生的完成。

沃尔夫的这一观点并不能阻止《德国民法典》第一条的效力。同时，法

---

① Hasted, Edward (1798), *Parishes: Biddenden*, The History and Topographical Survey of the County of Kent (British History Online): 130 - 141。

典的其他条款对于可能发生的疑问已经做了预防，即在第 844 条第二款（损害赔偿请求权）和第 1923 条第二款（继承权）分别对胎儿的损害赔偿请求权和继承权进行了肯定，而司法判例也对胎儿就其在受孕期间因孕妇服用有害药物而受的损害准予其请求损害赔偿。[①]

应当说，关于胎儿的权利，不管各国的立法样态如何，其态度显然是一致的，即尽可能地给予胎儿以保护。但是，从理论上来看，基于什么样的法律前提而对胎儿进行保护是有分歧的，有的是作为法律上的特例，有强制性；有的是进行扩张性规定，将出生时间提前至胎儿期；有的则是根据胎儿出生后是否为活体的状况进行追溯。这样莫衷一是的状况源于对于自然人的生物性质和法律性质的认识不同步。

根据医学上的共识，胎儿并非自受孕时即被视为一个独立的人类生命，而是自受孕后九周（即孕期第十一周）才能够作为一个人类胎儿（fetus）来看待，因为从受孕第一周到第八周，人类胚胎还处于形成阶段，尚未形成稳定的细胞结构，不具备必需的人类器官，只能称为胚胎（embryo）。[②] 所以，即便要赋予胎儿以普遍的权利能力，也不是自受孕时起，而只能是从第十一周开始起算。

从现有各国法律规定样式来看，将出生后为活体的胎儿追溯地视为已经出生是一个比较可取的方法。因为这种追溯式的规定可以避开出生时间的硬性规定，也避免陷入胚胎和胎儿的矛盾期。

涉及到生命前期人格保护时有一个特殊的问题，即对体外受精胚胎（含人类冷冻胚胎）的认识。我国《人类辅助生育技术管理办法》《人类精子库管理办法》及《人类辅助生殖技术和人类精子库伦理原则》等都禁止买卖、赠送人类体外受精胚胎，也禁止代孕，但是没有涉及体外受精胚胎的法律属性。由于体外受精胚胎一经植入即可在人体环境中发育成为胎儿，因此与一般的物是有区别的。但是，体外受精胚胎并不能称为完全的人，特别是体外受精的人类胚胎在被植入子宫之前，或者在取得法律授予的胎儿权利之前。如果已经植入并成为胚胎，则可以比照胚胎进行规制。而在此之前，应当允许其在不违反公序良俗的前提下由权利人或最密切关系人（近亲属）保管和支配。

---

① 傅静坤，《民法总则》，中山大学出版社 2014 年版，第 93－94 页。

② Klossner，Jayne，*Introductory Maternity Nursing*，2005.

三、植物人

人作为物质的存在，其精神活动是由大脑控制的，因此人的大脑在身体中处于主宰地位，对人体起控制作用。对于“植物人”来说，身体的其他器官均正常，唯有大脑停止了控制活动，从而使人丧失了行为能力，这时应如何处理？

一般认为，“植物人”（persistent vegetative state）是指人丧失意识能力，对身体失去控制并处于睡眠状态的人。由于植物人已经不能从事任何民事活动，因此应当作为丧失行为能力来处理，可以通过对现行法进行扩张解释（因为现行法通常仅对精神病人实施无行为能力或限制行为能力宣告），启动无行为能力宣告机制，申请人为其近亲属。但是，当植物人持续其睡眠状态达相当长的时期后进入永久睡眠状态，其法律人格应如何认识呢？

这就牵连出另一个问题，即“安乐死”（euthanasia）的问题。世界上第一个对“安乐死”进行立法的国家是荷兰，即《自愿及协助终止生命（核查）法案》（*Termination of Life on Request and Assisted Suicide*（*Review Procedures*）*Act*，2002），该法案允许医生协助自愿终止生命者，但要求所有协助自愿终止生命的医生都要报告核查，合格者可免于起诉。除荷兰外，比利时也就“安乐死”进行了立法。安乐死实施的对象往往是高龄癌症患者。

自愿终止生命属于积极安乐死，但对于植物人来说，他（她）已经丧失了行为能力，不能表达自己的意愿，因此停止提供维生设备的决定只能由他人作出。这时便涉及一个法律上的重要边界，即人能否为他人的生命做决定？

应当说，“植物人”这一称谓已经对病人的动物性进行了否定，加上病人的意识已经停止活动，其人格性被大大削弱了。但即便如此，人仍然与植物（物）有着重大的不同，其精神性的一面仍然存在，其人格和身份的内容还在。为此，不能够将植物人与“物”划等号。但是，这并不意味着其亲属不能够为其做继续或停止治疗的决定。由于此时植物人已经丧失了行为能力，亲属实际上承担着监护职责，理论上是有权利为其作出治疗与否的决定的。

四、克隆人

随着生物技术的发展，生物复制已经成为现实。1996 年 7 月 5 日，英国科学家用一个成年羊的体细胞成功克隆出了一只小羊，即绵羊多利（sheep Dolly）。这只羊于 2003 年 2 月 14 日死亡，共计存活了 6 年。

所谓“克隆”（clone），即无性繁殖技术，是利用生物自身的体细胞繁殖后代。这一技术对人类的重大影响在于，利用同样的方法，人类也可能通过无性繁殖技术繁衍后代——克隆人（human cloning）。由于克隆人没有经过一般的生殖过程，因此其身份与其他自然人将会不同；同时，克隆人的寿命、健康及精神状况都是未知数，是否能像一般自然人那样获得独立的人格也是一个问题。

如前所述，自然人的人格赋予是基于自然理性和人权的需要，其目的是使自然人成为民事法律关系的主体。但是，克隆人一旦成功并大量复制，其个体的相似性将会使其客体化，即人类会像制造多利羊那样制造人，这样制造的人欠缺主体必备的差异性和独立性，不应享有独立的人格。

正如博德里亚尔（Jean Baudrillard）所说，克隆术是同一性的恶性循环，是个体自动消失的指令。[①] 鉴于有人声称正在进行克隆人研究，并已经取得了进展，2005 年 3 月 8 日，联合国通过了《关于人的克隆的宣言》，其中明确反对“违背人类尊严和对人的生命的保护的一切形式的人的克隆”。但是，这个决议并没有约束力，而各国对此问题的看法也不同。

应当指出的是，克隆技术可以应用在很多有益的方面，比如利用人体干细胞制造人体器官。但是，这与克隆人所引起的法律问题是完全不同的，可以通过有关器官移植的法律得到调整。

五、死者

各国民法通常认定自然人的民事权利能力终于死亡（包括宣告死亡），但是，死者的人格权利和身份权利并不能因此而彻底终止，如姓名权、肖像权、名誉权、荣誉权等，虽不再被死者本人所继续利用，但仍然属于死者而不能被剥夺。这些权利与死者生前的生命和身体紧密相联，但并不依赖其生

① ［法］让·博德里亚尔，《完美的罪行》，王为民译，商务印书馆 2014 年版，第 122 页。

命和身体而存在。事实上，死者的生命虽然因其附着于身体而在生物学的层面上消失了，但作为一个人。其精神权利属性并没有完全终止。毕竟，所有的人格权和身份权都是一种法律建构，是一种虚拟的、抽象的精神存在，除非基于公共利益保护的需要，一旦拥有即不可剥夺。正如斯宾诺莎（Baruch de Spinoza，1632—1677）所说："人的心灵不能完全随身体之消灭而消灭，它的某种永恒的东西仍然留存着。"①

关于死者是否仍能享有各种人身权利的问题，国内外颇多讨论。其中，英美法上的一些判例给出了肯定的答案。比如，在前白宫顾问文森特·福斯特（Vincent Forster）一案中，联邦最高法院确认了死者的人格利益为真实的存在。②

我国最高人民法院《关于审理名誉权案件若干问题的解答》（法发［1993］15 号）与《关于确定民事侵权精神损害赔偿责任若干问题的解释》（法释［2001］7 号，以下简称《精神损害赔偿解释》）先后对死者名誉权问题进行了正面肯定。其中前者第五条规定死者名誉权受到侵害的，其三代以内的近亲属可以提起诉讼；后者第三条规定了死者的姓名、肖像、名誉、荣誉和隐私均受法律保护。因此，在我国，死者的特定人格利益是受保护的。

但是，是否死者除了上述人格利益以外就没有其他可受保护的人身权存在呢？以下分别论述之。

（一）生命权

生命首先是生物学意义上的存在。所谓生命，即从人体胚胎稳定形成后一直到死亡这个期间。生命属于人只有一次，不可逆转，也不可无限延续。有些激进的科学家提出了生物中心主义的观点，认为宇宙万物都是因人而存在的，而人本身则不可能完全消灭，所谓死亡只是改变了存在的形式而已。③但是，这样的观点目前还不能作为事实来看待。

与生命本身不同的是，生命权作为一种权利是法律上的认知，即法律承认每一个生物学意义上的自然人都可以拥有对其生命的绝对保有和支配权。人在死亡后虽然已经不可能支配自己的生命了，但是，其生命曾经存在的事

---

① ［荷兰］斯宾诺莎，《伦理学》，贺麟译，商务印书馆 2010 年版，第 254 页。

② Swidler&Berlin v. U. S. , No. 97 – 1192.

③ ［美］罗伯特·兰札（Robert Lanza）、鲍勃·伯曼（Bob Berman），《生物中心主义》，朱子文译，重庆出版社 2012 年版。

实不容否认，而其生命利益也不可能在权利的意义上消灭。譬如，对其生命存在期间的状况，包括生卒年月、性别等都必须始终如一地遵从、尊重。如果人死后其生卒年月等被篡改或误写、误认，应允许相关人员（如亲属、利害关系人）予以更正，造成损失的还应当进行损害赔偿。

（二）身体权

人的身体是生命存在的生物基础，每一个人的身体与生命都是独特的存在。当人死亡以后，其身体并不会立即消失，需要有关人员根据本人或亲属（及其他相关人）的意愿加以处分。我国《精神损害赔偿解释》第三条第三款特别规定了不得非法利用、损害遗体、遗骨，或者以违反社会公益、公德的其他方式侵害遗体、遗骨。

人的身体权同样是一种法律上的虚拟，即指人对自己身体利益的绝对保有和支配权。人的身体由骨骼、血液和其他器官构成，每一个人的身体都是唯一的，这一点即使在人死后也不可改变。人在生前维护自己的身体权主要是维护自己的身体完整和独特性，并保有对身体利益的支配权。在人死亡后，其支配能力不复存在，但是其身体的完整性和独特性依然不容侵犯。如果有人在他人死后对其生前的身体进行了错误的描述，应为侵害身体权的行为。如果有人在他人死后对其遗体进行了不法侵害，仍为侵害身体权，但因本人无法行使权利，应由其近亲属和相关人予以追究，造成损害的应进行损害赔偿。

对于年代久远的人体遗骸，虽然其本质上仍然是人的身体，但是由于自然销蚀已经丧失了原有的身体完整性，直至完全灭失。此时，该人体遗骸与特定人的人格性联系将逐渐减弱，也因此而可能沦为一般的物。

但是，对于那些经过特殊处理的人体遗骸，如木乃伊，由于其本身已经超越了自然销蚀的周期，并且在做此种保存时就已经附加了某些特殊的价值，如纪念性、宗教性及其他社会性质。为此，对此类人体遗骸，应当作为人类共同的文化遗产来处理，进入社会公益的领域，使其不仅受民法保护，也受其他法律保护，不得随意处分。

（三）健康权

健康包括身体健康和精神健康两部分，精神健康依附于人的身体，因而人的健康权也包括身体健康权和精神健康权两部分。人在生前对其身体健康和精神健康具有排他的保有和支配权。此时法律上的健康权并不是保护身体或精神的绝对健康，而是指与其自身的实际医学状况相适应的一种健康状态。

人在死亡以后既无身体，故亦无精神可言。但是，其在世时的身体和精神健康状态不容篡改，如果其健康权在死亡后遭受侵犯（如误写、误判或故意歪曲），则其近亲属和相关人可以要求停止侵害、消除影响直至损害赔偿。

对死者的侵害如果导致了其在世近亲属的精神损害，当属另外一个问题，可由受侵害人直接提起诉讼要求赔偿。

（四）肖像权

肖像是自然人在生前的各种影像记录，包括肖像画、照片、动态影音制品，等等。肖像权是法律赋予自然人的排他性的保有和利用其肖像的权利，除非为公共利益，任何人不得侵害。

关于肖像的意义，不同的人可能有不同的认识。如有的人偏重于应用，有的人偏重于美感，有的人偏重于写实。但是，从学术的观点来看，肖像并非只是一个简单的事物，而是现代景观社会的一个组成部分，不仅会产生一系列的社会价值和效益，也会对人的生活带来重大的影响。

所谓景观（sepctacle）社会，即居伊·德波（Guy-Ernest Debord，1931—1994）所说的，现代资本主义已经进入影像物品生产与物品影像消费为主的物化社会，是以更加无形的方式（影像-景观）将人们的生活完全商品化的社会。[①] 在这样的社会中，影像的庞大堆积就是商品的庞大堆积，图像（图景）的泛滥带来的是新型的奴役。而每个人都是影像的传播者，其中占据了主导地位的就是主要传播者，传播者与观众之间的关系本质上是一种权力役使关系。

如果说德波通过影像关注的最终目标是社会平等问题，那么，专注于影像研究的苏珊·桑塔格（Susan Sontag，1933—2004）对摄影肖像可能对人产生的影响分析得更为深入。她认为，每个人都是观看者，每一个人也都是作者。一方面，摄影导致了人的物化，“它（摄影）将人变成了可以象征性地拥有的物体”[②]。另一方面，摄影参与了世界和历史的新创造，“这个世界通过照片而成为一系列互不相关、独立的粒子；而且历史、过去和现在，成

---

① ［法］居伊·德波，《景观社会》，王昭风译，南京大学出版社2006年版。

② ［美］苏珊·桑塔格，《论摄影》，艾红华、毛健雄译，湖南美术出版社1999年版，第25页。

为一套轶事和社会新闻。照相机将现实分解为原子，使之可以操纵，变得晦涩”①。

这样的一系列关于肖像及摄影的研究使广义肖像对于人的意义发生了重大变化，即，由于每一次观看都可能有人介入，可以改变历史和现实，并可以产生种种对未来的想象，时间感变得错乱，人在其中生活的社会也因此变得趋向虚无。为此，控制影像的传播、保护肖像权就变得十分重要了。

人在其一生中可能拥有许多的影像，它们的制作和传播多数是由摄影者本人主导的。但即便如此，影像一旦制成就会与权利人脱离，其传播会给肖像权人带来种种意想不到的后果。同时，由于影像是人的物化形式，即便在人去世以后，这些影像也还是可以无限地复制和传播，并产生新的影像。所以，对死者肖像权的保护不应随着死亡而立即终止。

由于肖像的商品化可能，对于死者的肖像应作为作品来看待。因此，按照知识产权保护的做法，死者的摄影肖像权保护将延续到死后五十年。通过这样的方式，可以使肖像最大限度地控制在制作人手中，并因此而尽可能地减少变形，以维护当事人的肖像权和人格尊严。值得注意的是，德国关于肖像权的保护最先即是始于著作权法。②

但是，版权保护是有期限的。在经过了一定保护期限以后，死者的肖像是否就不受保护了呢？答案当然是否定的。

（五）姓名权

姓名是自然人区别于他人的代码，其中所包含的意义对于本人来说是独一无二的。

保护姓名权，就是保护自然人对其姓名的排他性的拥有和支配权。姓名权不仅是单独存在的，也可以与著作权、专利权和商标权结合而存在于知识产权之中，并且会因权利结合而延续至生命终止以后。

由于姓名权的可支配利益较为丰富，人死亡以后固然不可能再由本人行使权利，但是，其姓名的真实性不容篡改，并且与姓名结合的所有利益均因结合权利本身的属性而可以继续，其利益则由其近亲属或其他指定的受益人

---

① ［美］苏珊·桑塔格，《论摄影》，艾红华、毛健雄译，湖南美术出版社1999年版，第33－34页。

② 1907年的《艺术家著作权法》（*Kunsturhebergesetz—Artists' Copyright Act*）第22条以及第23条第1款所设置的例外规定（当代社会以及历史任务人物、事件相关的肖像）。

享有。即便在知识产权保护期限终止以后，其姓名权也继续单独存在，并不可通过冒用、盗用等行为进行侵害。否则其近亲属可以追究侵害人的民事责任。

有一些姓名是人所共知的，并且对国家和社会具有共同的重要意义，如政治人物、文化人物和其他娱乐人物等。对于这些人，应区分其生前身后不同的姓名权保护基础。一方面，生前的姓名权保护基于民法和公序良俗予以弱保护；另一方面，在其死后，姓名并不会灭失，而是成为社会共同拥有的一份记忆——社会公共文化遗产。2003 年，联合国教科文组织在《保护非物质文化遗产公约》中提出了“非物质文化遗产”（intangible heritage of all mankind）的概念，要求保护全人类共同的文化遗产。在这种情况下，只要不违反公序良俗，应允许国家或个人予以合理利用。如我国“孔子学院”就是利用孔子的姓名作为学校的名称，而“鲁迅美术学院”则是利用鲁迅的名字作为学校的名称。经过这样的冠名，死者的姓名已经称为法人名称的组成部分，受民法及其他法律的保护。

（六）隐私权

自然人的隐私是其私人生活与公共生活之间的界限。对于个人隐私，人在生前享有完全的保有和支配权，而在其死后，生前的隐私亦同样不得侵害，除非其近亲属主动揭露，他人不可以非法窥视。

自然人生前保有生活秘密是为了生活安宁的目的，但是在其死后已经没有持续性的日常生活，这时是否就无所谓生活安宁可言了呢？应当说，此时的生活安宁是不存在的，但其生活秘密的相关人如果在世的话，比如近亲属及友人等，还是继续享有生活安宁的权利。因此，除非这些在世的人主动披露，否则该生活秘密仍然受隐私权法的保护。如果生活秘密已经没有相关人在世，或者仅仅是个人的生活秘密，则其披露与否的亲属决定权已经消灭，即便此时，也不能允许他人随意进行描述，任何披露应以不违反真实性和不违反公序良俗为准。

（七）名誉权

名誉是自然人所得到的社会评价，名誉权则是道德权利的法律化。对一个自然人的社会评价是其在世时获得的，死后不再有任何新的民事行为，也就不应产生新的社会评价。

但是，社会实践往往是相反的。中国古代有所谓“盖棺定论”之说，[①]即个人的社会评价往往在死后才能定论。这句话本来的意思是死者在生前表达的对自己名誉的信任乃至于放任之言，即不怕后人的毁誉，也不要求子孙去阻止或澄清。然而，经过历史的演变，其本意已经不为重视。在今天，为澄清历史而进行的盖棺定论，以及为进行学术评价而进行的盖棺定论，是为公共利益而进行的行为，只在其有重大出入的情况下才能够有亲属或相关人员提起名誉权保护之辩。至于其他的名誉评价，应以不损害死者生前名誉及在世近亲属的名誉为限，并不违反公序良俗。

（八）荣誉权

荣誉是与名誉类似的一种社会评价，但其来源是特定的组织机构，如“诺贝尔奖获得者”称号。荣誉权是享有荣誉（称号）的人的专有权利，可以进行排他的支配。

荣誉不仅是在生前存在的，作为一种荣誉称号，一旦产生便永久存在，只有颁发机构基于合理、正当的原因才可以予以褫夺。而对于死者来说，固然不可能继续利用荣誉获得利益，但是这个称号与其本人之间的联系是永远不可分离的。因此，就像人死后其名字不可以被篡改和侵害一样，其荣誉称号也是不可以被篡改和侵害的。否则应予以赔偿。

（九）亲属权

亲属权是一种身份权，在死者生前基于身份关系而产生。在死后，虽然身份权不能继续行使，但是其身份关系是不容否认地存在过的，不论是亲子（父母子女）关系还是其他亲属关系，这些死者在世时形成的身份关系都不因死亡而改变。如果该种身份关系在死者身后被篡改，其亲属有权予以追究。

（十）配偶权

配偶关系是自然人的重要身份关系，是由结婚行为而引起的。自然人死后，婚姻关系自然解除，但其在世时的配偶关系不容否认和侵害。如果有人否认这一配偶关系，其子女或其他亲属可以对此进行辨明，并可请求损害赔偿。

综上所述，人不仅是物质的存在，也是精神的存在。人的各项基本权利

---

① 唐朝韩愈作《同冠峡》诗：“行矣且无然，盖棺事乃了。”明朝吕坤作《大明嘉议大夫刑部左侍郎新吾吕君墓志铭》：“善恶在我，毁誉由人，盖棺定论，无藉于子孙之乞言耳。”

和人格尊严是因出生而存在的，在死后也应继续受到尊重。

六、关于遗体的进一步解析

如上所述，人是精神的存在，也是物质的存在。一方面，人在世上生活时可以创造很多精神财富，包括智慧财产和情感体验；另一方面，人是一个动物性的存在，从胚胎到胎儿乃至于完整的生命体，其存在有一个自然周期。即便在人死后，其肉体也并不是立即消灭，在大多数情况下必须经过人为处置才能够消灭。这样，人的遗体在其留存期间就向法律提出了一个新的问题。

从最严格的意义上讲，遗体是死者的遗骸，作为生命特征的所有器官都已经停止了工作，丧失了人的基本属性。人的生命体征消失以后，其作为主体的必要性便不再存在了，因此也没有必要再赋予死者以权利能力。但是，并不能因此就把遗体作为普通的物品来看待。将人作为物来看待是古代社会的做法，比如在私法相当发达的古罗马，奴隶是被作为物来进行买卖的。近代民法的发展使人获得了权利能力，从而获得了法律上的人格，因此只能被作为主体来看待。即便是对于那些没有完全行为能力的自然人，也只能为其指定监护人，而不能将其作为客体来对待。

但是，人作为精神和物质的混合体，还是有一些特殊的问题要解决，特别是在死亡前后的一段时间内，这时的人体是有一定的特殊性的。其一，人体器官并不会立即停止工作，完好的器官还可以进行移植，那么，器官移植的同意权在死者本人还是其他？其二，即便所有的人体器官都已经停止工作，其身体曾经承载的人格特征是否完全、立即消失，从而可以被作为一般的物那样处理？

首先，人体器官是人体的有机组成部分，不是独立的物，因此具有完整的人格性。由此，对人体器官的处置只能属于器官所属的自然人。我国《人体器官移植条例》（国务院 2007 年颁布）第八条明确规定，对人体器官只能实施捐献，捐献人必须是本人，并且必须是自愿的，他人不能代替本人进行捐献。但是，如果本人生前没有表示相反意愿，则在其死亡后（往往是弥留之际），其配偶、父母和子女有权以书面形式同意捐献死者器官。这样的规定是符合人的特殊性的，即一方面尊重了人对自己身体的处分权（此时处分权延伸至死后的身体器官），另一方面将死者身体器官的处分权交由亲属共享（继承），体现了死者的人格和身份属性并没有随着死亡立即消失。

其次，对于死者的遗体是否可以作为一般的物来处理，学者的一般认识是，人死后其人格性并没有立即消失，因此对遗体的处分必须按照不损害其人格权的原则来进行。[①] 根据上述对我国《人体器官移植条例》的分析，我国对死者遗体的处分权是由其亲属来行使的，包括殡仪仪式、遗体处分都是如此，除非因涉及公序良俗问题而必须由其他人（组织）来处分。

第四节　宗教人格

在有宗教信仰的人群中，宗教人格有着十分重要的影响，如基督教（christian church）中的耶稣基督（Jesus Christ），信徒信奉的上帝（God）；伊斯兰教中的先知穆罕默德（Muhammad），信徒信奉的真主安拉（Allah）；佛教中的佛陀释迦牟尼（Śākyamuni，无神论）；等等。这些宗教人物并非现实存在的人物，但却在现实社会中拥有众多的信徒，具有不容玷污、践踏和污蔑的神圣地位。对这些宗教人格，民法上应该如何认识呢？

一、《撒旦诗篇》与《沙尔利周刊》

1989 年，英国作家萨曼·拉什迪（Sir Salman Rushdie）因出版《撒旦诗篇》（*The Satanic Verses*，1988）而被伊朗前精神领袖霍梅尼（Khomeini，1902—1989）判处死刑并遭到追杀。他的引起轩然大波的《撒旦诗篇》（*The Satanic Verses*）是一部在英国出版的关于伊斯兰先知穆罕默德的小说，其中对穆罕默德有讽刺的描写，激怒了伊斯兰世界。1989 年 2 月，伊朗前精神领袖霍梅尼宣布拉什迪的小说中有亵渎伊斯兰教先知和《古兰经》的内容，号召穆斯林在全世界追杀拉什迪。从此，拉什迪的生活发生了彻底的变化，开始了东躲西藏的生活。这个例证充分说明，对宗教人物的任意描写会引起信徒的憎恨。

《撒旦诗篇》于 1988 年 9 月在英国由企鹅书店出版发行。[②] 该书最初策划由企鹅出版社的印度分社出版，但是由于事先披露的内容引起了印度政府的注意，印度政府通知企鹅出版社不得在印度发行此书。后来巴基斯坦、沙

---

① 迪特尔·梅迪库斯，《德国民法总论》，法律出版社 2001 年版，第 876 页。

② London：The Viking Penguin Press，1988.

特阿拉伯、埃及、马来西亚和印尼等国也都宣布了禁止令。

该书是一部幻想小说，作者模仿《圣经》语言，描写一个印度电影明星在梦中见到了一个商人，受到了主的私授耳语，成为先知，进入一座城市创立一种宗教。穆斯林信徒认为认为小说用象征的手法影射了先知穆罕默德，亵渎了伊斯兰教，因而十分愤慨。

无独有偶，前不久发生的《沙尔利周刊》（*Charlie Hebdo*）事件也是宗教情绪引起直接侵害人的生命的事件。

2015 年 1 月 7 日，位于巴黎的法国讽刺漫画杂志《沙尔利周刊》总部遭到武装袭击，造成包括主编在内的 12 人死亡，多人受伤。2015 年 1 月 14 日，"基地"组织阿拉伯半岛分支发布视频称，该组织策划并发动了此次袭击，并为此负责。

《沙尔利周刊》是法国的一本讽刺杂志，[①] 早在 2012 年，该杂志就曾将伊斯兰教先知穆罕默德作为漫画人物，漫画的题目则选自当时热映的电影《贱民》（也译为《不可触碰》，*Intouchables*，这在印度本意就是指贱民）。

在遭到袭击的当天出版的最新一期内容聚焦于米歇尔·维勒贝克（Michel Houellebecq）的一部新小说，内容是未来法国和欧盟被伊斯兰化后的十分糟糕的画面。

那么，宗教人物是否是一种特殊人格，应当受到法律的特殊保护而免于在文学叙事中被贬损呢？

二、宗教人格的民法保护

关于宗教信仰的问题是与民族性和历史密切相关的。在西方民法文明演化的过程中，基督教（christianity）始终在西方价值体系中占据着核心的地位。虽然基督教后来在历史过程中分裂为多个教派，其中以梵蒂冈教廷为中心的是天主教（catholic church），英美则普遍信奉新教，如英国和美国的清教（puritan）、土耳其和俄罗斯的东正教（easten orthodox）等。但是，无论如何，整体的欧洲文化是以基督教为基础的。

罗马皇帝康斯坦丁大帝（Constantinus Ⅰ Magnus，272—337）是首个宣布基督教为国教的人，他通过《米兰敕令》（*Edict of Milan*）确立了基督教的合法地位，也使西方民法传统与基督教传统建立了不可分割的联系。尔

---

① The Guardian，13 January 2015.

后，在罗马的征服过程中，基督教逐渐传播到世界各地。

十六世纪，在马丁·路德（Martin Luther，1483—1546）主导的新教改革（the reformation）后，基督教新教脱离了罗马天主教会的束缚而飞速发展，助长了民族主义情绪和独立国家观，从而成为近现代西方世俗世界（secular world）的宗教基础。①

由于基督教成为西方文明的宗教基础，世界上其他国家和民族的信仰（东方宗教）便处于较为弱势的地位，如伊斯兰教和佛教分别是伊斯兰国家和印度、尼泊尔等国的国教，但在世界宗教格局中并非主导力量。《美国宪法》第一修正案（1791）明确规定："国会不得制定关于下列事项的法律：确立国教或禁止宗教活动自由；……"但事实上，美国现存的教派虽然十分丰富多样，均以基督教新教为主导。②

宗教与民族和国家的关系如此密切，使宗教人物具有了公共利益（public interest）和公共政策（public policy）的色彩，而对宗教人格的保护也便顺理成章地成为国家利益的一部分，纳入了公序良俗的范畴。在这样的前提下，是否对宗教人物提供保护就是一个是否违反了公序良俗的问题。上述《撒旦诗篇》的作者拉什迪一度受到伊斯兰国家的追杀在伊斯兰国家看来是正当的，虽然其人身权是在一般的情况下是应当予以保护的；但在非伊斯兰国教国家，这样的追杀就是违反公序良俗的，因此必须为他提供公权力的保护。《沙尔利周刊》的情况也是如此。

我国并非宗教国家，《宪法》第三十六条明确规定保护公民的宗教信仰自由。而在历史上，佛教、道教都曾是信仰者众多的宗教，儒家思想虽然不能严格地定义为宗教，但是作为准宗教规范也在漫长的中国封建历史上具有决定性的地位，至今也还在日常生活中发挥着一定作用。对此，诸如佛陀、老子、庄子、孔子、孟子等佛教人物和道家、儒家创始人物，便不能作为一般人格来处理，而应当作为宗教人格和准宗教人格来对待。如果有直接针对上述宗教人物的侮辱性攻击，应当以公序良俗为标准予以考察。我国《宪法》第三十六条规定："国家保护正常的宗教活动。任何人不得利用宗教进行破坏社会秩序、损害公民身体健康、妨碍国家教育制度的活动。"可见，宗教人物和宗教活动既是公序良俗的一部分，也受公序良俗的限制，国家利

① Harold J. Berman, *Law and Revolution*, Ⅱ, The Belknap Press of Harvard University Press, 2003, p16.

② 刘澎，《当代美国宗教》，社会科学文献出版社2001年版，前言第11页。

益是最终的衡量标准。

三、“好的撒玛利亚人”

十六世纪的新教改革运动（the protestant revolution, or the papal revolution）使近代国家开始了政教分离的历史时期，中世纪时形成体系的宗教法[①]也退缩到宗教教廷，世俗法（secular law）盛行于世。经过大约两个世纪以后，世俗法已经形成了包括宪法、民法、刑法及诉讼法在内的完善的实在法体系，顺利地过渡到了国家法（state law）的阶段，即所谓“法制”（rule of law）时期。[②] 以后的世界法律体系是我们所熟悉的，即以法典或判例为基础的大陆法系和英美法系，民法的具体领域分为合同法、物权法、侵权法，而大陆法系以总则统领所有的民法规范。

然而，在有些国家和地区，宗教法的影响并没有彻底消亡。比如，“好的撒玛利亚人”（good samaritans）的法律就在美国、澳大利亚等地得到了立法的直接认可。

所谓“好的撒玛利亚人”，是源自《圣经》耶稣的寓言，指的是没有法定义务而对他人进行施救的人。[③] 这则寓言的内容是讲一个犹太人因被抢劫而受伤，躺在路边，祭司和利未人路过时都视而不见，但是一个撒玛利亚人则给他包扎、涂油，还送他去旅店里接着帮助他。所谓好的撒玛利亚人，就是指这样热心救助与自己非亲非故的人。

在现代民法上，无义务而施以救助的，如果不定义为情谊行为（好意惠施行为），就要定义为无因管理。所谓无因管理，即债之一种，是无约定而为他人管理事务（包括人身和财产安全），受益人有义务给予管理人以补偿的制度。无因管理一词源于罗马法，称为 negotiorum gestio（管理他人事务），最早适用于为不在之人（远征在外的军人）管理事务。[④] 流传至今的无因管理制度直接来源于德国民法上的规定，即《德国民法典》第 677 条至第 688 条：

---

① Harold J. Berman, *Law and Revolution*, Ⅱ, The Belknap Press of Harvard University Press, 2003, p253.

② Harold J. Berman, *Law and Revolution*, Ⅱ, The Belknap Press of Harvard University Press, 2003, p292.

③ 《新约圣经》(*New Testament*)“路加福音”（luke），第十章（Chapter 10）。

④ 王泽鉴，《债法原理》，北京大学出版社 2009 年版，第 255 页。

《德国民法典》第677条　管理人的义务 为他人处理事物而未受该他人委托的人，或为他人处理事物而对于他人无权以受委托以外的方式为之处理事务的人，必须斟酌本人真实或可推知的意思，像本人的利益所要求的那样，管理该事务。

上述德国民法上的规定在我国《民法通则》中演变为如下：

《民法通则》第九十三条　没有法定的或者约定的义务，为避免他人利益受损失进行管理或者服务的，有权要求受益人偿付由此而支付的必要费用。

这样的规定符合无因管理的基本要求，并指出了管理人的请求权为何。因此，该条规定是我国民法关于无因管理的专项规定。

关于管理人可予以管理的事务，一般认为可以为法律行为（在为他人利益并未受委托的情况下），更可为一般生活行为，如救助昏迷于途之人；为远行的邻居修缮遭台风毁损的房屋。[①] 其中，救助昏迷于途之人的管理行为正是《圣经》中所说的好的撒玛利亚人的作为。但是，大陆法上的无因管理法并不是好的撒玛利亚人法。

所谓“好的撒玛利亚人法”是（美国、澳大利亚等国）普通法上的一项原理，与《圣经》有着直接的联系。英美法上的此类法律的目的在于避免好意施救人被控告侵权，而不在于建立救助人与被救助人之间的债的关系。无论是在英国、美洲乃至于其他地区，实施普通法的法域都采纳这一原理。以下是澳大利亚新南威尔士州的《民事责任法》的规定：

《民事责任法》（*Civil Liability Act* 2002）第五十六条　谁是好的撒玛利亚人　“好的撒玛利亚人”是指本着诚信、不求报偿地对一个明显受了伤害的人予以救助的人。

第五十七条　撒玛利亚人的保护（1）一个好的撒玛利亚人不对其在实施救助时的行为或疏忽负民事责任。（2）此条不应解释为免除了其他人对好的撒玛利亚人的替代责任。[②]

---

① 王泽鉴，《债法原理》，北京大学出版社2009年版，第256页。

② 第五十六条原文是：“good samaritan” is a person who, in good faith and without expectation of payment or other reward, comes to the assistance of a person who is apparently injured or at risk of being injured. 第五十七条原文是：（1）A good samaritan does not incur any personal civil liability in respect of any act or omission done or made by the good samaritan in an emergency when assisting a person who is apparently injured or at risk of being injured.（2）This section does not affect the vicarious liability of any other person for the acts or omissions of the good samaritan. 第五十八条指出了撒玛利亚人不受保护的情况，即存在故意或酗酒的情况。

上述法律的规定明确指出一个好的撒玛利亚人在实施好意（诚信）施救行为时是不必承担可能引起的民事责任的，只要施救人在施救时不是因故意或酗酒而对被施救人造成了损害。根据这样的规定，好的撒玛利亚人所实施的行为应为好意惠施行为，即情谊行为。

与普通法地区不同的是，实施大陆法的（即继承了民法传统的）地区则明确规定施救为一项义务，甚至规定不予以施救构成犯罪：

《德国刑法典》第323条c项　不予简易施救　任何人在遇到事故或公共安全紧急状况时，如可能施救而未予施救，且施救并不给其带来危险亦不违反法定义务者，处以一年以下监禁或罚金。

根据这样的规定，施救行为是一项公共救助义务，而不只是受民法调整的情谊行为或无因管理行为。

综上所述，好的撒玛利亚人法是直接源自《圣经》教义的一项现代世俗法，在民法上与好意惠施行为（情谊行为）等同，以施救人不寻求报偿的诚意施救行为为规范对象。这个法律的存在是古代社会的遗迹，也是现代社会的需要，是宗教对世俗世界的影响之重要一例。

第五节　虚拟人格：网络行为主体

“天地万物无不在自身内兼含存在与虚无两者。”

——［德］黑格尔[1]

“存在不是‘众多结构中的一个结构’，也不是对象的某个缓解，而是一切结构和一切环节的条件本身，它是现象的各种特性赖以表现的基础。”

——［法］萨特[2]

随着互联网技术的进步和电子设备的普及应用，网络行为越来越丰富多样，包括个人即时通讯聊天活动和个人及组织的网络经济活动。由于网络活动的开展，网络虚拟人格遂成为现代社会中重要的民事主体形态，值得专门进行研究。

---

① 原文出自黑格尔所著《大逻辑》，转引自，萨特，《存在与虚无》，陈宣良等译，三联书店2007年版，第40页。

② 萨特，《存在与虚无》，陈宣良等译，三联书店2007年版，第40页。

一、互联网技术的发展与电子商务

网络（internet）是依托计算机和互联网技术而发展起来的一种实时共享的电子信息系统。在这个系统中，人们可以共享各种信息，也可以进行一些社会活动。一方面，人们可以在互联网上进行较为个人化的社会互动，如信息传播、艺术传播和实时互动；另一方面，人们可以进行一些经济活动，这部分活动被称为电子商务（electronic commerce）。围绕着各种网络活动产生的一系列法律问题已经引起了全世界的重视，而围绕电子商务建立起来的电子商务法已经在许多国家都得到了制定和应用。我国目前还没有统一的电子商务法，但全国人民代表大会财政经济委员会（以下简称“全国人大财经委”）早在2013年12月就正式启动了相关的立法活动，一些部门规章早在九十年代就已经涉及这个问题。

（一）电子商务概说

电子商务分为两类，一类是将通常在现实中进行的一些商务活动移植到网络上进行，如在网上进行买卖、通信、发布广告等；另外一类则是纯粹的网络公司进行的商务活动，其业务仅限于在网上进行，没有实体交易场所与之呼应。我国《合同法》是最早就电子合同问题进行规定的法律，该法就合同可以采取的书面形式在第十一条规定：“书面形式是指合同书、信件和数据电文（包括电报、电传、传真、电子数据交换和电子邮件）等可以有形地表现所载内容的形式。”其中“电子数据交换”就是指在互联网上进行的合同行为。此外，随着网上金融业务的开展，电子签名法也应运而生，此即《中华人民共和国电子签名法》。所谓“电子签名”，指的是采取与实体签名不同的网络签名技术，在网络环境中实现交易人身份的认定，从而使网上交易方便、快捷、安全地进行。经过认证的可靠电子签名与手写签名或盖章具有同等的法律效力。

不过，就电子商务的技术特点来说，有些法律是必须单独制定的。比如《电子签名法》就是为实现电子签名的可靠性而制定的。另外，由于电子数据收发的即时性和海量数据的传输处理，必须有尽量统一的法律法规才能使互联网上可以进行的经济活动常态化、国际化。为此，各国都有相关的法律制定出来，如美国的《电子交易法》，而我国国家工商总局发布的《网络商品交易及有关服务行为管理暂行办法》也在实践中发挥了重要作用。

根据相关统计，2012年，我国电子商务交易额达7.85万亿元，同比增长30.8%；网络零售额超过1.3万亿元，占社会消费品零售总额的6.3%；电子商务服务企业直接从业人员超过200万人，间接带动就业人数超过1 500万人。根据有关部门和专家分析预测，到“十二·五”末，我国网民总数将达7亿人，电子商务交易额、网络零售交易额将分别增长至18万亿和3万亿元以上，我国将成为全球规模最大的电子商务市场，电子商务产业将成为最具发展潜力、最有国际竞争力的产业。[①] 在网络经济空前繁荣、网络即时工具普遍被人们所使用的情况下，必须要注意对网络活动中的主体和行为的法律规范，特别是电子商务主体。

（二）电子商务主体概说

网络世界是一个虚拟的世界，在网络法律关系中似乎很难确定行为主体的真实性。比如，在现实生活中，每一个人都有自己的姓名、户籍和住所，而法人及其他组织也有自己的名称和住所，每一个民法上的“人”都是一个“实在”的存在。但是在网络上，人的名字可能是化名，而商店只是一个个的“窗口”，在没有实体接触的情况下，无论是进行普通的互动还是进行交易都显得有些不那么可靠。但事实证明，互联网在人们生活中的地位越来越不容忽视，而能够在网络上进行的安全交易也越来越多。

1. 电子商务主体的形态及特点

电子商务活动中的主体有自然人，也有法人和其他组织。自然人成为电子商务主体通常是通过聊天工具进行的，如通过微博、微信等。也有的是通过与从事电子商务的法人签订网络经营合同而加盟至其组织中，成为其营业组织中的一员，如淘宝及其商户。

电子商务主体并不以登记注册为电子商务主体为必要，许多现实环境下的法人组织都开展了网络产品和服务业务，这时的电子商务是其主营业务在网络上的延伸。不过，狭义上的电子商务主体仅指在互联网上经营的法人组织，如国际知名的亚马逊公司（Amazon，简称亚马逊；NASDAQ：AMZN）即为一家专门在网络上进行产品营销的公司，其注册地址在美国华盛顿州的西雅图，但所有的经营活动都是在网上进行的。

电子商务主体有这样的一些特点：

第一，主体的经营范围有逐渐扩大的趋势。电子商务主体往往在注册时

---

① 中国人大网，http://www.npc.gov.cn/npc/xinwen/tpbd/2013-12/30/content_1822039.htm

仅仅指定某一范围内的经营活动，如某一类产品的营销，但在后来常常会不断扩大经营范围。如亚马逊公司最初的名称是“卡达布拉”（Cadabra），1994 年在华盛顿州登记，性质是网络书店。但是后来，创办人杰夫·贝佐斯（Jeff Bezos）看到了互联网兴旺的未来，就以物种丰富的亚马逊河为名，将公司更名为亚马逊而于 1996 年重新在德拉瓦州登记，并于 1997 年上市。

第二，电子商务主体的价值波动巨大。由于电子商务主体植根于虚拟世界，因此，与通常的商业组织相比较，电子商务主体面临着更大的风险，诸如信息不对称、信息泛滥、隐匿信息等等都可能会妨碍主体对交易及交易的对方作出正确的评价。同时，也由于虚拟商业活动的难以预测性，电子商务主体的价值可能会波动巨大。例如美国著名的社交网络公司“脸书”（Facebook）① 于 2004 年创立，创建人马克·扎克伯格（Mark Zuckerberg）当时的预期很低，但是在越来越多的学校加盟到脸书之后，该公司的价值突飞猛进，于 2010 年超过微软成为世界第一大网络公司。

第三，经营者与消费者的划分模糊化。在电子商务活动中，经营者与消费者的划分往往并不十分严格。比如，作为聊天工具的网络公司，在为注册用户提供聊天空间的同时成为了经营者，用户则成为了消费者。但是，很多聊天账号在使用中开始进行营销活动，从而使聊天者之间开始了买卖关系，形成了新的经营者和消费者关系。对于这种情况，用 B2B、B2C、C2C 来划分似乎有些简单了。

基于电子商务主体的上述特点，在法律规制上便有一些与普通经营主体规制不同之处。

2. 电子商务主体的法律规制

在现代社会，组织结构法对于促进社会竞争和进步十分重要，正如诺斯所说，“只有在经济竞争存在且复杂的经济组织出现的前提条件下，可持续的竞争民主才有可能（实现）”②。而在今天特别值得注意的一个倾向是，网络经济在世界经济和交往中起着越来越重要的作用，并因此催生了一系列新的网络经济组织和其他网络主体，法律必须对其进行特别规制。

电子商务主体的法律规制包括这样几个方面：

---

① “脸书”的名字 Facebook 来自传统的纸质“花名册”。通常美国的大学和预科学校把这种印有学校社区所有成员的“花名册”发放给新来的学生和教职员工，帮助大家认识学校的其他成员。

② ［美］道格拉斯·诺斯，《制度、制度变迁与经济效益》，上海人民出版社 2008 年版，第 40 页。

（1）主体经营范围的规制。由于虚拟世界的想象空间与隐藏机会十分丰富，因而，很多网络公司在甫一成立时并不能明确地预见到未来的状况。因此，对于网络公司而言，经营范围的变化几乎是不可避免的。目前，各国在对实体经营主体进行法律规制时并没有限制其经营范围的变化，只是必须采取登记变更的方式。这种方法对网络公司也可以适用。

（2）网络广告的法律规制。通常的广告主要是实体广告与传统的电视、电台广告，实体广告依托于平面媒体，电视与电台广告则依托于电视台和广播电台，相关的法律法规对其进行的监管也以是否违反诚实信用和公序良俗为原则。网络广告的方式却有些不同，往往是隐性的。如通过聊天工具聚集人群，或者大型社交网站通过网络意见领袖或“大V”的“软文”效应推广某种商品或服务等。这样的隐性广告实际上并没有法律进行规制，而是网络的想象空间自动形成的。对此，应在不违反诚实信用和公序良俗原则的前提下进行。

（3）电子商务主体名称的法律规制。作为想象产品，电子商务网站必须在有限的文字中储存最大的信息量，给人以联想。关于企业名称的设计有两个著名的原则，一个是“朱丽叶原则”（juliet principle），[①] 另一个是“乔伊斯原则”（joyce principle）。根据前一个原则，任何名称都只有被赋予的涵义，因此如何在名称设计上使消费者对语义产生联想就十分重要；而根据后一个原则，发音会促进联想，因此使名称悦耳是十分重要的（如Coca Cola）。[②] 100多年前，很少有人注意到企业名称的广告效应，但是，100年后出现的电子商务主体对名称的选择是十分在意的。比如，中国最大的互联网营销公司“阿里巴巴”及其网上商店“淘宝”，在语义上都给人以财富的联想，同时其发音也十分流畅。对于这样的一些名称，法律上的规制应当以合理为必要。

（4）电子商务主体股权交易的规制。由于网络商业主体的升值潜力巨大，因此成为投资者投资的重要对象。在融资的过程中，网络商业主体的股权结构会发生巨大的变化，而在这个过程中，应当防止小股东的权益被侵害。同时，由于投资而导致原来的独资公司转换为较大型的有限公司或股份

---

① ［英］莎士比亚，《罗密欧与朱丽叶》，原文是莎士比亚：“名字是什么？玫瑰无论叫什么名字都同样芬芳。”

② Chiranj eev kohli, Douglas W LaBahn, *Creating Effective Brand Names: a Study of the Naming Process*, Califonia State Universtiy Fullerton, ISBM Report 12 - 1995, p2.

有限公司，也必须符合股权结构和上市交易的法律法规的要求。

（5）消费者权益保护法的适用。虽然在网络营销的系统中时常发生消费者和经营者的身份转换，但是，基本的区别还是应当维持的。此时，以经营行为确定经营者、以消费行为确定消费者就是一个界限，在此界限内，消费者的权益必须得到维护。

（6）网络知识产权的保护。电子商务主体是依托计算机和网络平台提供产品和服务的营销，因此其网络技术及基于网络技术的营销方法可以受到知识产权法的保护。同时，由于电子信息的流量大，难以即时甄别，因此有时会出现著作权等的侵权现象。因此，必须加强电子版权的保护。

二、更广泛意义上的网络主体及其法律规范

在经济飞速发展、互联网的应用无所不在的今天，电子商务主体在法律关系建构中的地位已经是无可置疑的。与此同时，大量非经营性的网络主体也在互联网活动中占据着重要的地位，并正在逐渐改变着现实生活。

（一）网络主体的哲学意义

互联网所营造的是一个虚拟空间（cyber space，也称为“赛博空间”），但互联网上活动的“人”是否因此也是虚拟的人呢？

在《数字化生存》（*Being Digital*）一书中，尼葛洛庞帝（Nicholas Negroponte，1943—）指出了互联网对人类生活的深层次影响，认为人类已经进入了数字化生存的时代，信息 DNA 已经取代原子成为人类生活的基本交换物。[①] 而迈克尔·海姆（Michael R. Heim，1944—）所著的《从界面到网络空间：虚拟实在的形而上学》则从技术哲学的角度对虚拟空间与真实空间的转换进行了探讨，指出了虚拟实在的本质。[②] 可以说，在数字技术时代，存在与虚无之间的距离前所未有地缩短了，而黑格尔所说的“天地万物无不在其自身内兼含存在与虚无两者”，也从来没有像今天这样生动，尽管他的本意并非如此。

我国的互联网生活是从上世纪九十年代发端并在本世纪初进入了高潮。

---

① 尼葛洛庞帝，《数字化生存》，胡泳、范海燕译，海南出版和1997年版。

② 迈克尔·海姆，《从界面到网络空间：虚拟实在的形而上学》，金吾伦、刘钢译，上海科技教育出版社2000年版。

今天，几乎人人都在上网，并在网上进行一系列的活动。在这样的状况下，网络生活已经不再是虚拟的现实，而成为现实的一部分。人们在网上的活动也绝不仅只限于网络世界，而是会直接或间接地影响现实世界。甚至，有些现实的变革正是从网上开始的。基于这样的现状，网络主体的存在已经不可能仅仅是一个虚拟存在，而必须成为现实的一部分。

总的来说，网络主体的哲学意义有这样几个方面：首先，网络是人进行自我及多重人格的建构的媒介，网络主体的存在是人抵抗现实世界人格唯一化的重要方式。其次，数字技术使人与机器（计算机）和网络共生，并由此而导致新的主体意识产生，从而产生新的人格。最后，如果仅仅是把现实人格复制到网络上，则反而会产生自我及人格的消解，即让人格加速商品化。

（二）自我及多重人格的构建及其与法律人格的关系

自我与人格是人对自己的认知结果，是通过理性的思维活动在限定的世界和生活中得出的结论。一般认为，在现实生活中，每一个人都有一个不可取代的独立自我和人格，只有在疯癫状态下，人才会以为自己有多重人格以及多个自我，如同挑战风车的堂吉诃德。[①] 但是，在网络状态下，由于技术条件的允许，每一个现实中的正常人都可以在同一网络环境或不同网络环境中拥有多个"账号"（ID），并因而拥有多个网络主体资格，分别使其承载不同的个性、目的和内容。久而久之，这样的多重人格便很自然地成为虚拟实在现象。那么，法律对此应如何应对呢？

民法是现实世界的法，或者，即便民法作为规范具有一定的虚拟性（语言所构成的规范整体），但其所规范的人格是现实存在的人格，与人身不可分离。民法上每一个现实中的人对应的都是一个独立的、独特的法律人格，彼此互补排斥。但网络虚拟人格引起的问题是，网络上的多重人格所对应的还是同一法律人格实体吗？

回答是肯定的。无论网络虚拟人格的表现形态是怎样的，其所对应的人身只有一个。因此，虚拟人格在网络中的所有行为，其最终的责任只能由实体人格来承担。至于网络人格的多重存在现象，可以认为是同一人格的多个"版本"。

有时，网络虚拟人格与实体人格的对应也会发生困难。比如，某个虚拟

---

① 米歇尔·福柯，《疯癫与文明——理性时代的疯癫史》，刘北成、杨远婴译，三联书店2003年版，第24页。

人格是多个实体人格（包括自然人，也包括法人）共同制造出来的纯粹虚拟人格，那么，此时这个虚拟人格究竟对应哪一个实体人格呢？回答是：所有人，即，所有参与制造该纯粹虚拟人格的实体人都应对此虚拟人格的行为负责任，而该虚拟人格则是其人格的唯一版本。

（三）网络主体以及虚拟人格的法律规范

网络人格因与实体人格产生了分离，除实名出现的网络人格外，其他非实名网络主体除能够掌握后台资料的服务商和相关人外，其他人很难立即将其与实体人格联系起来。特别是，当网络人格以不同于实体人格的匿名“昵称”（ID）出现时，其与实体人格几乎无法立即联系起来成为同一人。加之网络环境的封闭性，一些网络人格的行为似乎难以用通常的标准去衡量，并加以规范，便因之成为了虚拟人格。在这样的情况下，各国的做法是对网络人格及其行为进行专门立法。

目前，我国关于互联网信息发布者的法律规范有《互联网电子公告服务管理规定》《互联网信息服务管理办法》和《中华人民共和国电信条例》等。这些法律针对网络人格即互联网信息发布者进行了专项规定，如电子公告服务者、互联网信息提供者（包括经营性和非经营性两种），以及基础电信和增值电信业务提供者等。这些法律规范的主要内容均要求信息发布者遵守现有法律法规，而所规范的行为也符合网络行为的特征，均包括信息的制作、发布、复制、传播等。

对于网络人格的保护和规范，应以其与实体人格的对应性来决定。实体人格所享有的权利包括人身权和财产权。而对应网络人格，其人身权包括网名专有权、肖像权、隐私权、名誉权、荣誉权等，涉及身体性人格权等必须与实体人格结合起来统一保护；财产权包括网络财产权、著作权等，可以由网络人格对应的实体人格专有。对于完全虚拟的人格，即没有实体人格与其相对应的网络人格，如网络游戏的角色、机器应答智能（如新浪微博上的机器应答智能人“小冰”http://weibo.com/weiruanxiaobing），可以作为特殊的计算机程序来看待，由制作人享有著作权。

对于网络人格的保护有一个特殊的问题，即其人格内容的可复制性。随着网络丰富的文字和图片的储存和传播，海量数据的易获得性十分突出，每一个网络人格都可以随手从数据库中抽取符合自己意愿的图片、文字作为自己的人格内容的显现，如肖像、文字（含图片影像）作品等。在这种情况下，必须区分不同的情况予以保护。

首先，对于肖像使用非原创图像的情况，此种使用会导致其主体人格性模糊，同时也存在着是否侵犯了他人著作权的问题。其次，对于文字作品使用他人文字，一方面已经构成复制，要确认是否为抄袭或合理使用；另一方面，如果所复制的文字本意在于大规模传播，则此种传播的意图是否为非法，应就文字内容具体予以衡量。

总之，网络主体是数字时代的一种新型主体形式，其存在虽然是通过互联网应用技术而依附于网络环境的，但是这样的虚拟人格已经对人类社会产生了实际的影响，扩展了人类生活和实体人格的边界，使人格的内容向更加纵深的方向发展。为此，承认网络人格，并赋予网络主体以各种可能的民事权利，是扩展人类的生存空间和生存方式的重要保障。

第六节　人格的历史意义和哲学意义

“充满劳绩地，但是诗意地，人栖居在这大地上。”

——［德］荷尔德林①

现代民法的规范预设是理性人，即民法是用来约束可以理智地判断行为的后果并通过行为实现预期目标的人（确切地说是理性的经济人）。然而，人并不总是理性的。现实生活中的人受理性支配，也受感性支配。所谓法律约束理性人，是将所有人的行为依照理性的规范进行衡量，从而确定其有效与否。

所有的自然人都以其生物性为前提，因此法律人格必须与生物实体结合起来才能形成实体人格。但是，法律上的人格有时又不与生物实体保持兼容性，如法人和网络人格就不以生物人为存在的前提。这样的“人”是作为法的哲学基础的纯粹理性的体现，与自然人有着深刻的距离。

就自然人而言，他（她）不仅是自然的造物，也是社会和历史的造物。在我们今天生活的这个人类社会的历史进程中，人格的意义总是在不断地发展变化：从奴隶到自由人、从自由人到市民（公民）、从市民到理性人、从生物人到网络人格，同样的生物实体的实际表现形式是多种多样的，其所取

① ［德］Friedrich Holderlin, Poems and Fragments, Translated by Michael Hamburger, Anvil Press Poetry Ltd., 2004, p789. 英文是：“*Full of acquirements, but poetically, man dwells on this earth.*”

得的法律认可程度与获得的权利也是不同的。为此，全面认识现代民法上的人及人格性、主体性，必须了解人格的历史意义和哲学意义。

一、人格：人的生物性与社会性

自然人这个概念取自人的自然属性。然而，作为自然的人，这个概念从罗马法时期就不能涵盖全部具有相同生物属性的人，而是与人的社会性纠缠在一起形成法律人格，即：

关于人的法律主要区分如下：一切人不是自由人就是奴隶。①

据上述罗马法的规定，在古罗马时期，只有自由民才能成为民事主体，具有法律人格，奴隶虽然也是生物学意义上的自然人，但只能被作为财产来看待，即：

奴隶是根据万民法的制度，一人违反自然权利而沦为他人财产之一部。②

因此，罗马法上的人格只能由自由的自然人所享有。应当注意的是，“人”这个词在拉丁文中有两个表达方式，一个是用以指称生物学意义上的人（homo），另一个是指称法律人格意义上的人（persona）。换言之，生物学意义上的人是不能直接与法律意义上的人划等号的。

在中世纪初期，由于罗马法的式微，一些匆忙编纂而成的法典已经放弃了罗马法的完整体系，而对于人也没有过去分得那么仔细，诸如出生自由人、罗马市民、归降人、拉丁人等的区别都不见了。③ 但是，罗马人与日耳曼人的差别还是十分明显，他们的法律权利和行为举止都与旁人不同。④ 另外，自由人与奴隶的实际分类还存在，如在英格兰，农奴（villains）与自由人（liberri）是完全不同的人。⑤

到了十一世纪，罗马法在欧洲全面复兴，这时各国对于人的看法开始趋于一致，罗马人已经消失，代之以新的各个民族国家的人，如法国、意大利、神圣罗马帝国，还有英国。同时，在不太稳定的和平状态下，社会生活远未达至统一，人群分散为不同的群体，如骑士阶层、领主阶层都还存在，

---

① 查士丁尼，《法学总论——法学阶梯》，商务印书馆 1993 年版，第 12 页。

② 同①。

③ 保罗·维诺格拉多夫，《中世纪欧洲的罗马法》，钟云龙译，中国政法大学出版社 2010 年版，第 9 页。

④ 同③，第 14 页。

⑤ 同③，第 83 - 84 页。

农民、手工业者和教会僧侣等都有相当大的区别。但是，根据日耳曼法，每个市民群体在其成员之间的彼此交往中适用他们自己的习惯法，[①] 这是相当自由的。也就是说，中世纪末期直到文艺复兴之前，各行各业的发展已经使自由民成为一种多样化的市民存在于各国当中。

中国的状况与欧洲国家有所不同。在战国以前的奴隶制社会，奴隶是处于社会的最底层；而在整个漫长的封建社会，即从战国到清王朝覆灭这一历史时期，中华文明是以儒家的礼制来制约人民的，因此虽然已经不存在奴隶，但是，各阶层的人民是不平等的，帝王将相、士大夫和庶人分别具有不同的身份，也因此有不同的礼制规范。

可以说，所有封建社会遗留的人的不平等都是在文艺复兴时期逐渐被意识到（天赋人权思想）并在法国大革命以后陆续终结的。1789 年，法国《人权宣言》（*Déclaration des Droits de l'Homme et du Citoyen*）将自由、平等作为基本的人权书写出来；继而，《法国民法典》将所有公民作为民事主体加以规定，赋予其民事权利能力，使所有民事主体取得平等的人身权利。这是人类社会历史上第一次使所有自然人都可以不附加任何其他社会条件而直接成为民事主体。也正是从这时开始，自然人才与人格划了等号，人也才成为完整的人。

《法国民法典》对人（公民）的规定是划时代的，但是在法人方面的规定乏善可陈，后来的《德国民法典》在这方面作出了较为全面的规定。由于这些规定，在自然人获得权利能力的同时，现代民法又制造了一个完全没有生物性的社会性人格，即法人。

法人这个概念是指具有权利能力的组织体，包括社团法人，也包括财团法人。法人概念的出现丰富了民事主体的形态，也使现代商业能够得以快速发展。但是，法人概念使人格的社会性开始超出生物性，使法人格与人身相分离。应当说，这样的拟制人格的出现完全是法律理论发展的结果，是法理性的产物。

法人格的出现带来了一些始料未及的影响。由于法人格完全脱离人身（生物实体），因此其在发展上完全不受人身的限制，大企业大公司不断出现，从而将初级资本主义迅速推至垄断阶段。由于垄断企业的存在，便造成了现代社会自然人处于弱势地位的现状，如消费者与经营者、劳动者与雇佣

---

① 保罗·维诺格拉多夫，《中世纪欧洲的罗马法》，钟云龙译，中国政法大学出版社 2010 年版，第 92 页。

者即是处于如此实力悬殊的两极。基于这样一种状况，当代民法必须采取反理性主义的做法，将抽象人格还原为具体人格，承认消费者和劳动者的弱势地位，承认合同关系中处于弱势的一方，并给予其多方面的保护，使其免于受法人的欺凌。但即便如此，法人内部对于自然人的倾轧也是不能完全制止的。

二、权利能力与行为能力的分离：公司法人格的否定

在现实生活中，人的社会性和生物性远没有像在法律中那么截然分明。人究竟是什么，人是从哪儿来的？这个问题在神学和科学上的解释也完全不同。作为社会科学的一个组成部分，民法的结构是以具有理性思维、可以判断行为后果的理性人为核心建构起来的，因此一方面法律确认所有自然人的人格平等，另一方面又对其中不能完全正确地判断自己的行为性质和后果的自然人通过设定监护制度来对其实际的行为能力予以弥补，进而保障其权利能够实现。也就是说，权利能力和行为能力的双重设定是充分考虑了自然人的社会性与生物性而设置的。

但是，这种双重设定在涉及法人时就不一样了。首先，因为法人只有社会性，其权利能力、行为能力和责任能力都是同步的。其次，尽管法人的权利能力和行为能力是同步的，但必须将组织人格进一步拟人化，即将自然人的理性和行为能力、责任能力分别表现在组织的内部结构中，如对股份有限公司来说，股东大会就是其“大脑”，是权力机关，负责形成“意思”；而董事会是人的“身体”，负责将股东大会形成的“意思”予以实施；而监事会则是内部监管机构，用来实现自然人的“反思”，即监督股东大会的决议形成和董事会对法人意思的执行。最后，如果产生了法人责任，承担该责任的主体可能有三种结果，一种是法人本身来承担，一种是追究董事责任，最后一种是追究股东的责任。涉及最后一种，即追究股东的责任，便引起了公司法人人格的否认问题。

近现代公司法的基本原理是限制股东责任，即通过将公司财产与个人财产相分离而使股东在投资增收的同时能够保障个人财产不受侵犯，一旦产生法人责任，就由法人承担，而不会追及股东的个人财产。这样的设计使公司能够大量设立，促进投资和经济发展。但是，对公司制度的滥用也是存在的，特别是对于一人公司这种特殊的形式。因此，在英美就出现了一种称之为“公司法人人格否认法理”（disregard of the corporate fiction or corporate personlity)，也称为“刺破公司的面纱”（piercing the corporate veil）。[①]

所谓“刺破公司的面纱”，即在公司出资人以转移财产、逃避债务为目的设置空壳（sham）公司时，法院可以直接追究股东的责任。典型的案例有琼斯诉李普曼案（Jones v. Lipman，英国，1962 年）。在该案中，被告所成立的公司被认为是为了逃避已经存在的债务而设置的，因此法院判决原告胜诉。[②]

关于公司人格与股东人格的关系，美国银行诉迪沃（bank of United States v. Deveaux，1809 年）[③] 一案有一定参考价值。在该案例中，美国银行向美国最高法院起诉税务官迪沃，认为他将美国银行作为一个公民来看待是不对的，但最高法院判决迪沃胜诉。具体的案情是，迪沃为追讨美国银行所欠的税款将美国银行的资产查封，而美国银行认为迪沃的做法是无视银行的法人资格，而把法人作为公民来看待。最高法院认为在该案中，美国银行的几个股东与迪沃同住在佐治亚州，不存在跨州管辖的问题；退一步，就算是进行跨州管辖，美国银行的法人格也可以等同于公民。此案的意义在于直接越过美国银行而将股东的公民资格作为确定管辖的依据，从而使公司成为一个空壳。

我国《公司法》第二十条的规定一般被认为确立了公司法人格否认法理：

《公司法》第二十条　公司股东应当遵守法律、行政法规和公司章程，依法行使股东权利，不得滥用股东权利损害公司或者其他股东的利益，不得滥用公司法人独立地位和股东有限责任损害公司债权人的利益。公司股东滥用股东权利给公司或者其他股东造成损失的，应当依法承担赔偿责任。公司股东滥用公司法人独立地位和股东有限责任，逃避债务，严重损害公司债权人利益的，应当对公司债务承担连带责任。

三、人格的商品化现象

尽管人的生物性与社会性是同时存在的，但是随着社会经济生活的发展，自然人的社会化程度越来越高，而自然人的人格也开始出现了商品化的

---

① 傅静坤，《民法总则》，中山大学出版社 2014 年版，第 184 页。

② 同上。

③ 5 Cranch（9 U. S.）61（1809）.

倾向。具体表现在自然人的姓名、肖像甚至声音等人格标识都被运用到商业领域，以获取商业利益。英美法系国家将此称为“公开权”（publicity rights）。那么，这样的商品化现象是人格的正常发展吗？法律应当如何认识和规范呢？

（一）人格的财产价值与人格的物化

如前文所述，人格是生物性和社会性的综合体，同时具有感情和理性的特征。人格是自然人获得权利能力的基础，人格权是基于人的自然属性而应当拥有的基本权利，包括生命、健康、身体、肖像、姓名、隐私和名誉等项。学者通常认为：“人格权系以人格为内容的权利，以体现人的尊严价值的精神利益为其保护客体。此项人格上的精神利益不能以金钱加以计算，不具有财产性质。”① 然而，虽然人格不必然包含经济利益，人格权从性质上看亦非财产权，它体现的主要是人们精神上和道德上的利益，但其与财产和财产权却有着密切的联系。

人格是由多重要素构成的，其中每一个要素都代表着一定的人格特点，如声音、相貌、品行等等。所谓人格的商品化，就是指自然人的某些要素可以产生商业价值。如名人的姓名、肖像等人格标识对社会具有很大的影响力，所以一经转化为广告、商标标识，就能够为商家带来巨大的经济利益。而一个虚拟人格，如小说、电影或游戏中的角色，完全可以作为一个整体进一步加以商品化，生产出衍生商品，从而创造出更大的利益，但是这样的虚拟人格是文学作品著作权中的一部分，可以不应用人格权法来保护。不过，如果虚拟人格的产生有现实的基础，如动画人物的面貌形体和声音是使用了真实的人（演员），那么，该动画人物所产生的一切经济利益都与这个真实的人有关，因为该动画人物已经具有了一定的人格性，而该人格已经商品化。

关于商品化的概念，不同的学者有着不同的论述。但一般来说，所谓人格商品化，指的就是将具有公众吸引力的特定人格要素通过授权许可使用于商品或服务，以增加其商业价值的过程。在这个过程中，由于人格的社会性被放大，因此其生物性质会被忽略。为避免人格的异化，必须对人格商品化过程加以控制。

---

① 王泽鉴，《人格权法：法释义学、比较法、案例研究》［M］，北京大学出版社，2013 年版，第 252 页。

在康德关于人的自由意志的论述中，人的本质是自主的、道德的存在。从人的自由意志论出发，人作为主体性的存在是一种道德要求，而能够作为财产的只有物。显然，按照康德哲学来衡量的话，将人格商品化无异于人的异化——物化。但是，如果在人格商品化的过程中能够充分实现人的控制权，则其主体性并不会丧失。相反，使人能够控制自己的人格是人格权本来就应有的性质。

（二）人格：隐私权与公开权

民法对人格的保护一方面是确立主体地位，赋予其权利能力；另一方面是从私益出发，确定人格权是民事权利，并保证民事主体的人格利益免受他人的侵扰。正如有学者所说："人格权系在维护人的价值，要求他人予以尊重，体现于精神利益的保护，而具有防御权的性质。"①这样的一种消极被动的防御权是一般认为的人格权的私法特征。由此，当人格权受到他人侵害或干扰时，人格权所采取的主要保护方式是消极保护的方式，而不是积极出击。

但是，在人格权商品化过程中必须认识到，权利人除了可以依据人格权的绝对权性质消极防御他人的侵害，还可以积极对人格利益加以利用以获取财产利益。在英美法上，人格权的商品化形式是以公开权的方式存在的，这就使公开权有了与隐私权相反的特征：公开权的目的就是公开自己的隐私（广义上的）以获取利益。

人格权的公开利用方式有很多种，如权利人将自己的姓名作为注册商标或作为商业名称使用；权利人许可他人对自己的某些人格权进行利用，例如允许他人将自己的肖像印刷在各种挂历、宣传手册中，允许他人使用自己的隐私，等等。这些可资利用的权利要素因其改变了被动的性质，因而被称为主动的人格权。②

将消极被动的人格权加以利用，从而使其具有了主动性的特点，这是私权冲破隐私的向内性质，而开始向社会化的方向发展。虽然这样的过程不能说是私权的公法化，但行为人确实是在丧失隐私的前提下获得了公开权的利益。

---

① 王泽鉴，《人格权法：法释义学、比较法、案例研究》，北京大学出版社2013年版，第277页。

② ［日］五十岚清，《人格权法》，铃木贤、葛敏译，北京大学出版社2009年版。

（三）人格权商品化的保护模式

目前在世界范围内，针对人格权商品化问题主要有两种保护模式，分别是美国法的双重权利模式和德国法的统一权利模式。

1. 美国法的双重权利模式

美国法采用的是双重权利模式，也就是隐私权和公开权相结合的方式。隐私权保护的是传统人格权中的精神利益，而公开权则保护人格权商品化之后产生的经济利益。当权利人的人格标识受到侵害时，如果原告因人格标识受到侵害以公开权方式提起诉讼，其救济方式就是财产损害赔偿。如果以人格标识受到侵害为由以隐私权的方式提起诉讼，那其救济方式就是精神损害赔偿。在美国法中公开权被认为是一种财产性权利，它与隐私权最大的区别在于，可以进行转让和继承。

2. 德国法的统一权利模式

对于人格权商品化问题，德国采取了统一权利模式。在解决人格标识被商业化利用的纠纷时，如果侵害的是人格权的精神利益，并没有造成财产利益的损失，权利人可以向侵权人只主张精神损害赔偿；如果侵害的是人格权的财产利益，权利人可以主张返还因侵权所得的不当得利、未经授权将人格标识商业化利用获取的经济报酬等救济手段。

两种保护模式的比较：从保护方式来看，美国采用的是隐私权与公开权双重权利保护模式，根据当事人的不同诉求采用不同的救济方式。德国采用的是统一权利保护模式，将人格权的精神利益和财产利益统一在人格权制度内予以解决，如果人格标识受到侵害，首先区分侵害的是权利人的何种利益，再按照对精神利益和财产利益的不同救济方式对权利进行保护。从权利性质来看，美国普遍认为，公开权是一种独立的权利，具有财产属性，进而可以进行转让和继承。而在德国，自然人的姓名、肖像等人格标识的商业利用被视为“人格权的财产部分”，仍属于人格权的范畴，具有专属性，不可脱离权利人而单独存在，进而不得转让和继承。

3. 我国的权利模式

我国与美国的双重权利模式不同。美国法中没有具体人格权的的类型，只有较为宽泛的隐私权的概念。隐私权保护的是姓名权、肖像权、名誉权等产生的人格利益，其财产利益则由公开权来保护。而在我国法律制度中，姓名权、肖像权已经被立法确认为独立的具体人格权，并有一定的经济利益。因此，我国与德国模式十分接近。

（四）人格权的商品化原则

一般而言，人格权的客体主要包括：生命、健康、身体、肖像、名誉、信用、姓名、隐私等内容。但只有其中一部分局域商业价值的人格内容能被商业利用，而成为人格权商品化的权利客体，并不是所有的人格权都可以被商品化，而必须符合公序良俗原则。

首先，人的生命权、健康权、身体权等物质性人格权是人最基本的权利，是不能用于商业用途的。我国《刑法》明文规定，把人体当做商品进行交易是属于严重的犯罪行为，法律禁止人体器官、血液的买卖。将生命、身体、健康作为不可商业化的人格内容是人格的生物性的要求，即必须保存人格的最基本的生物特性，才能够保证人格的独立性。对于人体及其器官，必须通过非商业的方式加以自主利用。

其次，人格权商品化还应当受到合理使用的限制。所谓合理使用，是指在法律规定的特殊情况下允许第三人可无需经权利人的许可而对权利人的权利进行应用。即在合理允许的范围内，人们对肖像、姓名等人格标识进行商业利用是法律所允许的。同时，为评论、学习、教学研究等目的而使用权利人的姓名、肖像等人格标识的行为不构成对人格权商品化的侵害。

最后，人格权商品化的期限问题。公民的民事权利始于出生，终于死亡，权利人死后，其人格权是否能够继续商品化，而商品化了的人格权是否能够继续得到保护？应当说，人格权商品化是人格自主利用权，因此在其死后已经丧失了支配权。但是，其家人是否可以继续利用？另外，对于已经商品化了的人格权，可否使其延续？我国法律对此并没有明确的规定，而知识产权法则规定对于著作权的保护可以持续到其死后五十年。因此，对于已经演变为知识产权的（包括著作权、商标权）人格权可以依照知识产权法进行保护，其他的则应由其在世亲属或其授权的其他人来决定。

（五）人格权的商品化内容

1. 肖像

《民法通则》第一百条规定：“公民享有肖像权，未经本人同意，不得以营利为目的使用公民的肖像。”《最高人民法院关于贯彻执行〈民法通则〉若干问题的意见》第139条规定：“以营利为目的，未经公民同意利用其肖像做广告、商标、装饰橱窗等，应当认定为侵犯公民肖像权的行为。”这些规定以法律的手段确定了公民享有肖像权，同时公民可以许可他人对其肖像进行商业利用从而享有利益。

按照通常理解，肖像是以自然人正面或者侧面的五官为中心的人体形象，但是在人格权商品化过程中，是否一定要完整地表现肖像人的相貌才算侵犯肖像权呢？事实上，对于自然人的面部的部分、背面，或者面部以外的身体的其他部分，只要是人体的某一部分具有可辨认性，能够被人们所认知、所辨认，就应当认定为权利人的肖像。他人未经权利人同意就将这些人格利益进行商业利用，就应当认定为侵犯了权利人的肖像权。

在肖像权的保护中，集体肖像或合照似乎应与个人肖像区别保护。但是，表面上看，集体肖像或合照是各个肖像权人共同完成的肖像产物，因此其利用似乎应当通过全体肖像权人同意才能进行；而实际上，合照或集体照是经过了全体肖像权人的事先同意而进行的，每个人都有权单独使用该合照或集体照，这也是合照或进行集体照的目的。不过，如果利用合照或集体照谋求商业价值，则其所得是由全体合照者共享还是仅由单独照相者享有呢？按照民事权利谁主张谁享有的基本原理，应当由利用者享有，其他照相人如果想要获得商业利益，可以向利用人请求。

未经许可非法使用他人肖像进行商业化利用应当进行赔偿。如在刘翔诉《精品购物指南》案中，《精品购物指南》于 2004 年 10 月 21 日在封面上同时采用了刘翔跨栏镜头和中友百货的广告，未经刘翔同意。2004 年 11 月 22 日，刘翔以侵犯肖像权为由将《精品购物指南》报社及相关 4 家单位告上法庭，索赔 125 万。2005 年 5 月 25 日，海淀人民法院判决认定《精品购物指南》使用刘翔肖像并非用于广告，而是属正常新闻报道行为，不构成肖像侵权，驳回了刘翔索赔 125 万等各项诉讼请求［（2005）海民初字第 2938 号］。同年 12 月 15 日，北京市第一中级人民作出终审判决，判决《精品购物指南》报社在使用刘翔的肖像过程中，因过错造成刘翔人格商业化侵害，构成侵犯肖像权，应公开赔礼道歉并赔偿适当的精神损害抚慰金，具体数额定为两万元人民币［（2005）一中民中字第 8144 号］。应当说，该案虽然承认了对刘翔肖像的非法商业化利用，但仍然是在我国肖像权保护的原有意义上进行的审判，以精神损害赔偿为主。此后的很多案件判赔数额远远超过此案。

2. 声音

随着科技的发展，声音也成为了体现个人人格的标识，能够起到与肖像同样作为人格标识的作用，因此也应当成为人格权商品化的对象。声音的商品化利用可以是在影视文艺作品中，成为著作权的一部分；也可以作为广告，具有单独利用的价值。

3. 姓名

在姓名权的商品化利用中，应将姓名作广义的理解，即不能狭义地理解为自然人登记在户籍机关或者显示在身份证件上的正式名字，只要在一定地域范围内或者一定领域内能够准确无误的指向某个特定自然人的称谓，都应当理解为是人格权商品化中的姓名。具体来说包括：曾用名、笔名、艺名、字、号、民间称谓等等。具有代表性的如清代民间泥塑艺人张长林（字明山），因其精湛的泥塑技艺而被人们尊称为“泥人张”，这个民间称谓就具有了特定性，应当成为人格权商品化中的姓名。此外，代表两个以上自然人组合的名称也应当理解为人格权商业利用的姓名，因为这些名称已经为人们所熟知，能够指向特定的人，应当受到法律保护。

另外，对于网名是否能成为人格权商品化的权利客体，持否定态度的学者认为，由于网络是虚拟空间，人们很难将虚拟网络环境下的网民和现实中的某一特定自然人联系起来，故而网名不是人格权商品化的权利客体，不能受到人格权商业利用的保护。但是，如前文所述，即便网络空间是虚拟空间，但是网络背后的人却是真实存在的，因为网络人格的每一个行为都是由现实中的自然人来操作完成的。所以，如果网名所对应的现实生活中的人为大家所知悉，此时网名就有了真实性、针对性，而不再是虚拟的人，该网名就能够成为人格权商品化的对象。

有些已故的人士其姓名有着巨大的影响，如著名的科学家、文学家、哲学家、教育家以及其他各职业人士，甚至少年儿童。这些故去的人中有些人的名字会被后人反复利用，如孔子学院就是利用我国古代伟大的儒家学说创始人孔丘的传世名字“孔子”命名的。而有些私立学校也会采用其他一些名人的名字。对于这样的利用，应根据利用人的性质来确定是否为商业利用。如果利用人是为商业利益使用的，则必须取得其在世亲属的同意；如果利用人是为公益使用的，则可以不经其在世亲属的同意。

总之，人格是主体特征的体现，是不能够被物化的。但是，在现代社会，人格的可资利用之处越来越显著，不能回避。为此，在坚持人格主体性的前提下承认不违反主体自愿和公序良俗的商业利用，对于扩展人格的内涵有着积极的意义。

四、人格：人性、神性与诗性

法律对人与人格的认识是有一个漫长的过程的。现代生物学将人作为万物之一来认识，是建立在达尔文（Charles Robert Darwin，1809—1882）的进化论基础之上的。进化论主张人从猿进化而来，人不是神的造物，这就引起了人的人性（生物性）与神性（基督教神学的人论）的冲突，使建立在古代的人神合一的认识论基础上的宗教人格观受到了冲击。

在西方基督教传统中，人首先是神性的。《旧约·创世记》中这样写道："上帝说，'让我们按照我们的形象和样子来造人吧。'"这里的"形象"指的是样貌，而"样子"则包含人的智慧。[①] 也就是说，上帝和众神把自己的样貌和智慧都赋予了人类，从而使人可以按照神的意旨去生活。因此，早期人类在很大程度上依赖宗教律法来制约彼此，就是在罗马法上也打下了神的烙印。如《法学阶梯》序言中第一句就是：

以我主耶稣基督的名义。[②]

进入中世纪以后，罗马法衰落，世俗生活中蛮族习惯法盛行，罗马法的碎片全部融入到教会法之中。但是，从十一世纪开始，罗马法在欧洲缓慢复兴。具体表现在，首先，研究《国法大全》的注解法学者将研究教会法（canon law）的方法应在在罗马法上，通过文义的阐释来探求法律的意义；[③] 其次，在教授罗马法的波伦亚（Bologna）和德国大学，同一个教授往往既教授罗马法，也教授教会法；[④] 最后，基于教会法与罗马法的同源性，到十四世纪时，德国已经有了两法合一的教科书，如流传甚广的《词汇汇编》。[⑤]

市民法与教会法的正式脱离是在十四世纪意大利巴托鲁斯（Bartolus，1314—1357）的学说实践以及十六世纪德国"帝国最高法院"的建立过程中实现的。[⑥] 在前者，巴托鲁斯将人民的权威视为法律强制力的来源；在后者，帝国最高法院唯一适用的法律就是罗马市民法。当时出现的另一个现象是，由于市民法的大力推广，一些下层社会人士把法学家看做"败坏的基督徒"，甚至有革命农民宣称应当按照摩西律法审判案件，革除所有法学博士。[⑦]

---

① ［德］海德格尔，《存在论：实际性的解释学》，何卫平译，人民出版社2009年版，第26－29页。

② 查士丁尼，《法学总论——法学阶梯》，张企泰译，商务印书馆1993年版，第2页。

③ 保罗·维诺格拉多夫，《中世纪欧洲的罗马法》，钟云龙译，中国政法大学出版社2010年版，第40页。

④ 同③，第96－97页。

⑤ 同③，第97页。

⑥ 同③，第104－107页。

⑦ 同③，第108页。

值得庆幸的是，全面继受罗马法的运动最终与文艺复兴运动同步了。文艺复兴运动在最广泛的意义上改变了人类对人与神之间的关系的理解，尔后的康德和黑格尔哲学阐释了人类理性的存在，并由此建构了近代法哲学原理，从而使近代民法上的人格观念得以完整地确立。

综上，从基督教神性向人类理性的转变是一个漫长的过程。在这个过程中，人们得到了一些东西，也失去了一些东西。就所得到的东西来看，人得到了完整的人格，人们支配世界的力量更加强大了；而从失去的东西来看，人与神之间那种和谐的关系消失了，人类理性占了上风。

进入二十世纪以后，人类理性的冷酷和经济动物的极端利己性导致了近代历史上世界性的战争（两次世界大战）和灾难（经济危机与环境污染）连绵不断。此后，人应当怎样存在、应怎样处理人与人之间的关系以及人与世界的关系就成为一个重要的哲学问题而被广泛思考。在这样的思考过程中，不仅人与人的关系，人与自然的关系也被提了出来。

荷尔德林（Friderich Holderlin，1771—1843）是德国十八、十九世纪的伟大诗人，他的重要性在于将人作为一个主体与神并列起来，而他的诗句也成为名句："充满劳绩地，但是诗意地，人栖居在这大地上。"作为法国大革命的坚定支持者，他的后半生几乎是在隐居中度过的，而他诗歌的重要性也是在海德格尔（Martin Heidegger，1889—1976）那里被重新发现的。海德格尔认为，荷尔德林的诗歌具有极大的哲学意义，特别是他的那句"诗意栖居"："'诗意地栖居'意思是说：置身于诸神的当前之中，并且受到物之本质切近的震颤。"[①] 这里的"物"并不是法律意义上的物，而是相对于人而言的整个世界。所谓"受到物之本质切近的震颤"与中国道家的"齐物论"并不能等同。中国道家哲学上的"物我"论中的"物"，是"万物为一"的"物"，即将人也作为物——自然世界之一部分，从而达到万物为一、物我不分的境地。[②] 这句诗的真实要求是，人一方面应当有所作为，这样大地上才会充满人的创造（劳绩）；但是另一方面，人要像神那样创造（诗意地创造），才能够创造出前所未有的崭新的历史性和民族性。

海德格尔将荷尔德林推崇为诗人中的诗人，并将"诗"作为时代和历史的发明者。他认为，荷尔德林将"诗性"赋予人，实际上是希望人能够不断地创造历史。这一期望对人性来说是一种挑战。一方面，人是安于现状的：

① ［德］海德格尔，《荷尔德林诗的阐释》，孙周兴译，商务印书馆2009年版，第46页。

② 《庄子·内篇·齐物论》。

“如当节日的时候，一个行走的农夫/望着早晨的田野，……”这样安详宁静的场景是人类生活的常态；但是另一方面，人又是渴望创造的：“而我们诗人！当以裸赤的头颅，/迎承神的狂暴雷霆，用自己的手去抓住天父的光芒，/抓住天父本身，把民众庇护/在歌中，让他们享获天国的赠礼。”[①] 换言之，海德格尔是将诗性作为人性与神性的联结点，从而使人在远离神性若干世纪以后重新回归。

事实上，人性中的确有两种倾向，一种是安于现实生活的（人性），另一种则是希望超脱现实的（神性）。人的生物性决定了生存是第一位的，因此人首先必须面对现实，创造出一个适合自己生存的环境。法律（民法）框架中的种种规定就是为了维持一种安定而平衡的生活而设计出来的人类生存范式。为了生存，现实生活中的人们必须共同遵守社会的律法，以使社会有序地为每个人提供物质依托。但是，人又是在冥冥中与神性相联的，人并不仅仅是为生存才存在，作为“思”的动物，人往往会超出现实的藩篱，产生一些不切实际的梦想或向往。

这些梦想和向往的产生最初往往只是灵光一现，如“天父的光芒”。诗人最善于攫取这一瞬间，而很多科学进步也是由此灵光乍现而开始的。这种创造的灵感又是来源于生活的需要，但归根结底源自于人的智慧的自主性，即理性和情感的共同作用。这种人性的创造由于达到了神的高度，于是带有了危险性，并且可能会给创造者带来毁灭性的打击。（比如，荷尔德林晚年就被宣称为是疯狂的。）

作为现代社会最清醒的哲学家，福柯（Michel Foucault，1926—1984）专门论述了疯癫与文明的关系，他说：“疯狂不是一种自然现象，而是一种文明产物。没有把这种现象说成疯狂并加以迫害的各种文化的历史，就不会有疯狂的历史。”换言之，福柯认为人的思维过程是导致其疯狂的重要原因，语言就是疯狂的表现；越是那些自称理性的，越有可能疯狂。[②]

事实上，正如本书前文所言，法律虽然是用来解决实际的问题的，但是法律制度本身仍然是一种虚拟的语言结构。面对纷繁复杂的世界，法律所能做的，就是将现实中的人和事纳入到法律关系或法律行为的理论模型中来思考，并对争论中的问题给出一个答案。因此，所谓完美的法律（制度）是人们世代追求的，但却难以达到。

---

① ［德］海德格尔，《荷尔德林诗的阐释》，孙周兴译，商务印书馆 2009 年版，第 48 页。

② ［法］福柯，《疯癫与文明》，刘北成、杨远婴译，三联书店 2007 年版，第 95－100 页。

历史上曾经存在过许多关于疯癫的法律。比如，“禁闭”作为一种治安手段曾经贯穿整个欧洲。1575 年，英国颁布了一项关于“惩治流浪汉和穷人”的法令，其中规定每个郡至少建立一所教养院。[①] 这种将流浪汉和穷人加以禁闭的法律在欧洲多数国家都存在，如法国、德国、意大利和西班牙等国均有此种法令和设施。1656 年，法王颁布了一项法令建立巴黎总医院，该医院并不是一个医疗机构，而是一个半司法机构，它可以收容任何想要收容的人，它的医院条例规定不允许上诉。[②] 这样的治理制度在欧洲存在了两个世纪，直至十八世纪末才有所缓和，因为此时在法国大革命的过程中产生了《人权宣言》，其中明确要求不得在法律规定的情况及方式之外任意地逮捕和拘留平民。[③]

对待流浪者和穷人的治理历史表明，人类要取得对于自己的生存环境和人性的正确认识要经过十分困难和痛苦的过程，人类理性的思辨能力也并没有从一开始就达臻完美的程度。可喜的是，这些在今天看来极其荒谬的措施都已经废止了，人类社会的法律制度通过工业经济基础上发展起来的实证方法已经得到了相当的完善。然而，实证法学是否就是完美的法哲学，从而能够制造出完美的法律制度呢？

五、为世界安上一张人脸

到目前为止，无论在理论研究还是司法实践中，实证法学派的方法都在起着主导的作用。这种源自于自然法学派末期、建筑在工业经济基础上的现代法哲学在各国都得到了一致接受。但是，实证方法的缺点在于其从自然科学沿袭而来的实验性，即所有的解决案件的“配方”都必须通过实际的应用来证实或证伪。而在现实中经常发生这样一种现象，即同样的法律规定，在不同的法官那里可能得出不同的判决，一些“错判”也会不时出现。这样的

---

① ［法］福柯，《疯癫与文明》，刘北成、杨远婴译，三联书店 2007 年版，第 45 页。

② ［法］福柯，《疯癫与文明》，刘北成、杨远婴译，三联书店 2007 年版，第 42 页。

③ ［法］福柯，《疯癫与文明》，刘北成、杨远婴译，三联书店 2007 年版，第 221 页。值得思考的是，英国 1215 年的《大宪章》也明确规定不得非经裁判而随意逮捕、囚禁自由人，但这仍然未能阻止后来的禁闭法令的出现，盖因此时尚处于农业文明时期，并且该法案主要是为解决当时的王权政治危机。具体条款规定为：“任何自由人，如果未经其同级贵族之依法裁判，或经国法判决，皆不得被逮捕或监禁、没收财产、剥夺法律保护权、放逐或流放，或加以任何其他损害。不得向任何人出售、拒绝，或延搁其应享之公正裁判。”

不一致和“错误”往往在一段时间以后才会被发现，而对于当事人来说，所失去的则不仅仅是时间，还有许多不可估量的损失。[1] 这样的状况提醒我们，实证法学并不能自动构造出完美的判决，从规范出发并不能自动得出完美的结论，在法的实现过程中，必须辅以其他价值衡量才能导出最适当的判断。

十七世纪的法国诗人拉封丹（Jean de la Fountaine，1621—1695）曾写过一首讽刺诗来讽刺当时司法上的一些荒谬现象，拙译如下：

乡村法官

两个律师如此执著地追求真理，
乡村法官却很困惑。
他们提出的事实是如此模糊不清，
为此他对什么是真理没有把握。
终于，疲惫不堪的他抓住了两根稻草，
两根长度不一的稻草，走向了庭上的双方。
他把两根稻草握在手中：原告
（命该如此）抓住了短的那根。
因此另一方的律师占了上风
到处去吹嘘他如何赢得了这一天。

法官抱怨着，治安官却回答
我求你别责怪人了——
这一点儿都不新鲜；
法院对于法律上的风险
通常都不用那根长稻草来决定。

这样的一首讽刺诗以辛辣的语言对法国当时的司法制度进行了抨击，即使在今天读来也会感到刺目。事实上，从《法国民法典》开始，人们之所以

① 比较而言，民法上的“错误”可能是相对柔和的，但是，刑法上的错误就可能十分残酷。如当代最著名的错案之一“野狗案”（dingo case，1980—2012）中，因为证据的缺乏，一个女人被控谋杀了她的女儿，时隔三十年后，该判决才被彻底推翻。见 http://news. yahoo. com/aussie-coroner-agrees-dingo-took-baby-1980-case-011004471. html（最后访问时间是 2015 -4 -16）。

非常注重实证法学（规范法学）的方法，就是为了增强法律的确定性，从而使规范能够发挥一致的效果。但遗憾的是，这个方法依然是有所欠缺的。

以实证法学的态度来研究和应用法律的一个问题是使理性法与人类情感快速脱离。尽管民法上有关于情谊行为的理论探讨和制度设计，但是绝大多数民法理论和制度是由权利、义务、责任等“干巴巴”的话语组成的关系模式或行为模式。无论是学习民法的人还是实践民法的人，都要在法律思维中尽量剔除感情因素，而将活生生的生活事实装进由法律模型构成的理性实验室里去。在这个实验室里，人与事演变为各种法律符号，逻辑是首要的，然后就是结果。应当说，在大多数情况下，实证法的司法应用是可以导出正确的结果的。但是，当事实达到相当的复杂程度时，实证法的应用就会出现因信息不足而导致错判的情形。

必须承认，法律规范与事实都是信息。这种信息在法律规范的层面上容易达到完整（尽管没有立法是完美的，但就现存的法律规范来说是有可能完全掌握的），但在事实的层面上就没有那么容易达到完整了。一个完美的法律逻辑推理，大前提必须是正确的（这对于一个受过专业训练的人来说容易达到），小前提也必须正确（这就有很大难度），这样结论才能是正确的。如果小前提有所欠缺，则结论就会有瑕疵。

实证法是科学法，是讲究逻辑的科学。但是，越是在纯粹科学的领域，越可能发生判断和认知的错误，特别是在纯粹逻辑的领域。比如，曾经获得诺贝尔经济学奖的美国数学家纳什（John Forbes Nash，1928—2015）就曾经罹患过精神疾病，用他自己的话说是“长达25年部分不真实的思维”（诺贝尔奖受奖词）。在这段时间里，他将一些想象的事情作为真实的信息而接受，从而被诊断为精神分裂症。

那么，如何才能在信息不完整的情况下达到正确的判决乃至于所有的法律认识和判断呢？或者，如何才能摆脱纯粹逻辑带来的谬误呢？

现代侵权法上关于“精神损害”（nervous damage）的发展也许可以看做是实证法学重视人类理性而忽视人类情感的一种补偿。但是，关于精神损害赔偿的发展在各国的发展是不平衡的。最早确认精神损害赔偿的国家是英美国家，在这些国家，法律对于人的情感损失的赔偿范围正在日益扩大。[①] 但是，精神损害赔偿在我国的发展却是一路艰辛。[②] 由于损害的衡量标准的不一，在很多情况下，它甚至被用来取代本应有的但却无法考量的经济损失（如上述刘翔案即是）。

应当说，法律对经济损失的注重是一个传统，在工业文明的过程中得到了强化。而将现代民法建立在实证的基础上，既是理性思维的产物，也是物化文明的一个产物。在这一点上，进化论正当其时地起了重要的推动作用。

当达尔文的《物种起源》（*The Origin of Species*）刚刚出版的时候，其中的种种言论曾引起了社会的巨大震动，因为它彻底颠覆了基督教神学中"上帝造人"的理念，割断了人性与神性的直接关联，造成了所谓信仰的迷失。但是，这一理论也使人们更加重视人与其他生物之间的关系，使人们得以从生物进化的角度重新审视世界。在整个二十世纪，进化理论被广泛应用于经济、政治、法律各个方面，而法律进化论也应运而生。

所谓法律的进化（the evolution of law），[③] 就是从人类进化的角度对法律（私法）的历史发展进行梳理，从中找出法律进化发展的规律。正如阿兰·沃森（Alan Watson，1933—）所说，用进化的观点看法律，并不仅仅是做历史研究，而是根据法律发展变化的过程、特别是与人类社会之间的关系找出法律之所以如此演化的原因。[④] 进而，由于人类的共性之存在，才导致了法律移植（legal transplant）的可能。

人作为生物性的人即高级哺乳动物，他的生命是第一位的。这也是人格

---

① 傅静坤，《精神健康权与精神损害赔偿研究》，载于王利明主编《中国民法年刊》（2006—2007卷），法律出版社2008年版，第351－354页。该文初成于2006年，作为是年7月中国民法学年会论文提交，主要讨论英美法上源自于nervous shock的精神损害赔偿制度。另见张新宝、高燕竹：《英美法上"精神打击"损害赔偿制度及其借鉴》，载于《法商研究》2007年第5期，第102－113页。

② 最早提及精神损害赔偿的是2001年颁布实施的《最高人民法院关于确定民事侵权精神损害赔偿责任若干问题的解释》，其中确定侵害自然人的人身权的应对所造成的精神损害进行损害赔偿。2009年颁布的《侵权责任法》第22条规定："侵害他人人身权益，造成他人严重精神损害的，被侵权人可以请求精神损害赔偿。"

③ 同名著作《法律的进化》（*The Evolution of Law*）是由斯科特（Henry Wilson Scott）所著，Kessinger Publishing Co，2009。在私法领域更为著名的著作是阿兰·沃森（Allan Watson）所著《西方私法的进化》（*The Evolution of Western Private Law*），约翰霍普金斯大学出版社（The Johns Hopkins University Press）1985、2001年版。此书堪称以进化的观点审视私法发展的经典。

④ Allan Watson，*The Evolution of Western Private Law*，The Johns Hopkins University Press，1985、2001，p248.

赖以建立的物质基础。但是，仅仅有生命对于人来说并不足够。因为，人关注的不仅仅是活着，还有其他的一些因素，即精神生活。人类的精神生活有的可以社会化，即演变为社会生活（如参与社团活动、与他人发生具体的关系）；有的则停留在自我的层面，包括理性和情感生活。应当说，正是这所有的一切构成了现代人的人性总和，而法律应该对此作出相应的反映。到目前为止，法律进化论的探索还在继续，而通过人性认识法律也是法律人文化的基础。

对法律的人文化探讨不能离开文学。与法律比起来，文学作品对人性的表现是更加生动有力的，也更加全面。比如，美国作家爱伦·坡（Edgar Allan Poe）是世界侦探小说的鼻祖，他的小说《莫格街谋杀案》（*The Murders in the Rue Morgue*）所要表达的一个重要主题是人与非人的差别。小说中的谋杀案发生后，从种种线索来看，凶手竟然是一只走失的大猩猩。当时正是进化论开始盛行的时期，人们不能理解人与大猩猩之间的进化联系，不能承认人的动物性的一面。因此，爱伦·坡以这一小说揭示了人性中非人的一面。

还有一些作家也写出了同等重要的作品，对人性做了深刻的挖掘，比如英国女作家简·奥斯汀（Jane Austen，1775—1817）1811年出版的小说《理智与情感》（*Sense and Sensibility*）即是。该部小说优雅地揭示出了人是理性与感性并存的矛盾体，指出二者之间的冲突是人性十分常见的样态。另外，同样是英国小说家的艾米莉·勃朗特（Emily Bronte，1818—1848）在1847年出版的小说《呼啸山庄》（*Wuthering Heights*）从人的社会性角度出发，尖锐地指出了身份的差别是造成人间悲剧的根源。这些文学作品都指出了人类的现实生活与制度之间的矛盾与冲突，以及人的情感在其中所受到的影响。

任何法律制度都有其既定性，要求人们按照其中的框架去生活，对违反义务的进行惩罚，对权利受损害的给予救济和补偿。但是，不可否认的是，所有的法律制度一旦形成就开始落后于生活，也使法律成为一种“遗憾的艺术”。在社会变动特别剧烈的时期，法律的这种遗憾性尤其明显，法律本身甚至会沦落为碎片（如日耳曼法）；而在相对平稳的时代，法律往往能够较为顺利地解决民间的各种纠纷。但是，无论何时，人类的全部需要都是不容忽视的具体存在，如果法律不承认它，就会引起人们对法律的怨怼，甚至不信任。

英国是最早进行工业革命的国家，在十八世纪到十九世纪，英国社会发生了很大的变化，上述的两本古典时期的英国小说是从女性角度对当时的社会状况的一种反映以及反抗，呼唤平等和人性。另外还有一本小说对于理解工业社会对人性特别是人的精神和情感世界的消解有着重要的意义，这就是E. M. 福斯特（E. M. Forster，1879—1970）在1910年发表的小说《霍华德庄园》（*Howards End*）。

在这本小说中，作者借威尔克科斯太太之口吐露了对工业化进程的不满，对伦敦的城市生活和乡间生活做了比较，实际上是表达了对乡间自然生活的肯定。但是，作者又塑造了另外一个城市小人物伦纳德，他也向往诗意的乡间生活，但是捉襟见肘的生活却夺去了他的健康直至生命。①

毫无疑问，现代的日常生活是一些看似无意义的重复，极为消耗人的心智。法律就是为这样的日常生活而设计的。但是不要忘了，日常生活中的人也是一些有丰富情感的活生生的人。他们一方面需要解决最基本的生存，另一方面还要追求精神生活；他们不仅需要人与人之间的和谐社会关系，也要与大地和自然和谐共处。伦纳德的生活方式并非完全是为经济所迫，在很大程度上是出自人的本性及其本人的冒险精神，是正常的社会秩序本身就应当容纳的。随着工业化对各国的熏染，伦纳德的那种回归自然的探索精神愈来愈随处可见，如攀登珠穆朗玛峰的行为、单人环球航海或航空等行为。这种行为的特点是自甘风险，并越来越与工业技术相结合，而在法律上引起的问题就是如何看待自甘风险的行为的效果。事实上，自甘风险的行为表面上放弃了法律上的权利，实质上却扩大了人对自己的生命的支配权的内涵。

二十世纪以来，工业化带来的对自然的大规模的改变十分显著，而继续着的工业化进程还在不断给自然环境带来威胁。比如，化学工业的发展导致土地和水污染，远洋油轮运输造成海洋污染，等等。这样的环境污染形成了民法的一个新的部门，即环境侵权法。但是，如何在环境侵权事件中确定因果关系和损害，则是民法上的新课题，需要采取更加丰富的方法才能解决。在一般侵权，通常是采取客观的、必然的因果关系来判断；而在环境污染致害的情况下，由于直接证据的缺乏，必须采取盖然性因果关系、疫病学因果关系②和间接反证来确定环境污染与造成的损害之间的联系，这种因果关系是根据高度的盖然性来确证的，其目的是最大限度地为受害人提供救济。

总之，人是艰难地生活在当下的社会关系中的，而法律必须尽可能地提供人文关怀。在现代社会，人的主体性要求人去遵守各种规范，但是人的其

---

① E. M. 福斯特，《霍华德庄园》，苏福忠译，人民文学出版社2009年版。

② 发源于日本熊本的水俣病案（1956年结案）的一种因果关系理论。受害者在审判中胜诉，但是日本政府一直无作为，直到2004年，46名受害者才在日本最高法院起诉日本政府获得胜诉。

他属性却时常会将人从规范的制约中拉开。正是在这种撕扯中，人才一遍遍地认识到自己作为自然界的一分子和人类社会的主体的区别与联系，明确自己在不同场域中的目的，以及生存和生活能力的关联。

人是社会生活的主体，依法享有各种权利，并要承担各种相应的义务和责任。人同时也是大自然的成员，是生物性的、感性的存在。人们在遵守法律的同时也在创造新的生活秩序，这些秩序在形成的过程中可能是模糊混乱的，但是一旦形成便会替代旧的制度。

人曾经被认为是神的造物。即使在科学技术高度发达的今天，宗教的地位在很多国家和地区仍然是不可替代的。但是，一种更强大的"宗教"存在于世界的每一个角落，这就是对人与自然和谐共处的崇拜。福斯特在《霍华德庄园》里说过："我们不遗余力地挣脱浓雾，仰视繁星，搜寻宇宙的犄角旮旯，为想象中的这个怪物证明，为他安上一张人脸。"①

而如何才能让城市有一张人脸呢？那就是让人与神、人与人、人与自然都能够和平共处，这样就可以达到荷尔德林所说的："充满劳绩地，但是诗意地，人栖居在这大地上。"所谓诗意，并非是让人人都成为诗人，而是让人人都能充满诗意地生活。

古代人类是诗意的。无论是荷马的《伊里亚特》（*The Ilid of Homer*）、《奥德赛》（*Odessey*），还是中国的《诗经》，都是以诗的形式描述人的生活的典范。《圣经》是上帝为人类制定的律法，也是以韵文的形式书写的。但现代法律则远离了这样的文化传统，特别是近代以来以实证法学为主导的法学语言，形成了以概念为组结的网型分布的逻辑系统。在这个系统中，愈理性便愈正确，愈能厘清各种错综复杂的关系。而具体到人的行为，愈是理性便愈能够藉着法律而达到自己想要达到的目的。但是，正如那些文学作品所描述的，人毕竟不只是理性的，也是感性的。人的终极目标并不是绝对理性，而是理性与感性的和谐。

如前所述，理性法的观念来自于黑格尔哲学。在黑格尔那里，绝对理性就等同于实在。而单就法律文本来看，人们必然期望其中的逻辑必然性等同于实在统一性，即制度逻辑应当完全符合现实状况。这也是实在法（实证法学）的理念。然而，历史却证明了某些逻辑推论并不与实际发生的情况相吻合。事实上，就司法过程而言，证据的缺乏始终是阻碍逻辑推理真实性的一个重要因素，也是造成错案的重大原因。

---

① E. M. 福斯特：《霍华德庄园》，苏福忠译，人民文学出版社2009年版，第130页。

英美法历史上曾经为弥补普通法的僵化及其有限性而发明了大法官法，即衡平法。衡平法是一套道德系统，由一些法律谚语作为法律推理的工具，如公平正义即是衡平法的基本原则。衡平法在实施初期由大法官法院（chancery，1873 年撤销）单独实施，与普通法分离，最后二者融合，由法官自行决定是否应采用衡平法来审判。衡平法无疑造就了一系列新的法律制度，如信托制度，也为某些案件提供了普通法不能提供的救济。但是，衡平法的适用结果也并不能让所有人满意，它在适用中的不确定性备受当时兴起的法律实证主义者如边沁和奥斯汀等的诟病。

英国文学家狄更斯（Charles Dickens）的小说《荒凉山庄》（*Bleak House*）是英国文学中最早的法制文学范本，其中就对当时大部分英国法学家津津乐道的衡平法进行了毫不留情的攻击。在小说里，大法官法院（chancery）受理了一桩遗产诉讼官司，法官和律师们围绕着这个案子用诡辩、拖延等各种方式分享这个案子的利益，纠缠数十年，在耗尽了全部遗产后才“自动终结”。虽然这部小说只是就一个具体案子来展开描写，但是其中对英国司法的痛恨之情十分明显。这也从一个侧面表明，即便衡平法是以公平正义为审判的原则，其结果也有可能是不正义的，会伤害人民的利益和感情。

应当说，实证法学在整个十九世纪都大行其道，对于欧洲大陆民法典的编纂有着极为重要的助力作用。但是，在黑格尔哲学成为主流哲学的同时，也兴起了存在主义哲学。存在主义的先驱克尔凯廓尔（也译为祈克果，Soren Aabye Kierkegaard，1813—1855）反对黑格尔想要借助绝对理性把逻辑的必然性等同于实在的统一性的做法，[①] 而后来的存在主义者萨特（Jean-Paul Sartre，1905—1980）则明确地指出，存在主义是人道主义。他说，“存在主义的核心思想是什么呢？是自由承担责任的绝对性质；通过自由承担责任，任何人在体现一种人类类型时，也体现了自己”；[②] 他还说，“说实在话，人道主义有两种完全不同的意义。人们可以把人道主义理解为一种学说，主张人本身就是目的而且是最高价值。……存在主义从来不作这样的判断；一个存在主义者永远不会把人当作目的，因为人仍旧在形成中”，“但是人道主义还有另一个意义，其基本内容是这样的：人始终处在自身之外，人

---

① ［丹麦］科尔凯廓尔，《哲学片段》，翁绍军译，商务印书馆 2012 年版。罗素曾明确指出黑格尔将逻辑等同于实在的错误，见罗素著《西方哲学史》（下卷），马元德译，商务印书馆 2010 年版，第 294 页。

② ［法］让·保罗·萨特，《存在主义是一种人道主义》，周煦良、汤永宽译，上海译文出版社 2012 年版，第 26 页。

靠把自己投出并消失在自身之外而使人存在；另一方面，人是靠追求超越的目的才得以存在。……之所以是人道主义，因为我们提醒人除了他自己外，别无立法者……”[①]。

可见，存在主义避免了把人的理性无限拔高的危险，因而是更加亲近人的一种哲学。同时，存在主义承认人是唯一的立法者，并且应当是自由承担责任的主体，这些论断与已经形成的法律制度都不矛盾——近代民法的基本原则之一不就是自己责任原则吗？

萨特最后说：“存在主义是乐观的。它是一个行动的学说，……”[②]

好了，关于哲学的梳理可以到此结束了。

人在历史上曾经是被奴役的，但是在今天、在哲学认识上终于成为了独立的、自由的人。这样的人是可以自己承担责任的人，而不是无所不为的人。存在主义在法学上的应用形成了存在主义法学（existentialist jurisprudence），它强调事实重于逻辑、强调法律是一个价值体系、强调公平、正义、自由等基本的法律原则及司法过程。[③] 存在主义法学并非是一个全新的法哲学流派，正如存在主义也并非横空出世的哲学流派。存在主义与现象学、理性主义都有着不可分割的联系，如果没有康德、黑格尔的理性主义哲学，就不会有现象学，也不会有存在主义；而如果没有自然法学和实证法学，也不会有存在主义法学。

存在主义应用于法学是一种必然，但也有其局限性，即把生活事实看得过分地多变了，而过分的多变就会导向虚无（萨特将他的成名之作命名为《存在与虚无》不是没有原因的）。作为存在主义创始人的克尔凯廓尔在其所著的《重复》中分明已经指出，全部的生活不过是一种重复。[④] 事实上，在一个相对稳定的历史时期，基本的生活事实仅有微小的差异，而这样的稳定就是系统有序的实在法得以形成及有效应用的原因和契机。而在其他一些时期，只要不是像中世纪那样的大规模动荡和混乱时期，我们也只是需要另外一些价值观作为补充。

---

① ［法］让·保罗·萨特，《存在主义是一种人道主义》，周煦良、汤永宽译，上海译文出版社2012年版，第34－35页。

② 同①，第36页。

③ 存在主义法学的代表人物及其著作有西奇斯（Luis Recasens Siches）的《人类生活、社会和法律》（1948）和乔治·科恩（Georg Cohn）的《存在主义与法学》（1955）等。

④ ［丹麦］索伦·基尔克郭尔，《重复》，京不特译，东方出版社2011年版。

小　结

综上所述，民法是用以规范人的行为的，而不是用以规范人的思想。然而，行为应源于思想，也会受感情驱使。追寻人格的哲学乃至于历史根源，是为了给现实生活中的人一个尽量准确恰当的地位。人是万物之一，也是万物之中唯一用文字为自己立法的。语言是思想和意志的表达，但归根结底是一种不完美的行为，并会在现实中不断发展。用语言文字写成的法律，不论其表现形式是法典还是判决，都不是最终的形式。所谓正义，不是一个静止不变的东西，而是随着现实的变化而有节奏地不断显现出来的东西。人们为自己立法，并通过司法将法律付诸实施。这个充满劳绩的过程是人为的，也应当是诗意的，有更高的精神和价值追求。这个过程就像在打造一个面具来给现实中的人戴上。是让这个面具高于人，还是让这面具像他自己，这是人自己可以决定的。毫无疑问，我们期待的是一个最接近人本身的面具，并由此能够回归或接近神性的启示。

正如福斯特所说的，我们正在为这个世界安上一张人脸。

后　记

现代民法是以自然理性为哲学基础而形成的一个逻辑自足的规范体系，用以约束人们的行为，形成现实的私法秩序。但民法亦非世界上的一种孤立存在的事物，它与其他事物有着纷繁复杂的内在联系。

自二十世纪以降，以契约法为先导的民法变革层出不穷，整体的民法理论无论是在认识论的角度还是在解释论的角度都有新的发展。因此，有必要以自然科学、社会科学乃至人文科学为整体背景来研究民法的总体知识，包括历史的和哲学的维度，也包括社会学、心理学和宗教、文学的维度。这也是本书写作的缘由。

通过本书的写作，笔者试图指出，民法是人类文明的重要组成部分，也是社会制度的基石。在民法的历史发展过程中，其规范与学说不断吸收其他的知识体系内容，并反过来影响社会结构和人类认知。无论是研究民法还是进行民法的立法和司法实践，仅仅研究制度规范本身是不够的，而必须从整个知识体系出发，着眼于人类文明的全部版图，在立足于现实的基础上观照人们对正义和理性的追求。值得欣慰的是，通过本书的写作，笔者所要达到的目的在自己这里已经完成了。然而，能否使其在别处得以完成，却不是我个人能够决定的，我只是这样真诚地希望着。

十八年前，我出版了自己的第一本民法学专著《二十世纪契约法》，那是我的博士学位论文。十八年后，一个孩子已经长大成人，而我也已不再年轻。我希望这本书在内容上比我的第一本书更加丰富，在方法和形式上更为完善，在观点阐释上更加充分，在资料上更加翔实，以带给读者诸君更多的收获和体验。

本书全部内容的写作初成于乙未立夏，之后频频修改，直到今天才完全定稿。在制度规范的框架内，本书广泛运用了各种跨学科的方法，其中有历史的方法、哲学的方法，也有宗教学的方法、解释学的方法，还有文学的乃至于生物学的方法。这样的一种跨学科研究在今天所具有的特殊意义，在于弥合法学专业与其他学科之间日益增加的隔阂，并在明确边界的基础上，阐释民法作的规范和价值体系对于现代社会秩序构建的重大意义和作用。“禁果”分外甜，回顾本书的写作过程，真是充满了探索的乐趣和满足。

我要感谢所有关注和支持本书的写作和出版的朋友们，感谢王润编辑的种种建议和辛勤劳作。我的部分学生参与了本书某些资料的翻译准备工作，而本书最初的创意来自于我所承担的国家社科基金项目——《民法总则制度创新研究》。

时值六月，正是荷花开放的季节。我在荷塘月色中搁笔。

傅静坤

乙未夏至　　于深圳风荷居

2015 年 6 月 22 日

【补记】

在将本书交予出版社付印之后，我想补充几点：

第一，作为规范法学者，我始终看重规范的作用，并以建构完善的制度规范体系为理想，以基于此目的的理论研究为己任。

第二，制定民法典是新中国所有民法学者的梦想，我也深陷其中。因此才有书中有关我国民法典制定的方法和路径的理论探讨。

第三，从跨学科的角度来研究民法，特别是从哲学角度来研究民法，虽然在我来说并不是第一次，但是从严格的规范法学意义上讲，民法只能用来规范人的行为而不能规范人的认知。因此，哲学似乎与民法无关。但是，同样不可否认的是，民法始终认为行为是基于人的认知（意思）而做出的。因此，本书不仅讨论行为规范本身，也要从认识论的角度讨论规范所以形成和应用、发展、完善的过程。通过这样的研究，我期望得出这样一个结论，即：民法不仅是作为一个规范体系存在的，也是作为一个价值体系、认知体系而存在的。

第四，民法是市民生活的总范式，认识到这一点，将使民法具有更为有效的规训作用，也提醒人们随着人类社会及其改造自然的活动而不断地发展民法科学。

傅静坤

乙未秋分　　于深圳风荷居

2015 年 9 月 23 日

【又记】

将书稿交给出版社以后，我为了补充一些图片去了湖北殷墟博物馆和北京国家图书馆等地。在国家图书馆，我又发现了一些新资料，于是将书稿中关于清末民初民律草案的起草过程进一步细化，补充了光绪的上谕和民律起草人俞廉三的奏折等。如此一来，有关这部分的内容完善了许多。

傅静坤

乙未中秋　　于深圳风荷居

2015 年 9 月 27 日

【尾声】

国家图书馆的珍藏本是不允许私人拍照的，只能交给复制组进行复制。于是我又等了一个星期，今天终于收到了国图寄来的快件。这样，这部书所需要的资料终于全部齐备了。

同时，有关先秦的甲骨、竹简图片也准备完毕。我的任务终于完成。在本书的最末，我附上一首诗，这就是美国诗人墨温/W. S. Merwin，1927—）的诗作《天狼星魅影》（*The Shadow of Sirius*）中的一个片段：《一部法典》（*A Codex*）。这个片段所表达出来的对于人类典籍的认识是十分深刻的，而当这种典籍是法典时，它的内容与法学上对于法典的认识有着惊人的契合度。因此我把它翻译如下，作为全书的结尾：

一部法典

威廉·斯坦利·默温

那是一部注定消失的旧时的典籍
一次又一次地，它的句子

终于赤裸着而它的词语
看上去是透明的
揭示着那曾经存在的一切

白日的诗篇在天黑以后
终于敞开在桌面上

没有解释或重点
就像去掉了音节的声音

厘清了等待的语法
没有去除空气中的任何一个问题

也没有结束任何一个故事虽然光
由此从上面或下面开始照射

当漫长的曙光加深了它的静寂
从蓝宝石到欧泊到雅典娜的虹膜

直到阴影遮蔽了灰色的书页
彗星的言语存在之书

那之后就没有什么可说的了
但那时黑夜和一切都已明了

（节选自《天狼星魅影》）
傅静坤译
2015 年 10 月 1 日
于深圳风荷居
（原诗于 2008 年，由 Copper Canyon Press 出版）